孫中山政治思想研究

王德昭 著

商務印書館

孫中山政治思想研究

作　者：王德昭

責任編輯：陳穎賢
封面設計：張　毅
出　版：商務印書館（香港）有限公司
香港筲箕灣耀興道三號東滙廣場八樓
http://www.commercialpress.com.hk
發　行：香港聯合書刊物流有限公司
香港新界大埔汀麗路三十六號中華商務印刷大廈三字樓
印　刷：陽光印刷製本廠有限公司
香港柴灣安業街三號新藝工業大廈（六字）樓G及H座
版　次：二〇一一年六月第一版第一次印刷

ISBN 978 962 07 5585 9
Printed in Hong Kong

導讀

陳萬雄

學術著作，有風行一時，漸因時代遷移而受淘汰，永失其價值者；有因研究扎實，根深葉茂，立論嚴謹而有不易的卓見，歷久常新，可傳之久遠者。先師王德昭教授舊著《孫中山政治思想研究》（原名《國父革命思想研究》，一九六二年在臺灣由中國文化研究所出版），當屬後者。

近日發興比較孫中山先生與土耳其國父穆斯塔法・凱末爾・阿塔土克（Mustafa Kemal Ataturk, 1881-1938）的革命思想和革命功業，重讀了王師該著作。王師該書在學期間，或日後做研究工作，已讀過不知多少遍。近二十年的中國近代史研究中，「孫中山研究」一直是熱門課題，出版過的著作和論文千百計，其中不乏推陳出新的研究成果。今次重讀王師該著作，仍感其研究進路，獨樹一幟，為當今孫中山研究所闕。書中勝義紛陳，於我啓發仍多，有後撰者不可取代的參考價值。該種感受，諳於辛亥革命和孫中山研究的海外學者，屢有同感。

王師該著作的最初出版，囿於上世紀六十年代初的時艱和書業運作的落後，本就流通不廣，只傳讀於當時的孫中山研究者之間。初版也早絕跡於書市，後之研讀者實無法得睹。八十年代中文圖書出版突飛猛進，而王師已歸道山，亦無從修定以應學術文化界的需要。今逢辛亥革命一百週年紀念，孫中山的革命思想將引動研究者的關心與讀者的興趣。相信王師該久已絕版的《國父革命思想研究》一書如能重新出版以廣流播，將大有益於對孫中山思想和辛亥革命的認識。故此推薦給香港商務印書館，並請得高壽而寓居於美國的師母王陳琬女士的同意，重排出版。

《孫中山政治思想研究》其撰作之緣起以至出版過程，王師〈自序〉中已有言及，此處不贅。此書結構如目錄所示，由兩篇長論文組成。一是〈同盟會時期孫中山先生革命思想的分析研究〉；一是〈孫中山先生革命思想的分析研究〉。前者是研究分析孫中山早期的革命思想的發展；後者是研究分析孫中山思想形成後的思想系統和特點。兩者相輔相成，互為補足。全面揭示了孫中山思想的中外來源、發展過程、內容要點、理論系統、時代特徵以至實行的成效等，是一本研究孫中山革命思想體大思精之作。

牟潤孫師在悼亡德昭師文中，曾道及德昭師為學特點，說他「中西史學兼通，既擅長西洋史更能講近代史，講中西交通史與史學方法論尤為出色……他治學不故為新奇之論，更不以異說嘩眾取寵，平正而翔實，頗為難得。」（見《海遺叢稿》〈悼亡友王德昭〉，北京中華書局，二〇〇九年）牟師所說，切中肯綮，知人知言。《孫中山政治思想研究》充分表現了德昭師的治學所長和治學特色了。

孫中山一生，手不釋卷，博覽中外古今羣書，擷取革命和治國思想精華而融會貫通之。孫中山先生成長和革命活動蹤跡遍及中外各地，默察時世，體察人情，有實際的體驗。孫中山先生一身而預大小實際革命的組織和策劃，理論與實踐並重。所以創就了他自成系統、成一家之言並乎時用的革命和建國思想。要將孫中山思想組成，追本溯源，發展脈絡，邏輯理路，以及照應時勢所作的取捨，作草蛇灰線的疏理，談何容易。非兼通古今中外思想學說，諳於近代中外歷史形勢和史實，掌握有關孫中山行事的大量史料，予以疏理而不為功。近代孫中山研究者能具備如此種種條件者，德昭師足矣，所以能成就此體大思精、鞭闢入裏之作。

際此辛亥革命一百週年紀念與德昭師去世三十年的時候，能重排出版《孫中山政治思想研究》，俾流通士林，廣益孫中山先生和近代中國史的研究，公器私誼兼得，故不揣淺陋，略作導讀說明。

自序

本書所收的兩篇論文是作者應美國西雅圖華盛頓大學遠東暨俄國研究所（Far Eastern and Russian Institute, University of Washington）之約，得其資助，於民國四十七年至四十九年間撰成。承該所梅谷博士（Dr. Franz Michael）函知作者有自由予以發表之權，承國防研究院張主任曉峰先生允為印行，都令作者感激不盡。

這兩篇論文所用的資料，大部分得自現在臺灣南投草屯的中國國民黨中央黨史史料編纂委員會史庫。該會典藏處同仁，在張處長大軍和李專門委員振寬的領導下，不辭辛勞，協助會外人士進行研究工作，其精神令人敬佩。至於這兩篇論文的主旨，作者不自量力，試圖就民元前後的政治、社會、與時代思潮的背景，以分析　中山先生革命思想的構成、其合理性及其有效性。這是一項純客觀的分析剖述的工作。但作者不揣淺陋，仍竊願於　中山先生遺教的闡揚，能有微末的貢獻。

王德昭　一九六二年三月

臺灣師範大學，臺北

目錄

同盟會時期孫中山先生革命思想的分析研究

（一九〇三年至一九一一年）

（一）

同盟會時期是孫中山先生革命思想大成的時期，也是他開始具有信念，相信革命的大業可以及其身而成的時期。[1] 在這時期中，他發表了三民主義學說的綱領，開始討論五權憲法，並擬具了一個層次井然的革命進行的程序，以後習稱「革命方略」。[2]

中山先生的言論，屬於同盟會時期以前的，傳世不多。[3] 但就現存可見的如「上李鴻章書」[4]、宮崎寅藏在《三十三年の夢》中的記載[5]、和興中會的宣言[6] 等視之，與同盟會時期都還有前後相承的條理可尋。

1　「孫文學說」，《國父全集》（二），頁八八。一九五七年改版，臺北。「孫文學說」於一九一九年始在上海印行；有自序，一九一八年撰。

2　馮自由《中華民國開國前革命史》第二十七章「革命方略」，載「軍政府宣言」等文告規程十三件。章首說明「革命方略」的由來稱，「革命方略」，乃「丙午年（光緒三十二年；一九〇六年）東京同盟會本部所編制，為一種之油印品。……及中山自日本赴越南，革命軍之大本營遂移於東京河內，同時復將原稿重行修訂焉。……茲編所載，即河內機關部所修訂之油印品也，照錄全文如左。（馮書（一），頁二一三。一九五四年，臺北。）內「軍政府宣言」定革命建國的「措施之序」為三期，第一期為「軍法之治」，第二期為「約法之治」，第三期為「憲法之治」。（馮書（一），頁二一六；《國父全集》（四），頁六〇—六一。）但中山先生屢稱他制訂「革命方略」，規定革命進行的時期為（一）軍政時期，「在此時期內施行軍法；」（二）訓政時期，「在此時期內施行約法；」（三）憲政時期，「在此時期始施行憲法。」（「孫文學說」，《國父全集》（二），頁五四—五五。）其他革命黨人的記載，如胡漢民自傳，亦稱同盟會時期『先生更為「革命方略」，以授黨人，大旨分為軍政時期，訓政時期，憲政時期。』（革命文獻（三），總頁三九二。一九五三年，臺北。）因此，中山先生學說中的「革命方略」，在一般應用上，每專指他的革命建國三時期的主張，本文亦同此。

3 同盟會時期以前的中山先生言論，其傳世之稀，於下引吳稚暉的話可見。在致邵飄萍的一封信中，吳說，「中山先生的遺著，最近二十年來所存的，自然大家都看見。惟有他早年的言論，止有他的自傳裏講了一點，也還是他到了晚年的回憶的，並沒有長篇大論，確然是當時寫出的。現在幸虧有顧頡剛先生，得了陳援庵先生的指告，才在甲午年（光緒二十年；一八九四年）九月和十月的萬國公報上，錄了一篇上給李鴻章的信，介紹到十九期的語絲雜誌。這真是一個古董。」（吳稚暉言行錄，頁一三三。一九二九年，上海。此致邵飄萍書撰於一九二五年三月二十七日，中山先生逝世後半月。）

4 關於中山先生「上李鴻章書」的發現經過，已見上註。關於此書的撰成經過，則頗有異說。據陳少白說，此書在中山先生草成後，曾經陳自己和前太平天國的狀元王韜修正。（見《興中會革命史要》，頁七一八。一九五六年臺版。臺北）因為中山先生與王韜相識是在鄭官應的上海家，鄭是《盛世危言》的著者，似乎其中應該也有鄭參加的成分。另據羅家倫說，『據胡汝麟（字石青，河南人，舊國會議員，雖與梁任公方面接近，但其人頗讀書，人品頗好，不妄語）告郭廷以……云，總理「上李鴻章書」，係麥孟華所草擬，總理與麥相稔，此係徐勤告胡者。』（羅氏毛筆原件，中國國民黨中央委員會黨史史料編纂委員會存。）惟此書係以孫文署名發表，西字報至遲於光緒二十二年（一八九六年）即已道及此書（見 Bernard Martin 著 *Strange Vigour: A Biography of Sun Yat-sen*, P. 53，引一八九六年十二月三日香港 China Mail 語。Bernard Martin 書，一九四四年，倫敦出版），而書中所見的思想，與同盟會時期中山先生的言論都還有前後相承的條理可尋，所以本文仍視此書為中山先生著作的一部分。與此問題有關者，尚有《盛世危言》各篇文字的撰人問題。早在同盟會成立之前，上海《國民日日報》論《盛世危言》，即稱：「按《盛世危言》一書，為皖人吳漢濤所撰。吳昔與孫逸仙交，其書半皆成於孫。後吳應鄭（官應）之請，故執其說以售之，獲多金。」（《國民日日報彙編》第三集，「社說」，「近四十年世風之變遷」，頁三四。光緒三十年，上海。）此不知何據。惟《盛世危言》自序和內容的「農功」一篇，其思想文字，多與「上李鴻章書」相似。參看胡秋原撰「鄭觀應及其《盛世危言》」一文（《三民主義半月刊》第四卷第十一號，一九四四年六月一日，重慶。）胡氏並試作解釋，謂「鄙意先生（中山）與鄭氏年齡相差，至少有二十餘歲，然同縣（香山），且為同具新思想之人，必先生甲午去國前過從甚密，有討論之雅，有文字之交」云。

5　宮崎寅藏《三十三年の夢》，有中山先生壬寅年序，宮崎明治三十五年自序。按日本明治三十五年，歲次壬寅，應即是此書撰成之年，時在清光緒二十八年；一九〇二年。又宮崎記與中山先生談話，中山先生為他道革命的宗旨與方法，乃中山先生倫敦蒙難後次年經美洲返抵日本之年，歲次丁酉，即清光緒二十三年；一八九七年。

6　興中會宣言有二：一為甲午檀香山興中會成立宣言，一為乙未（光緒二十一年；一八九五年）香港興中會宣言。（《國父全集》（四），頁五五—五九。）

（二）

討論同盟會時期中山先生的革命思想，最適當的年代的斷限，應該是起自癸卯（光緒二十九年；一九〇三年），這一年中山先生開始以其後同盟會的誓詞——「驅除韃虜，恢復中華，創立民國，平均地權」—來吸收革命黨員；而止於辛亥（宣統三年；一九一一年），這一年武昌起義，中山先生自美國經歐洲返華，被舉為中華民國臨時大總統。

在庚子（光緒二十六年；一九〇〇年）惠州之役失敗的當年，興中會的一個首領楊衢雲在香港被害。次年，又一個首領鄭士良病故。至此，興中會實際殆已陷於停頓的狀態。[1] 庚子以後，中山先生已極少為興中會收攬黨員；而尤可注意的，自庚子以後的幾年，中山先生在日本結識的中國留學界人士，他都未勸使加入興中會。[2] 癸卯，他曾應胡毅生等人之請，在東京組織了一個秘密的軍事訓練團體；[3] 乙巳（光緒三十一年；一九〇五年），他由美去歐，在留歐的中國學生中組織革命團體，[4] 都未用興中會名義。而反之，這兩種團體，乃至癸卯他在檀香山以興中會名義收得的革命黨員曾長福、黎協等人，所用的誓詞都已是其後同盟會的誓詞。[5]甲辰（光緒三十年；一九〇四年），他去美，倡議洪門會員總註冊，並手訂「致公堂新章」，其所揭的宗旨也與同盟會誓詞的文字全同。[6]

惠州舉兵，後於戊戌（光緒二十四年；一八九八年）康、梁的變法運動二年，後於康、梁在日本組保皇會（光緒二十五年；一八九九年）一年。這次舉的失敗，可說興中會以會黨為主力起事的最後試驗的失敗。從庚子到癸卯的四年間，革命運動的國內外環境，有兩個顯著的變化：第一是興中會從甲午（光緒二十年；一八九四年）以來在會黨和海外華僑社會的基礎，幾乎十九被保皇黨所奪；第二是這幾年國內外中國知識青年對於政治運動的熱中。就前者言，中山先生自己承認，在他經過從乙未（光緒二十一年；一八九五年）初敗至庚子革命進行最艱難困苦的五年後，適有保皇黨發生，「當此之時，革命前途，黑暗無似，希望幾絕。」[7]在日本，興中會的根據地是橫濱。丁酉（光緒二十三年；一八九七年）、戊戌間康有為的弟子徐勤等至橫濱辦大同學校，最先向橫濱華僑社會為之先容的，也是興中會會員陳少白。[8]但徐勤至日本年餘，而橫濱的孫、康兩黨，「已漸成反客為主之局。」及至戊戌事變起後，康、梁師徒亡命日本，梁啓超在橫濱發刊清議報，倡勤王之說。己亥（光緒二十五年；一八九九年），橫濱保皇會成立，僑商中的興中會會員，更泰半加入保皇黨。[9]在庚子興中會惠州舉兵的當年，在長江一帶便先有唐才常和秦力山等人主其事的自立軍之役，假勤王名義，受保皇會的經濟接濟，而所用的會黨基礎也即是畢永年為興中會所招致的長江哥老會頭目。[10] 在日本和內地保皇會的侵奪興中會地盤者如此，在興中會的發祥地檀香山亦然。梁啓超在己亥年終去檀香山，因中山先生的介紹與舊興中會會員交遊，於是立保皇會，而「檀島興中會會員也多為保皇會所用，與橫濱興中會會員如出一轍。」[11] 梁啓超當日致書康有為，報告檀島保皇會事，便曾自稱「此間保皇會得力之人，大半皆中山舊黨。」又稱，「此間人無論其入興中會與否，亦皆與中山有交。」[12] 而保皇會仍能使檀島華僑入會，至於「十人而七」。[13] 至於南洋，則保皇會勢力的進入，尚在革命黨之先。

庚子後興中會意態的蕭條，可以從更多當時人的記述中見之。章炳麟自稱他在壬寅（光緒二十八年；一九〇二年）春天到日本，見到中山先生。但「那時留學諸公在中山那邊往來，可稱志同道合的，不過一、二個人。其餘偶然來往的，總是覺得中山奇怪，要來看古董，並沒有熱心救漢的心思。」[14] 宋教仁《記程家檉事略》，也說程當時去日本，訪中山先生，初意「孫文革命首魁，所黨必眾，」豈料「所謂興中會，以康有為之煽惑，率已脫入保皇黨。孫文惟偕張能之、溫秉臣、尤列、廖翼朋者數人，設中和堂於橫濱，其勢甚微。」並說當時「東京留學不過二百人，無有知革命之事者，惟言維新而已。」[15] 興中會原來的基礎既為保皇會所奪，則革命的進行，除非奪回舊基礎，便須另造一新的基礎。張繼在壬寅年（光緒二十八年；一九〇二年）居日本，由秦力山帶領至橫濱謁見中山先生，中山先生沒有勸他和同去的人等入興中會，據張的解釋，大概中山先生「那時已經在計畫着把這以會黨為中心的興中會，改組為以知識分子為中心的同盟會。」[16]

中山先生嘗自稱，「往年提倡民族主義，應而和之者，特會黨中人耳。」[17] 中華民國開國前，革命運動與會黨關係的密切，自不待言。在同盟會成立前二年（即癸卯），中山先生為便於在海外號召，並與美洲的保皇會勢力鬥爭，曾在檀香山親身加入洪門。[18] 次年，中山先生去美洲，倡議洪門會員總註冊，並手訂「致公黨新章」。「新章」的綱領第二條宗旨，與其後同盟會的誓詞文字全同，已如上述。而其綱領第四條，規定「凡國人所立各會黨，其宗旨與本堂相同者，本堂當認作益友，互相提攜，」[19] 也與其後「同盟會總章」的第五條，在精神和文字上聲氣相應。後者稱，「凡國人所立各會黨，其宗旨與本會相同，願聯為一體者，概認為同盟會會員。」[20] 迨辛亥年，中山先生再去美國，得知廣州起義失敗的消息，因赴舊金山，組織洪門籌餉局，以備再舉。當時同盟會和致公堂並曾登報佈告，由致公總堂開特別會，招納同盟會會員之未加入洪門者，全體入會。[21] 在致公總堂的佈告中，並明言「孫文大哥……倡義興同盟合聯會，結大團體，匡扶革命事業。」[22] 至於同盟會時期歷次在國內的武裝起義，下層自然仍都有會黨的成分參加。[23] 但如一位同盟會的日本同志萱野長知所說，會黨中人，「起事時求其響應固可，而欲用以為主力則不可，」[24] 因為他們知識淺薄，團體散漫。革命所得自海外華僑的效力，在勢祇能以經濟的接濟為主；至於國內會黨之直接參加起義，其效果亦殊有限。

在同盟會成立前後，革命的知識人士間，對於革命事業運用會黨的問題，似曾有過一度辯論。最可注意的證據之一，是陳天華的「絕命書」，載《民報》二期（光緒三十一年十二月；一九〇六年一月）。[25] 這是當時人當時的意見的表達。他說：「會黨可以偏用，而不可恃為本營。日俄不能用馬賊交戰，光武不能用銅馬、赤眉平定天下，況欲用今日之會黨以成大事乎？」[26] 其次是朱和中的追記歐洲同盟會事實。據稱，當中山先生在乙未年到歐洲，進行成立革命組織時，朱曾向中山先生力陳，「會黨無知識分子，豈能作為（革命）骨幹；」又說，「合黨之志在搶掠，若果成功，反為所制。」[27] 此外如張繼也說，會黨同志，「往往今天找來，明天就變節了，因為他們還不能明白認識革命的意義。」[28] 對於革命黨人，長江哥老會頭目在己亥年（光緒二十四年；一八九八年）方與興中會在香港結盟，而庚子年便因保皇會多資，棄興中會而投唐才常，[29] 自然是一個明白的教訓。但便是保皇黨方面，對於在直接行動中大用會黨一層，也自始表示懷疑。庚子年，唐才常聯絡長江會黨既成，積極佈置勤王起事。當時梁啓超曾自檀香山有一信寄唐才常等，討論控馭會黨之事。信中有云：「若用虎威（徐老虎），兩公入虎穴與否，是一大問題。弟意若不入之，其事權全在彼輩之手，其害滋甚，非猜忌彼而欲攬其權也，彼輩不解文明之舉動，不足以饜天下之望，必償大事，一也；即使幸獲小成，而有功之後，愈驕蹇不能就我範圍，則以海外辛苦之血汗，養獻、闖於內地，二也。」[30] 癸卯年，梁又有一信自美洲寄康有為，反對康的養豪傑以事暗殺的政策，謂「今之供養豪傑，若狎客之奉承妓女然，數年之山盟海誓，一旦床頭金盡，又抱琵琶過別船矣。」[31] 要之，經興中會和保皇會的先後試驗，會黨之不能恃為政治運動的中心力量，當已成為共通的認識。據中山先生「自傳」，庚子惠州之役是他的第二次武裝起事，下隔七年，乃有第三次的起事，即丁未（光緒三十三年；一九〇七年）潮州、黃岡之役。[32] 但同盟會的庚戌（宣統二年；一九一〇年）廣州新軍之役已全用新軍，辛亥三月二十九日的廣州之役則全用同志，而同年的武昌起義也全由新軍舉事。[33] 自然，同盟會會員和新軍官兵，可以同時身隸會黨。但至少，庚戌和辛亥的三次起事皆未曾以會黨為號召。此外在庚子、乙未間，中山先生有時尚持會黨比秀才和軍隊可靠之說，如宋教仁和朱中等人所記述。[34] 然至民國八年（一九一九年），當蔡元培和張相文向他討論民國史的編纂，主張民國史前編應「上溯清世秘密諸會黨」時，他的答覆卻認為會黨「於共和革命，關係實踐，」因此他主張宜另編一部秘密會黨史，「而不以雜廁民國史中，庶界劃井然不紊。」[35] 此也見會黨之於民國的締造，實在功績不多。

當興中會在會黨和華僑社會中的基礎被保皇黨所侵奪之時，國內外的知識人士，則因受戊戌維新失敗和拳亂的刺激，痛感滿清政府的無望無能，而開始羣趨於政治運動的一途。維新以後京師與各行省學堂的設立，[36] 與庚子以後清廷和各行省對於出洋遊學的鼓勵，[37] 則使他們有了集中一地和結合團體的機會。當時國內外中國知識階級風氣的丕變，在壬寅和癸卯兩年的《蘇報》中，有着顯著的反映。《蘇報》之成為一張激烈的報紙，便開始於它的特闢「學界風潮」一欄，在言論上同情這兩年間發生於日本留學界和國內各地的學潮。[38] 學潮初發軔於日本。庚子前後，當中山先生方因保皇黨的攘奪而失意於橫濱的期間，也正是中國有志青年開始大量東渡留學的期間。當時中國留日的學生，以東京為中心，從壬寅的六百人左右，[39] 至乙巳（光緒三十一年；一九〇五年）約三、四年間，竟驟增至七、八千人。[40] 庚子前後保皇黨的攘奪興中會在會黨和華僑社會的地盤，和癸卯以後革命勢力的在國內外知識社會的發展，其事至堪注意，因為本來「所謂士大夫讀書階級，差不多完全是康梁維新派的地盤基礎。」[41] 關於此層，本文俟在第六節中，當再作討論。但於此仍須指出，在革命與保皇的兩條途徑之前，有人懷救國之志而絕望於滿清者，自必投向革命的一途。庚子以後滿清政府威信的掃地、新教育和新知識的灌輸，乃至反滿書報的發刊，[42] 在在啓發知識人士的民族意識，和促進他們嚮望革命的傾向。然欲革命，則中山先生是一個當然的領袖，因為是他「首倡革命於舉世不言之中，爭此不絕如髮的真氣，所以『二十世紀新中國之人物』，自不能不『懸孫以為之招。』」[43] 同盟會的產生，實在是一個有革命覺悟的新知識羣，和一個大革命家的號召，兩者相互為用的結果。

這個有革命覺悟的新知識羣，並曾主動向中山先生爭取代替會黨而為革命主力的地位。因此，一個「以知識分子為中心的同盟會」的組成，同時也代表一種有意識的新革命政策的執行。上舉宋教仁和朱和中的記載，都有涉及他們與中山先生辯論革命究應倚重會黨，抑倚重知識分子的報導。我們今日可以懷疑此類報導措辭的正確和表達的完整，但如宋教仁稱他們乙巳年在日本的辯論，參加者有陳天華、黃克強、白逾恆、張繼、但燾、吳暘谷、中山先生，和他自己諸人，辯論「自午迄酉，尚未能決，」[44] 而朱和中稱他們同年在歐洲的辯論，也有多人在座，「反覆爭論，三日三夜，結果始定為雙方並進，」[45] 則當時之曾有廣大激烈的討論，應無可疑。朱和中並稱他當時曾告中山先生，「先生歷次革命之所以不成功者，正以知識分子未贊成耳；」「必大多數知識分子均贊成我輩，」然後乃能「事半功倍。」因此他主張的「更換新軍腦筋，開通士子知識。」[46] 此外，如陳天華《絕命書》，主張「惟有使中等社會皆知革命主義，漸普及下等社會，」然後乃能「一夫發難，萬眾響應，」[47] 也同是自知識階級領導革命立論。其後同盟會的組成終「以知識階級（留學生與內地學生）為主體，」則凡同盟會會員皆能言之。[48] 中山先生接受這一新的革命力量，[49] 而在同盟會組成的當年，函告南洋同志，曰：

近日吾黨在學界中，已聯絡成就一極有精彩之團體，以實力行革命之事。現捨身任事者，已有三、四百人矣，皆學問充實，志氣堅銳，魄力雄厚之輩，文武才技皆有之。……此團體為秘密之團體，所知者尚少，如能來投者陸續加多，將來總可得學界之大半。有此等飽學人才，中國前途，誠為有望矣。[50]

與興中會相較，論宗旨，論組織成分，同盟會都是一個新的革命組織。有的同盟會員便不願承認同盟會與興中會間有嗣續關係。如現尚在世的鄧家彥，即曾堅稱同盟會「本是一個開天闢地創造的革命大團體。」[51]如果我們取「正統的」觀點，或因中山先生的緣故，而視興中會為同盟會的母體，則我們至少也須承認，同盟會乃經過徹底新造而產生的團體。庚子後，中山先生於興中會外重新造黨的證據，最早見於癸卯。這是我們討論中山先生的革命思想，所以取癸卯為同盟會時期開始的一年的理由。至於我們之取辛亥為此時期結束的一年，則根本的理由是從辛亥中山先生回國，至民國元年（一九一二年）同盟會與統一共和黨等合併，改組為國民黨，這幾個月中，同盟會的名義雖繼續存在，中山先生也仍為同盟會的領袖，但他的言論主張，則在思想條理上，多與以後國民黨的時期（民國元年—三年，一九一二—一四年）一貫。因此我們討論此數月中中山先生的思想，自也以歸入國民黨時期，比連在同盟會時期為宜。

中山先生在《孫文學説》的「自序」中，曾説他為「民國總統時之主張，反不若為革命領袖時之有效而見之施行。」因為革命初成，革命黨人對於他向所主張的三民主義、五權憲法、和革命方略所規定的建設規模，便起異議，認為理想太高，不適於中國之用；而「眾口鑠金，一時風靡，同志之士，亦悉惑焉。」[52]有幾個因素，使中山先生於辛亥年回國後，雖以一革命領袖被舉為中華民國臨時大總統，而對於時局並未能為有效的控制。第一、武昌起義與同盟會的關係，主要乃在中部同盟會。宋教仁為中部同盟會起草總章，揭「顛覆清政府，建設民主的立憲政體」為主義，[53]正是宋教仁的思想，而不是如見於原來同盟會的誓詞和宗旨[54]的中山先生的思想。武昌起義以後的同盟會，和民國元、二年的國民黨，實際的領導權顯然大部移於原來的中部同盟會分子之乎。第二、中山先生於得知武昌起義的消息後，自美經歐洲返國，在辛亥十一月初六日（一九一一年十二月二十五日）抵上海。當時南北和議在上海開始已一週，而且南北之間顯然也已開始擬議，祇須袁世凱贊成共和，使清朝遜位，民國政府當畀袁世凱以總統之位。[55]不論此項擬議在當時係基於何種必要的理由，但革命的結果，舉政權而讓諸「專制之餘孽、軍閥之首領袁世凱，」其非中山先生所願，則不待言。[56]當中山先生返抵國門前後，一部分革命黨人似曾採取行動，圖團結人心，對內要求加強組織，「剔棄敗類；」對外聲明同盟會的責任「不卒之於民族主義，而卒之民權、民生主義，」革命大業「必完全貫徹此三大主義而無遺。」[57]但中山先生終不能不接受他的同志們所已經造成的局勢，並為他們代言。[58]此所以他說在南京政府時，他「忝為總統，乃同木偶，」一切皆不由他主張。[59]此所以他說在民元「約法」中，祇有「中華民國主權屬於國民全體」一條，是他所主張，其餘的都不是他的意思，他「不負這個責任」。[60]此也所以有的老同盟會員主張「同盟會應分二時期，在辛亥革命前為一期，革命後公開時代為一期。」61

1　參看馮自由《革命逸史（四）》：「及（庚子）八、九月間，鄭士良、鄧蔭南、史堅如等，在惠州、廣州相繼失敗，衢雲且被清吏派人暗殺，興中會元氣大傷，黨務殆陷於完全停頓。祇餘中國日報尚能發揮正論，且向滿廷及保皇黨作堅苦之奮鬥而已。」（革命逸史（四），頁十。一九四六年，上海。）

2　參看馮自由《革命逸史（三）》：「孫總理嘗為余言，興中會自惠州一役失敗後，極少收攬黨員，祇於壬寅（光緒二十八年；一九〇二年）冬在安南河內收得黃隆生、羅鍏、楊壽彭數人，及癸卯、甲辰兩年間在檀島、舊金山收得曾長福、黎協、鄺華汰等三十餘人云。故總理於庚子九月至乙巳（光緒三十一年；一九〇五年）秋，結識留學界志士及熱心華僑無數，多未使之加入興中會。」（革命逸史（三），頁三二。一九四七年三版，上海。）又張繼「憶革命初期的幾位青年同志」，所述亦同。見重慶中央日報載張繼談話，一九四四年十一月十二日。

3　胡毅生「同盟會成立前二三事之回憶」，革命文獻（二），總頁二四七—二四九。一九五三年，臺北。

4　朱和中「歐洲同盟會紀實」，革命文獻（二），總頁二五五—二六〇。

5　見註3、註4。又「孫公中山在檀事略」，原載一九二九年檀香山《自由新報》特刊《檀山華僑》，收入革命文獻（三），總頁二七八—二八四）。

6 「手訂致公堂新章」，《國父全集》（六），頁二三五。

7 「孫文學説」，《國父全集》（二），頁八五。

8 陳少白《興中會革命史要》，頁二三—二六。

9 馮自由《中華民國開國前革命史（一）》，頁四一—四二。

10 同上，頁六八。

11 同上，頁四八。

12 丁文江編《梁任公先生年譜長編》初稿（上），頁一二四引。一九五八年，臺北。

13 同上。

14 「演説辭」，民報六期。一九〇六年（光緒三十二年）七月，日本東京。

15 程家檉《革命事略》，中國國民黨中央委員會黨史史料編纂委員會藏初印本，頁一（下）—二（上）。書後有國民二年一月張繼〈跋〉。

16 張繼「憶革命初期的幾位青年同志」。

17 一九〇五年八月十三日（光緒三十一年七月十三日）在日本東京中國留學生為他舉行的歡迎會上講演（別一紀錄）。《國父全集》（三），頁六。

18 中山先生入洪門之年，説者不一。有説在甲辰，有説在乙巳以後，見鄒魯《中國國民黨史稿》（一九三八年，長沙），頁三一—三二。本文據國父年譜（中國國民黨中央委員會黨史史料編纂委員會編，一九五八年，臺北），頁一二七—一二八，從陸丹林説。按梁啓超於己亥（光緒二十五年；

一八九九年）歲末去檀香山，次年即加入洪門，是其加入洪門尚早中山先生三年。在庚子二月十三日（一九〇〇年三月十三日）梁給康有為的一封信中，報告他在檀香山加入三合會的經過，說：「檀山之人，此會居十之六、七。初時日日演說，聽者雖多，雖歡迎，然入會者寥寥。後入彼會，被推為其魁，然後相繼而入。……弟子今日能調動檀山彼會之全體，使皆聽號令。」（丁文江編《梁任公先生年譜長編》初稿（上），頁一〇二。）

19 《國父全集》（六），頁二三五。

20 「中國同盟會總章」，丙午（一九〇六）改訂。中國國民黨中央委員會黨史史料編纂委員會藏鈔件，鄧慕韓據陳少白藏油印原件鈔得。

21 黃福鑾《華僑與中國革命》，頁一〇七—九。一九五五年，香港。

22 同上，頁一〇八。

23 參看曾傑「洪門事實與民族生存」，《洪門對於國民革命的貢獻》。無出版時地名，卷末附記「二二（年）、六（月）一（日），曾傑伯興於上海」。

24 萱野長知《中華民國革命秘笈》，頁六一。昭和十六年（一九四一年），東京。然中山先生亦嘗云，「彼眾（會黨中人）皆知識薄弱，團體散漫，憑藉全無，只能望之為響應，而不能用為原動力也。」（「孫文學說」，《國父全集》（二），頁八五。）是萱野所說，殆即譯中山先生語。惟萱野於辛亥前同盟會起義諸役，多曾身預其事，對於革命經過情形，應知之甚稔。

25 著者所見《民報》二期，封面之初版發行日期為一九〇五年十一月二十六日，然此係第一期之初版發行日期。本文從曼華「同盟會時代民報始末記」一文所記，定為一九〇六年一月。革命文獻（二），總頁二三一。

26 「陳星臺先生絕命書」，《民報》二期，文頁四。

27 朱和中「歐洲同盟會紀實」，革命文獻（二），總頁二五六。

28 張繼「五十年歷史之研究與回顧」，《張溥泉先生全集》，頁二四。一九五一年，臺北。

29 馮自由《中華民國開國前革命史（一）》，頁六八。

30 丁文江編《梁任公先生年譜長編》初稿（上），頁一一八引。查徐老虎係鎮江青幫頭目，見平山周支那革命及秘密結社，頁九二。出版時地名缺，中國國民黨中央委員會黨史史料編纂委員會藏。

31 丁文江編《梁任公先生年譜長編》初稿（上），頁一九〇引。

32 「孫文學説」，《國父全集》（二），頁九〇。

33 曾傑「洪門對於國民革命的貢獻」。

34 宋教仁《程家檉革命事略》，頁二（上）—二（下）；朱和中「歐洲同盟會紀實」，革命文獻（二），總頁二五六。又《胡漢民自傳》：「（戊申，光緒三十四年；一九〇八年，）先生（中山）既在新加坡，余收東河口事件後，亦即由香港至新加坡。……因與先生計劃後此進行方略。余以所經驗者證明會黨首領之難用，與其眾之烏合不足恃，謂當注全力於正式軍隊。」（革命文獻（三），總頁四〇〇—四〇一。）與朱和中所見亦同。

35 一九一九年一月十四日「覆蔡元培、張相文書」，《國父全集》（五），頁三二一—三二二。

36 光緒二十八年十二月十日（一九〇三年一月八日）《蘇報》「論説」：「中國維新以後，京師至各行省，皆設學堂，所以養人才，公學問，開風氣，致富強，其有利於國家，夫固盡人而知之也。」按著者所見中國國民黨中央委員會黨史史料編纂委員會藏《蘇報》，因收藏者曾加裝訂之故，相間一面的日期不可見，所以上列日期可能上下一日，以下同。

37 「自光緒二十七年（一九〇一年）經過拳匪之亂而後，變法之要求益切，一切新政均須人辦理，於是疆吏之奏新政者，無不以游學為言。斯年八月，上諭各省派遣學生加以獎勵與限制的督促。」舒新城《近代中國留學史》，頁四六。一九三三年，上海。

38 中國國民黨中央委員會黨史史料編纂委員會藏《蘇報》，於壬寅、癸卯間有殘缺。「學界風潮」一欄之始見於該會所藏《蘇報》者，為癸卯（光緒二十九年）二月十三日，一九〇三年三月十一日。

39 「東京留學生答振貝子詞」：「我國甲午以還，漸知鎖國主義不可行，於是東渡留與者陸續而來。庚子以來，國家有獎勵留學生之上諭，於是來者日眾，北起奉直，南至黔蜀、三江、兩粵、閩浙、齊楚之間，來學者已有六百人之多。」（《蘇報》來件代論，光緒二十八年九月一日，一九〇二年十月二日。）

40 陳天華《絕命書》，謂乙巳中國留學生因反對日本文部省新頒「清國留學生取締規則」，罷課，「幸而各校同心，八千餘人，不謀而合。」（《民報》二期，文頁一。）又舒新城《近代中國留學史》引日本明治三十九年（丙午，光緒三十二年；一九〇六年）大隈重信撰宏文書院講義錄序文，及光緒三十三年十一月三十日（一九〇八年一月三日）滿清學部奏摺，謂中國留日學生，「光緒三十二年已八千，三十三年達萬餘。」（頁五四—五五。）所舉數字，皆大體相若。

41 李劍農《中國近百年政治史》（上），頁二〇八。一九五七年，臺初版，臺北。

42 以下錄陶成章《浙案紀略》中所述浙東內地反滿書刊的傳佈，以見一斑。「先是革命黨人陶成章、魏蘭等之進內地運動，多以鼓吹革命之書籍往，文言與白話並進，白話體中，以陳天華所著之猛回頭為最多。」「其開導之方法，則多運革命書籍，傳佈內地，文言與話並進。文言體則有革命軍、新湖南、新廣東、浙江潮、江蘇等，而以革命軍、新湖南為最多。白話體則有猛回頭、黑龍江、新山歌（敖嘉熊編）、警世鐘、孔夫子心肝（魏蘭編），而以猛回頭為最多。其在多數人聚會之所，則又代為出資，購送各報，而以國民報、國民日日新聞、及警鐘日報為最多。由是浙東之革命書籍，遂以徧地，而革命之思想，亦遂普及於中、下二社會矣。」（《浙案紀略》（上），頁二二。一九一六年，出版地名缺。）

43 黃中黃譯《孫逸仙》，第一章末，頁六—八。中國開國紀元四六〇四年（光緒三十二年；一九〇六年），日本東京。本書即宮崎寅藏《三十三年の夢》之摘譯，為革命時期主要宣傳品之一。上引文不見原書，當是譯者自加之語。譯者黃中黃，即章士釗。

44 宋教仁《程家檉革命事略》，頁二（上）—二（下）；又頁六（下）。

45 朱和中「歐洲同盟會紀實」，《革命文獻》（二），總頁二五六。

46 同上。

47 「陳星臺先生絕命書」，《民報》二期，文頁四。

48 「胡漢民自傳」：「同盟會之構成，以知識階級（留學生與內地學生）為主體；次則流氓無產階級（會黨與失業農民）與華僑之小資產階級、工人階級，為多數之成份，而皆集於知識階級旗幟之下。在當時達到國民革命之戰略，則政策亦無勝於此者。」（《革命文獻》（三），總頁四三五。）

49 如與華興會、光復會合併亦然。

50　「覆陳楚楠函」，《國父全集》（五），頁二九—三〇。

51　鄧家彥「由同盟會說到南京政府」，《中國一週》，一九五四年十月十一日，臺北。

52　《國父全集》（二），頁一。

53　「中國同盟會中部總會章程草案」，第三條。中國國民黨中央委員會黨史史料編纂委員會藏原件照相。

54　同盟會誓詞與宗旨，皆為「驅除韃虜，恢復中華，建立民國，平均地權」四語。見「中國同盟會總章」。庚戌（宣統二年；一九一〇年），中山先生擬在海外改中國同盟會之名為中華革命黨，另訂新章，並改誓詞為「毀滅韃虜清朝，創立中華民國，實行民生主義」三語。見是年致鄧澤如函（《國父全集》（五），頁一一〇），與同年西曆十一月十日覆王月洲函（《國父全集》（五），頁一一七。）

55　辛亥在中山先生抵滬前，南、北兩方已有推袁世凱為總統的擬議，可在下舉中山先生的兩個電報中見之：（一）中山先生自巴黎致民立報轉民國軍政府電，文曰：「文已循途東歸，自美徂歐。……今聞已有上海會議之組織，欣悉，總統自當推定黎君（元洪）；聞黎有擁袁之說，合宜亦善。總之，隨宜推定，但求鞏固國基。……文臨行叩發。」（二）十一月初十日（十二月二十九日）中山先生當選臨時大總統之日致袁世凱電，文曰：「文前日抵滬，諸同志皆以組織臨時政府之責相屬。……文既審艱虞，義不容辭，衹得暫時擔任。公方以旋轉乾坤自任，即知億兆屬望，而目前之地位，尚不能不引嫌自避，故文雖暫時承乏，而虛位以待之心，終可大白於將來。望早定大計，以慰四萬萬人之渴望。孫文，蒸。」（《國父全集》（四），頁一四三—一四四。）

56　「胡漢民自傳」：辛亥革命之際，「舉政權讓之專制之餘孽、軍閥之首領袁世凱其人，則於革命主義為根本矛盾，真所謂鑄六州之鐵，成此大錯矣。先生（中山）始終不願妥協，而內外負重要責任之同志，則悉傾於和議。」（《革命文獻》（三），頁六〇。）

57 辛亥「中國同盟會為團結同志宣言」，《國父全集》（四），頁六六—六九。

58 在一九一九年的一篇紀念雙十節文中，中山先生曾自責他在民國開國初的不能「排除眾議」，堅持革命的主張。他說，「當時予以服從民意，迫而犧牲革命之主張。」《國父全集》（六），頁二八五—二八六。

59 一九一四年中山先生自日本致南洋鄧澤如函，《國父全集》（五），頁一七二。

60 一九二一年「五權憲法」講演，《國父全集》（六），頁一〇九。

61 張繼「回憶錄」，《張溥泉先生全集》第四編，雜著，頁二三八—二三九。

（三）

上文曾經言及，同盟會時期雖是中山先生革命思想大成的時期，但他的若干主要的思想條理，已可在這時期以前的他的言論著作中見之。首先我們便發現，一種說明「知」「行」關係的主知主義，一直貫徹於他的思想學說之中。於此，主知主義一辭的應用雖不必符合嚴格的形而上學的意義，[1] 中山先生的知行學說在同盟會時期也尚未完成，但以「知」為「行」的主宰，主張「能知必能行，」則一直是中山先生思想的一中心條理。在「上李鴻章書」中，他已經說：

天下之事，不患不能行，而患無行之人；方今中國之不振，固患於能行之人少，而尤患於不知之人多。夫能行之人少，尚可借材異國，以代為之行；不知之人多，則雖有人能代行，而不知之輩，必竭力以阻撓。此昔日國家每舉一事，非格於成例，輒阻於羣議者，此中國之極大淵源也。[2]

本於以「知」為「行」的主宰的信仰，發展完成的中山先生的知行學說，分世界人類的進化為「不知而行」、「行而後知」、和「知而後行」三個時期，[3] 而分世人為「先知先覺」、「後知後覺」、和「不知不覺」等三系。[4] 他認為「當今科學昌明之世，」應該是知而後行的時代。「是故凡能從知識而構成意像，從意像而生出條理，本條理而籌備計畫，按計畫而用工夫，則無論其事物如何精妙，工程如何浩大，無不指日可以樂成者也。」[5] 而在上述的三系人中，則先知先覺者「為創造發明，」後知後覺者「為倣效推行，」而不知不覺者「為竭力樂成。」[6] 自然，中山先生知行學說的完成，一部分係因二次革命失敗、和中華革命黨時期少數舊革命同志拒絕合作的刺激，為辯護他自己在革命運動中的領導地位而發。[7] 但其思想條理，則與同盟會乃至同盟會時期以前，實相一貫。在「上李鴻章書中」，我們並已讀到他依才智高下區別世人的主張，而賦予上智之士以創造時代的任務。他說：

且人之才智不一，其上焉者有不徒苟生於世之心，則雖處布衣而以天下為己任，此其人必能發奮為雄，卓異自立，無待乎勉勗也。所謂豪傑之士，不待文王而猶興也。至中焉者，端賴乎鼓勵以方。[8]

而在庚子（光緒二十六年；一九〇〇年）中山先生發致香港英總督的一封信中，我們看見他也已使用了「先知先覺」一語。他說：

竊某等十數年來，早慮滿政府庸懦失政，既害本國，延及友邦，倘仍安厥故常，保守小節，禍恐靡既，用事不憚勞瘁，先事預籌，力謀變正，以杜後患，不期果有今日之禍（拳亂）。當此北方肇事，大局已搖，各省地方，勢將糜爛，受其害者，不特華人也。天下安危，匹夫有責；先知先覺，義豈容辭。[9]

本來，以先知先覺自任，與視天下為己任，乃中國士大夫階級的傳統，幾同老生常談。孟子言伊尹耕於有莘之野，湯三使聘之。伊尹曰：「天之生此民也，使先知覺後知，使先覺覺後覺。予，天民之先覺者也，予將以斯道覺斯民也，非予覺之而誰也！」[10] 但應該注意的是自「上李鴻章書」以下，此同一主題一直出現於中山先生的言論，而為他的革命學說的一個主要的關鍵。同盟會既立，《民報》發刊。在《民報》的發刊詞中，中山先生說：

夫一羣之中，有少數最良之心理，能策其羣而進之，使最宜之治法，適應於吾羣，吾羣之進步，適應於世界，此先知先覺之天賦，而吾民報所由作也。[11]

而在當年（光緒三十一年；一九〇五年）同盟會成立前在日本東京的一次講演中，他向中國留學生指出，「百姓無所知，」所以革命建設，要「在志士的提倡。」他說：

若使我們中國人人已能（知世界的進步，知世界真文明，知享這共和的幸福，）大家都擔承這個責任起來，我們這一分人（先知先覺）還稍可以安樂。若今日之中國，我們是萬不能安樂的，是一定要勞苦代我四萬萬同胞求這共和幸福的。若創造這立憲、共和二等的政體，不是在別的緣故上分判，總在志士的經營。百姓無所知，要在志士的提倡。志士思想高，則百姓的程度高，所以我們為志士的，總要擇地球上最文明的政治法律，來救我們中國，最優等的人格，來待我們四萬萬同胞。[12]

迨民國元年（一九一二年），南北和議既成，中山先生解臨時大總統職，在南京向參議院致辭，又說：

中華民國國民，均須知現今世界之文明程度。當民國初立時，人民頗有不知民國為何義、及文明進步為何義者，則吾輩先知先覺之人，即須用從前革命時代之真摯心，努力啓迪，努力進行，而後中華民國之基礎始固，世界之文明始有進步。[13]

因此，就今日可見的記載而言，中山先生在民國六年（一九一七年）雖已開始批評王陽明的學說，[14] 但在同盟會時期和前後數年間，他顯然曾是一個知行合一論者。在上述光緒三十一年在日本東京向中國留學生的一次講演中，他解釋日本的明治維新說：「日本的舊文明皆由中國輸入。五十年前，維新諸豪傑沉醉於中國哲學大家王陽明知行合一的學說，故皆具有獨立尚武的精神，以成此拯救四千五百萬人於水火中之大功。」[15]舉日本以例中國，所以他說，「我們放下精神說要中國興，中國斷斷乎沒有不興的道理。」[16]這是一種知行合一之論，中山先生其後因批評王學而有知難行易學說的發明。[17]關於知難行易學說，民國十八、九年的中國思想界，曾經有過論戰。有的批評者認為，它的影響所至可能發生一種危險，使世人只認得行易而不顧到知難，因而造成貶抑知識分子和輕視學問的風氣。但中山先生實自始視知為行的根本。在同盟會時期之前，中山先生不肯信任知識分子，容或有之，[18]然而對於「知」，則他自始信任如一。他「上李鴻章書」的第一條陳，便是「人能盡其才，」要求「教養有道，鼓勵以方，任使得法。」他說：

> 秦西諸邦，……皆奮於學。凡天地萬物之理，人生日用之事，皆列於學之中，使通國之人，童而習之，各就性質之所近而肆力焉。又各設有專師，津津啓導，雖理至幽微，事至奧妙，皆能有法以曉喻之，有器以窺測之，其所學由淺而深，自簡及繁，故人之靈明日廓，智慧日積也。質有愚智，非學無以別其才；才有全偏，非學無以成其用。有學校以陶冶之，則智者進焉，愚者止焉，偏才者專焉，全才者普焉。[19]

他的論泰西人才之盛，也說：

泰西之士，雖一才一藝之微，而國必寵以科名。是故人能自奮，士不虛生，迨至學成名立之餘，出而用世，則又有學會以資其博，學報以進其益，萃全國學者之能，日稽考於古人之所已知，推求乎今人之所不逮，翻陳出新，開世人無限之靈機，闡天地無窮之奧理，則士處其間，豈復有孤陋寡聞者哉？[20]

中山先生並認為，在人事變化中，由不知而知，且將變天演的軌轍，而為人力的進步。他在上引光緒三十一年在日本東京對留學生的講演中，比較中國革命建國的希望和日本明治維新的歷史說：

即如日本，當維新時代，志士很少，國民尚未大醒，他們人人擔當國家義務，所以不到三十年，能把他的國家弄到為全球六大強國之一。我們比他還要大一倍，所以我們萬不可存一點退志。日本維新雖經營三十餘年，我們中國不過二十年就可以。蓋日本維新的時候，各國的文物，他們國人一點都不知道。我們中國此時，人家的好處人人皆知道，我們可以擇而用之。他們不過是自然的進步，我們方纔是人力的進步。[21]

他的主張以相匡相助，代替物競爭存，為人類進化的動力，固本此理由，[22]而他的主張令社會革命與政治革命，畢其功於一役，也本於同樣的理由。在民國元年（一九一二年）

在南京對同盟會會員的一次講演中，他說：

中國原是個窮國，自經此次（辛亥）革命，更成民窮財盡，中人之家已不可多得，如外國的資本家更是沒有，所以行社會革命是不覺痛楚的。但因此時害猶未見，便將社會革命擱置，是不可的。譬如一人醫病，與其醫於已發，不如防於未然。吾人眼光，不可不放遠大一點，當看至數十年，數百年以後，顧及全世界情形方可。如以為中國資本家未出，便不理會社會革命，及至人民程度高時，貧富階級已成，然後圖之，失之晚矣。英美各國，從前未曾注意此處，近來正在吃這個苦。[23]

中山先生論「知」，其系統的闡發，一見於「孫文學說」，一見於民國十一年（一九二二年）的「軍人精神教育」講演，[24]前者論知行關係，而後者論智之為用。其論智的來源，舉中庸「或生而知之，或學而知之，或困而知之」之說，承認有「生而知之」之智。但他顯然更重視積知而成之智。因為他說，「若由學問上致力，則能集合多數人之聰明，不特取法現代，抑且尚友古人，有時較天生之智為勝。……此外亦有不由天生，不由力學，而由經驗得來者，諺云：『不經一事，不長一智。』故所歷之事既多，智識遂亦增長，所謂增益其所不能者，此由於經驗也。」[25]而中山先生自己便是一個閱歷豐富，而極其好學的人。

關於中山先生的好學，凡與中山先生生前相識的人，幾乎眾口一辭。下引中、日、英文的報告各一，它們不僅同樣報導了中山先生好學的事實，而且還表達了幾乎完全一致的印象。第一是中山先生的哲嗣孫科。民國三十三年（一九四四年）他發表對於革命時期的中山先生的回憶，說：

總理（中山先生）在革命的時候，常常作全球旅行，除了澳洲和南美洲沒有去外，差不多全走遍了。在旅行的時候，隨身的物件很少，可是攜帶着很多最新出版的書籍。記得那時因為總理從事革命的關係，在廣州住不下，我們全家都住在檀香山。總理經過檀島時，在家裏小住些時，又踏上他的旅途。每次回家時，總帶回許多書。[26]

第二是宮崎寅藏的夫人槌子，在中山先生亡命日本時常作他的居停女主人。下面是她的一段回憶：

孫先生如有寸晷之暇，便從他的行李中取出很多書來閱讀。他的行李，大部分是書籍之類，其中英文書最多，好像都是些政治、經濟、哲學等方面的書。[27]

第三是一位展望雜誌（*Outlook*）的記者喬治・林區（George Lynch），在一九〇一年（光緒二十七年辛丑）他發表的一篇關於中山先生和大隈重信的報導中，述及他在日本會晤中山先生時見到的情景，說：

室中樸素地陳設着西式桌椅和書架，書架上滿插英、法文書籍和期刊。書籍和期刊都與戰爭、軍火、歷史或政治經濟有關。[28]

中山先生本於他的學識和閱歷，對於他的國人顯然有一種知識的優越感。譬如關於「革命方略」之作，他說，「予之於革命建設也，本世界進化之潮流，循各國已行之先例，鑒其利弊得失，思之稔熟，籌之有素，而後訂為『革命方略』。」[29]於此，同時也見後世之論中山先生思想，有謂他畢生懷有一種自我中心的使命感（An egoistic sense of mission），[30]有謂他的思想完全是中國的正統思想者，[31]至少就同盟會時期言，似皆非確論。我們毋寧認為，所謂他的「自我中心的使命感」，實是一種知識優越感；而此知識優越感的由來，乃本於他的自我發覺，他對於西方所有的直接的知識，為他的國人、乃至絕大多數的知識人士，所完全缺如。此一內心的發覺可能為時甚早，如他在丁酉年（光緒二十三年；一八九七年）應英國劍橋大學教授翟爾斯（Herbert Allen Giles）之請而撰的「自傳」中所說，「十三歲隨母往夏威仁島（Hawaiian Islands），始見輪舟之奇，滄海之闊，自是有慕西學之心，窮天地之想。」[32]但至少在「上李鴻章書」中，此種感覺已十分明顯。在該書中，中山先生述他自己的學問，曰：

竊文籍隸粵東，世居香邑，曾於香港考授英國醫士。幼嘗遊學外洋，於泰西之語言、文字、政治、禮俗，與夫天算輿地之學，格物化學之理，皆略有所窺，而尤留心於其富國強兵之道，化民成俗之規，至於時局變遷之故，睦鄰交際之宜，輒能窺奧。[33]

又曰：

> 顧文之生，二十有八年矣，自成童就傅，以至於今，未嘗離學。雖未能力八股以博科名，工章句以邀時譽，然於聖賢六經之旨，國家治亂之源，生民根本之計，則無時不往復於胸中。於今之所謂西學，概已有所涉獵，而所謂專門之學，亦已窮求其一矣。[34]

他所上的條陳說：

> 竊嘗深維歐洲富強之本，不盡在於船堅砲利，壘固兵強，而在於人能盡其才，地能盡其利，物能盡其用，貨能暢其流。此四事者，富強之大經，治國之大本也。我國家欲恢擴宏圖，勤求遠略，仿行西法，以籌自強，而不急於此四者，徒維船堅砲利之是務，是舍本而圖末也。[35]

次年（光緒二十一年；一八九五年），他的「刱立農學會徵求同志書」，也仍以仿行西法，翻譯西書為言。[36] 洎乎言革命，則如上引因翟爾斯之請而撰的「自傳」，固曾兩度申言欲步泰西之法。[37] 而其丁酉（光緒二十三年；一八九七年）與宮崎寅藏談話的倡聯邦共和，[38] 乙巳（光緒三十一年；一九〇五年）在日本東京向中國留學生講演的倡共和政治，同年中國同盟會「軍政府宣言」的倡自由、平等、博愛，皆本於取法歐美而言。與宮崎的談話中有一節言及他的決計獻身於革命，最能與人以一種所謂「使命感」的印象。其言曰：

嗚呼！今舉我土地之大，民眾之多，而為俎上之肉，餓虎爪而食之，以長養其蠻力而雄視世界。若以有道心者運用之，則足以提倡人道，號令宇內。余世界之一平民，又人道之擁護者也，雖綿力不足擔大事，然今非求重任於人，而可享事外之福，故自進而為革命之前驅，以應時變。天若眷吾黨，有豪傑起而來助乎？余即讓現時之位，而服犬馬之勞；無，則自奮以圖大難之衝。[39]

但此節談話即係繼他的論革命與聯邦共和而言，而宮崎在上文也已先以中山先生與康有為比較，稱「孫取泰西之學，康發漢土之徵。」[40]

在同盟會成立前後，中山先生向他的革命同志，乃至他的政敵，闡說共和革命的必要，其所持的一個理由，是要「取法乎上」。在上引乙巳年的那次講演中，他說：

若我們今日改革的思想不取法乎上，則不過徒救一時，是萬不能永久太平的。蓋這一變更是很不容易的，我們中國，先誤於說我中國四千年來的文明很好，不肯改革，于今也都曉得不能用，

> 定要取法於人。若此時不取法現世最文明的，還取法那文明過渡時代以前的嗎？我們決不要隨天演的變更，定要為人事的變更，其進步方速。兄弟願諸君救國，要從高尚的下手，萬莫取法乎中。[41]

而他的所謂取法乎上，便是要取法歐美。在同一講演中，他說：

> 中國的文明已有數千年，西人不過數百年，中國又不能由過代之文明變而為近世的文明，所以人皆說中國最守舊，其積弱的緣由也在於此。殊不知不然，不過我們中國現在的人物皆無用，將來取法西人的文明而用之，亦不難轉弱為強，易舊為新。蓋兄弟自至西方，則見新物；至東方，則見舊物。我們中國若能漸漸發明，則一切舊物又何難均變為新物。[42]

對於他的政敵保皇黨的主張一國「必當先經立憲君主，而後可成立憲民主，乃合進化之次序」之說，則他駁稱，此「不知天下之事，其為破天荒則然耳，若世間已有其事，且行之已收大效者，則我可以取法而後來居上也。」[43]

因此，至少直至同盟會時期，革命之於中山先生，同時也是一個現代化的運動，而革命與現代化都應步武泰西。於此，日本明治維新的成功，自然也應是部分的佐證。本來，在中日甲午戰後，西方的政體學術已漸受國內有識者的重視。辛丑（光緒二十七年；一九〇一年），張之洞與劉坤一上「籌議變法事宜第三摺」，臚舉採用西法的次第，曰：「方今環球各國日新月盛，大者兼擅富強，次者亦不至貧弱，究其政體學術，大率皆累數百年之研究，經數千百人之修改，成效既彰，轉相倣效。美洲則采之歐洲，東洋復采之西洋。」[44] 自戊戌年（光緒二十四年；一八九八年）始，嚴復譯的赫胥黎天演論（Thomas H. Huxley, *Evolution and Ethics*）、斯賓塞爾羣學肄言（Herbert Spencer, *The Study of Sociology*）、斯密亞丹原富（Adam Smith, *The Wealth of Nations*）、穆勒名學（J.S. Mill, *System of Logic*）、與羣己權界論（*On Liberty*）等著作，也陸續問世。[45] 在東京的中國留學生界，復先後有譯書彙編（光緒二十六年；一九〇〇年）和遊學譯編（光緒二十八年；一九〇二年）的發刊，編譯歐美政法名著。但在辛亥前中山先生倡導革命的期間，革命領導者（乃至康、梁黨人）而曾自少身受西式教育，接受嚴格的科學訓練，直接閱讀西文書籍，並曾親接歐美的文化社會者，中山先生幾屬唯一的一人。[46] 他既見中國應該取法乎上，步武泰西，以從事革命建設，以己之知比國人之無知，則自然發生一種知識優越感。[47] 此知識優越感，一旦與實行革命的決心相結，遂形成一種主知主義的思想，而為他後來完成的知行學說所本。

在同盟會時期前，中山先生與國內知識人士，未通聲氣，已如上述。遲至辛丑年（光緒二十七年；一九〇一年），吳敬恒在日本，尚料想中山先生像江洋大盜，不肯與他結識。[48] 與國內知識人士的隔閡，加以對傳統教育與傳統所謂「讀書人」的懷疑，[49] 中山先生遂欲本其「知」，以一人領導會黨和海外華僑，實行革命。這是一種相信「能知必能行」的主知主義的精神使然。及至壬寅、癸卯間（光緒二十八—二十九年；一九〇二—〇三年），國內外知識人士傾向革命者日眾，又二年，遂有同盟會的組織。至是，本於同樣的主知主義的精神，中山先生遂又欲以一個先知先覺（和後知後覺）的革命團體，在他自己的領導下，領導人民革命。50

1 但發展完成的中山先生的知行學說，則是一種完全的主知主義。「孫文學說」解釋世界人類的進化，曰：「夫以今之眼光，以考世界人類之進化，嘗分為三時期：第一由草昧進文明，為不知而行之時期；第二由文明再進文明，為行而後知之時期；第三自科學發明而後，為知而後行之時期。」「自科學發明之後，人類乃始能有具以求其知，故始能進於知而後行的第三時期之進化也。夫科學者，統系之學也，條理之學也，凡真知特識，必從科學而來也；捨科學而外之所謂知識者，多非真知識也。」（《國父全集》（二），頁四八—四九。）此其由知識的進化以見世界人類的進化，與孔德（Auguste Comte）的社會進化法則，如出一轍；尤其是他們對於第三時期，即所謂「科學的」或「實證的」時期的說法。而孔德的學說，倭鏗（Rudolf Eucken）認為是近代主知主義的典型的一例。（Rudolf Eucken, *Main Currents of Modern Thought*, P. 83. Tr. By Meyrick Booth, 1912, London）

2 《國父全集》（五），頁九。

3 同註1。

4 「孫文學說」，《國父全集》（二），頁五〇。

5 同上，頁五二。

6 同上，頁五〇。

7 參看「孫文學說」自序，《國父全集》（二），頁一—三。「孫文學說」成於一九一八年頃，但一九一五年春陳其美致黃興書，為中山先生的主張辯護，便已是就知行關係立論。下文即引自陳書：「溯自辛亥以前，二、三同志，與譚、宋輩過滬上時，談及吾黨健者，必交推足下，以為孫氏理想，黃氏實行。夫謂足下為革命實行家，則國內無賢無愚，莫不異口同聲，於足下無所增損。惟謂中山先生傾於理想，此語一入吾人腦際，遂使中山先生一切政見，不易見諸施行，迨至今日猶有持此言以反對中山先生者也。」「鄙見以為理想者事實之母也。中山先生之提倡革命，播因於二十年前，當時反對之者，舉國士夫，殆將一致，乃經二十年後，卒能見諸實行者，理想之結果也。使吾人於二十年前，即贊成其說，安見所縣理想，必遲至二十年之久，始得收效？抑使吾人於二十年後猶反對之，則中山先生之理想，不知何時始克形諸事實，或且終不成效果，至於靡有窮期者，亦難逆料也。故中山先生之理想能否證實，全在吾人之視察能否了解，能否贊同，以奉行不悖是已。」（《國父全集》（二），頁六六；七〇—七一。）

8 《國父全集》（五），頁二。

9 《國父全集》（五），頁十七。

10 孟子，「萬章篇」。

11 《國父全集》（六），頁二三八。

12 光緒三十一年七月十三日（一九〇五年八月十三日）在東京中國留學生歡迎會上講演紀錄之一，《國父全集》（三），頁四—五。

13 《國父全集》（三），頁二〇。

14 一九一七年七月二十一日在廣東全省學界歡迎會上講演，《國父全集》（三），頁一六五。

15 《國父全集》（三），頁一。

16 同上，頁三。

17 參看「孫文學説」自序，《國父全集》（二），頁一—三。

18 「中國革命史」：「乙酉（光緒十一年；一八八五年）以後，余所持革命主義，能相喻者，不過親友數人而已。士大夫方醉心功名利祿，唯所稱下流社會，反有三合會之組織，寓反清復明之思想於其中，雖年代湮遠，幾於數典忘祖，然苟與之言，猶較縉紳為易入。故余先從聯絡會黨入手。」（《國父全集》（六），頁一五二。）「中國革命史」撰成於一九二三年。據朱和中「歐洲同盟會紀實」所述，則中山先生於甲辰、乙巳（光緒三十—三十一年；一九〇四—〇五年）間在歐洲，猶有「秀才不能造反，」「我早知讀書人不能革命，不敵會黨」等語。（《革命文獻》（二），總頁二五六；二六二。）

19 《國父全集》（五），頁二。

20 同上。

21 《國父全集》（三），頁三—四。

22 一九一二年五月七日在廣州嶺南學堂講演：「物競爭存之義，已成舊説，今則人類進化，非相匡相助，無以自存。」（《國父全集》（三），頁四四。）

23 《國父全集》（三），頁二二。同樣的意見並見於丙午（光緒三十二年；一九〇六年）在日本東京的民報紀元節講演，《國父全集》（三），頁十一——十四。

24 《國父全集》（六），頁一〇九——一四三。

25 同上，頁一一八。

26 一九四四年十一月十二日重慶《中央日報》。

27 槌子「支那革命の思出」，宮崎寅藏《三十三年の夢》附錄，頁三二二，昭和十八年重印本，東京。

28 *Outlook*, Vol. 67, No. 12, March 23, 1901, PP. 671-3. Lyon Sharman, *Sun Y-at-sen, his Life and its Meaning — A Critical Biography*, PP. 66 – 7 引，1934, New York。

29 「孫文學説」，《國父全集》（二），頁五四。

30 參看 Lyon Sharman 上揭書，P.327。

31 戴季陶《孫文主義之哲學》的基礎，頁三四。一九五四年臺二版，臺北。

32 《國父全集》（六），頁二一〇。

33 《國父全集》（五），頁一。

34 同上，頁一〇。

35 同上，頁一。

36 同上，頁十三—十四。

37 《國父全集》（六），頁二〇九；二一〇。

38 宮崎寅藏《三十三年落花夢》，金松岑譯，頁五三。一九五二年臺重印本，臺北。

39 同上，頁五三—五四。

40 同上，頁五〇。

41 《國父全集》（三），頁六。

42 同上，頁二。

43 「駁保皇報」，甲辰（光緒三十年；一九〇四年）發表於檀香山《隆記報》，《國父全集》（六），頁二三〇。

44 舒新城《近代中國留學史》，頁二〇一引。

45 癸卯（光緒二十九年；一九〇三年）上海《新世界學報》第三期有一個漢譯西書目錄，甲類宗教，乙類歷史，丙類列天演論、原富、名學等三書。這個目錄的編製者說明，曰，「以上甲、乙所舉之書，不過百分之幾；丙所舉之書，則盡於此矣；」而「唯丙所舉之書，為西人近百年來新得之學，為歐洲政治五十年來之大進步，然寥寥數種，不可多得，又（譯者）皆出於一人之手。」（頁九—十。）

46 如康有為，當時的革命黨人便批評他「未嘗研究政治的學問，單就當時李提摩太（Timothy Richard）、林樂知（Young J. Allen）等所譯一、二粗淺西書，管窺蠡測。」（「紀戊戌庚子死事諸人紀念會中廣東某君之演説」，《民報》一期，頁七九。）而在同盟會時期民報和新民叢報的論爭中，革命黨人加於梁啓超的一種有效的攻擊，便是譏誚梁不識東、西文字，而又好引東文，常常誤讀。反之，民國初年，中山先生的政敵則攻擊中山先生，詆之為「一完全外國人也；」說「雖外人久居中國者，其熟習內地情形，猶遠出孫文之上。」見亂黨之真相，頁四(下)—五(上)。無著作人與出版時地名，書中有「二次革命」語，當係撰於二次革命之後。

47 在吧達維亞（Batavia）出版的《華鐸報》，第七十期（一九一一年七月六日），載涼涼撰諧文「野狐精」一篇，可為本文註腳。有黃炎者，為狐所困。一日，來西鄰劇盜，破其屋，黃家人因復睹天日，遂出逃。有至南海者，南海大士盡化為焦面鬼王；至東海三神山，其仙子皆地仙，術非上乘；往西土，阻於金剛，而孫大聖來，救之，囑剪辮乃得入。「大聖乃領主人往學無上上乘法界，俾五蘊皆空，惟以救世博愛平等為宗旨。……大聖復為之部署一切，使與東海同志聯絡，為將來反室排狐（胡）計云」。（頁二一三）

48 吳敬恆「蘇報案之前後」，重慶《中央日報》，一九四四年三月二十二日—二十六日。

49 見註十八。

50 宋教仁《我之歷史》，一九〇五年七月二十八日條下，引中山先生語：「今兩粵之間，民氣強悍，會黨充斥，與清政府為難者，已十餘年，而清兵不能平之，此其破壞之能力已有餘矣。……若現在有數十百人者，出而聯絡之，主張之，一切破壞之前之建設，破壞之後之建設，種種方面，件件事情，皆有人以任之，一旦發難，立文明之政府，天下事從此定矣。」我之歷史，卷二，頁二七（下）—二八（上）。一九二〇年，湖南桃源。

（四）

首先，此主知主義至少即可部分解釋中山先生思想中的一個重要的部分，便是他的革命建國三時期——軍法、約法、憲法——的主張。

革命建國三時期的主張，在辛亥前，見於中國同盟會「軍政府宣言」[1]和「中國同盟會會務進行之秩序表」，[2]前者為「革命方略」的一部。因而此項主張，在同時人和後代的著作中，也常與「革命方略」互稱，已如上述。[3]中山先生晚年所作的「中國革命史」，其第二節「革命之方略」，所諭的也就是革命進行三時期和五權憲法。[4]中國同盟會「軍政府宣言」定「革命」「治國」的措施之序，曰：

右四綱（驅除韃虜，恢復中華，建立民國，平均地權），其措施之序，則分三期。第一期為軍法之治。義師既起，各地反正，土地人民，新脱滿洲之羈絆，臨敵則宜同仇敵愾，內輯族人，外禦寇仇，軍隊與人民同受治於軍法之下。軍隊為人民戮力破敵，人民供軍隊之需要，及不妨其安寧。既破敵者、及未破敵之地方行政，軍政府總攝之，以次掃除積弊；政治之害——如政府之壓制、官吏之貪婪、差役之勒索、刑罰之殘酷、抽捐之橫暴、辮髮之屈辱，與滿洲勢力同時斬絕。風俗之害——如奴婢之蓄養、纏足之殘忍、鴉片之流毒、風水之阻害，亦一切禁止。每一縣以三年為限，其未及三年，已有成效者，皆解軍法，布約法。第二期為約法之治。每縣既解軍法之後，軍政府以地方自治權歸之其地之人民，地方議會議員及地方行政官皆由人民選舉。凡軍政府對於人民之權利義務，及人民對於政府之權利義務，悉規定於約法，軍政府與地方議會及人民皆循守之，有違法者負其責任；以天下定後六年為限，始解約法，布憲法。第三期為憲法之治。全國行約法六年後，制定憲法，軍政府解兵權、行政權，國民公舉大總統，及公舉議員，以組織國會。一國之政事，依憲法而行之。此三期，第一期為軍政府督率國民掃除舊汙之時代。第二期為軍政府授地方自治權於人民，而自總攬國事之時代。第三期為軍政府解除權柄，憲法上國家機關分掌國事之時代。俾我國民循序以進，養成自由平等之資格，中華民國之根本，胥於是乎在焉。

這便是一個要以一先知先覺的革命黨，領導、輔弼、和訓練人民，使能「循序以進，養成自由平等之資格，」以奠定「中華民國之根本」的方略。在三時期中，約法之治，則是革命黨經軍政時期的破壞，領導、輔弼、和訓練人民，使進於憲政理想的實現的一個過渡時期。汪精衛在發表於民報二期的「民族的國民」一文中，引中山先生的言論，以闡釋約法之治，曰：

（有）謂革命之際，國民心理，自由觸發，不成，則為恐怖時代；即成矣，而其結果，奚啻不如所期，且有與所蘄相違者，求共和而復歸專制，何樂而為此耶？……顧以余所聞諸孫逸仙先生者，則足以破此疑問，請以轉語吾民族。先生之言曰：革命以民權為目的，而其結果不逮所蘄者，非必本願，勢使然也。革命之志，在獲民權，而革命之際，必重兵權，二者常相牴觸者也。使其抑兵權歟？則脆弱而不足以集事。使其抑民權歟？則正軍政府所優為者，宰制一切，無所掣肘，於軍事甚便，而民權為所掩抑，不可復伸。天下大定，欲軍政府解兵權以讓民權，不可能之事也。……察軍權、民權之轉捩，其樞機所在，為革命之際，先定兵權與民權之關係。蓋其時用兵貴有專權，而民權諸事艸創，資格未粹，使不相侵，而務相維，兵權漲一度，民權亦漲一度，逮乎事定，解兵權以授民權，天下晏如矣。定此關係，厥為約法。革命之始，必立軍政府，此軍政府既有兵事專權，復秉政權。譬如既定一縣，則軍政府與人民相約，凡軍政府對於人民之權利義務，人民對於軍政府之權利義務，其犖犖大者，悉規定之。軍政府發命令，組織地方行政官廳，遣吏治之；[5] 而人民組織地方議會。其議會非遽若今共和國之議會也，第監視軍政府之果循約法與否，是其重職。他日既定乙縣，則甲縣與之相聯，而共守約法；復定丙縣，則甲、乙縣又與丙縣相聯，而共守約法。推之各省各府亦如是。使國民而背約法，則軍政府可以強制；使軍政府而背約法，則所得之地成相聯合，不負當履行之義務，而不認軍政府所有之權利。如是，則革命之始，根本未定，寇氛至強，雖至愚者不內自戕也。洎乎功成，則十八省之議會，盾乎其後，軍政府欲專擅，其道無繇。而發難以來，國民瘁力於地方自治，其繕性操心之日已久，有以陶冶其成共和國民之資格。一旦根本約法，以為憲法，民權立憲政體有磐石之安，無漂搖之慮矣。先生之言，大略如是。[6]

「革命方略」明定憲法之治為政治的極則。證諸中山先生從事革命的號召，民主立憲也一直是他鍥而捨的理想。丙午（光緒三十二年；一九〇六年），在東京的《民報》紀元節會上，他說：

將來民族革命實行以後，現在惡劣政治，固然可以一掃而盡，卻是還有那惡劣政治的根本，不可不去。中國數千年來，都是專制政體。這種政體，不是平等自由的國民所堪受的。要去這種政體，不是專靠民族革命可以成功，……不是政治革命是斷斷不行的。我們研究政治革命的功夫，煞費經營，至於着手的時候，卻是同民族革命並行。我們推倒滿洲政府，從驅除滿人那一面說，是民族革命；從顛覆君主政體那一面說，是政治革命，並不是把來分作兩次去做。講到那政治革命的結果，是建立民主立憲政體。照現在這樣的政治論起來，就是漢人為君主，也不能不革命。[7]

在和保皇黨的一次論爭中，中山先生並指出，民主立憲既為當前政治的極則，則革命自應造成民主立憲，為一勞永逸之計，俾國家得免於多次革命的破壞。他說：

今（彼保皇黨人）以君主立憲為過渡之時代，以民主立憲為最終之結果，是要行二次之破壞，而始得至於民主之域也。以其行二次，何如行一次之為便耶？夫破壞者，非得已之事也，一次已嫌其多矣，又何必故意以行二次？夫今日，專制之時代也，必先破壞此專制，乃得行君主或民主立憲也。既月力以破壞之，則君主民主隨我所擇，如過渡焉，以其滯乎中流，何不一掉而登彼岸，為一勞永逸之計也。[8]

他的主張革命應造成民主立憲，其所持的另一個理由，最先見於宮崎寅藏《三十三年の夢》之記丁酉年（光緒二十三年；一八九七年）的談話，主張以共和革命避免易代時羣雄的家天下之爭，和國家的長期分裂擾攘。[9] 同樣的思想也見於他在丙午（光緒三十二年；一九〇六年）的《民報》紀元節講演和他晚年所撰的「中國革命史」一文；[10] 而章炳麟也曾作此論。[11] 在民報紀元節的講演中，中山先生說：

凡革命的人，如果存有一些皇帝思想，就會弄到亡國。因為中國從來當國家做私人的財產，所以凡有草莽英雄崛起，一定彼此相爭，爭不到手，寧可各據一方，定不相下。往往弄到分裂一、二百年，還沒有定局。今日中國正是萬國眈眈虎視的時候，如果革命家自己相爭，四分五裂，豈不是自亡其國？所以我們定要由平民革命，建國民政府。這不止是我們革命的目的，並且是我們革命的時候所萬不可少的。」[12]

在所有以上的引文中，中山先生對於民主立憲之欲「一掉而登彼岸，為一勞永逸之計，」蓋反覆言之。然則何以他的「革命方略」又要在軍事革命和民主立憲之間，介入一段約法之治？而且他雖畢生未能以此項主張付諸實行，然卻以不同的形式，堅持此項主張一直到他最後的有生之年？不僅如此，在中山先生的全部思想中，最受批評者指摘的也就是他的約法之治的主張，尤其是自中華革命黨時期易約法之治的名稱為訓政以後。因為與一位西方民主思想家所批評啓蒙思想者相若，此項主張似也「相信由少數才智之士當政，便可以支配環境，而使支配者與被支配者同登於幸福之境。」[13]於此，批評者可以疑問：如果革命黨的軍政府對於政權久假不還，如果軍政府因約法之治而擴張黨勢，則民主立憲將何由而達？因此討論中山先生的「革命方略」的思想，主要便應解釋（一）中山先生係基於何種必要，而必欲在民主立憲之前，設一個約法之治的過渡階段？和（二）他所擬議的約法之治，是否供給一種制度，足以為實現民主立憲的理想的保障？

就第一問題言，已故崔書琴教授指出，中山先生在洪憲帝制運動（民國四—五年；

一九一五—一六年）後，曾承認古德諾（Frank J. Goodnow）的主張帝政係出自善意，而中國人民的政治能力確尚不足。[14] 本來，一個經過長期專制統治的國家，人民的知識程度低下，政治興趣薄弱，政治常識和修養缺之，在這樣一個國家，而在推翻專制政府後便立刻實施憲政，把國家權力完全交付給人民，自然十分危險。此如中山先生所說，其結果，苟非民治不能實現，便是民治其名而專制其實，或且「並民治之名而去之。」[15] 因此，一個過渡的教育的階段，在人民實行民主憲政的準備上，自屬必要。西方政治學家如賀爾康（A. N. Holcombe），即曾承認中山先生之為中國革命的進行分出措施之序，是合理的主張。[16] 另一位為中山先生作傳的沙爾孟（Lyon Sharman），在他所寫的一冊自稱為「批評的」傳記中，也說「中國成為民主國家的唯一的希望，寄於一個教育過程，在這一點上孫逸仙先生的主張是正確的。」[17] 但如崔先生的認為中山先生的此一思想係發生於洪憲帝制運動之後，則是一位學者的過分謹慎之言。誠然，中山先生發揮他的訓政理論的著作，如「孫文學說」、「中國革命史」、和「國民政府建國大綱」，皆撰成於民國五年（一九一六年）之後。惟如本文上節所謂，自「上李鴻章書」以下，一種以先知覺後知的思想，一直貫徹於中山先生的言論之中。對於反對共和革命的人，他斥他們「是將自己連檀香山的土民、南美的黑奴都看做不如了。」[18] 他指出，中國僻地荒村的自治，一切共同的利害皆自議之而自理之，「無在非自治之民。」[19] 但對於革命黨人，則他說，百姓無所知，要在「志士的提倡，」「志士的經營。」[20]他說,「惟夫一羣之中,有少數最良之心理,能策其羣而進之,使最宜之治法,適應於吾羣;吾羣之進步,適應於世界,」此先知先覺之天職也。[21]此見中山先生蓋自始主張,為當時中國之多數的百姓,其政治能力確尚不足。在他們尚不能為政之時,他們需要革命團體為「伊尹」,為「周公」,以訓迪而保育之。中山先生駁保皇黨報紙的「中國人無自由民權之性質」的說法,堅稱中國人稟有自由民權的性質。但他承認,中國人的此種性質,尚需要琢磨,乃能進於「文明」。他說:

彼又嘗謂,中國人無自由民權之性質。余力斥其謬,引中國鄉族之自治,如自行斷訟,自行保衛,自行教育,自行修理道路等事,雖不及今日西政之美,然可證中國人稟有民權之性質也。又中國之民,向來不受政府之干涉,來往自如,出入不問,婚姻生死,不報於官,户口門牌,鮮註於冊,甚至兩鄉械鬥,為所欲為,此本於自由之性質也。彼則反唇相譏,曰:此野蠻之自由,非文明之自由也。此又何待乎彼言?僕既云性質矣,夫天生自然謂之性,純樸不文謂之質,有此野蠻之自由,則便有自由性質也,何得謂無?……惟中國今日富此野蠻之自由,則他日容易變為文明之自由。倘無此性質,何由而變?是猶琢玉,必其具有玉質,乃能琢之成玉器。若無其質,雖琢無成也。[22]

因此,就第一問題言,中山先生之在「革命方略」中設約法之治為一自軍政至憲政的過渡時期，顯然乃基於他認為教育人民以提高人民的政治能力的必要。[23] 因為「革命方略」有憲法之治懸為鵠的，所以至少在理論上，約法之治乃全民政治的計畫的準備，與一切以一個領袖和黨的「優秀」幹部為已足的政治學說皆異。基於全民政治的信仰，中山先生乃可以責備他的黨人，曰：「以國民程度太低，不能行直接民權為言，而又不欲訓練之，以行其權，是真可怪之甚也；」曰：「是何異謂小孩曰：『孩子不識字，不可入校讀書也！』」[24] 關於第二問題，見於民報的革命黨人的言論，顯然多視「革命方略」所定的約法之治為革命目的的保障，而革命之得免於暴力統治或恐怖統治與否，便將要「觀約法之效。」[25] 精衛解釋約法之為保障革命目的的紀律，曰：

（或曰）今後之革命，將不免於沿歷史上自然暴動乎？抑果能達民族主義、國民主義之目的乎？欲解決此問題，有兩要義：第一曰革命的主義，……第二曰革命的紀律。紀律者，當立此主義以求達此目的之時，所不可缺之手段也。而紀律本於主義而發生：使其主義為帝制自為、則其紀律或寬仁大度，以收人心（如劉邦等），或恣為殘酷，以愶民志（如張獻忠）；使其為民族主義、國民主義，則其紀律必本於自由、平等、博愛之精神，以為民主立憲之預備，即孫君（逸仙）所言約法是也。[26]

據此，約法之治不僅為達到革命的主義「所不可缺之手段，」而且本於革命的主義以定約法，則約法之治自然將為革命目的的預備。此循環之論，非必無理。因為本目的以定方法，目的與方法自應互為保障。精衛更進而就約法之原始的契約的性質，以論約法的實質之必本於革命的主義。因為革命黨今既揭國民主義和民族主義以為號召，則國民而傾向革命，自必表示他們對於國民主義和民族主義的歸心。如此，一旦革命功成，革命黨本約法繼續執政，此約法自非「應國民心理之必要而發生」者不可。他說：

約法者，革命時代革命團體與人民相約者也。……蓋革命團體與國民之關係至為密切，其地位同也，其主義同也，其目的同也。於是二者之間，以云緩急，不可不相依也；以云信任，不可不長保也；以云目的，不可不共達也。由是關係，乃生約法。約法者，規律革命團體與國民之關係，使最終之結果，不悖於最初之目的者也。[27]

約法乃「應於國民心理之必要而產生」之說，乃精衛所以闡釋中山先生的約法之治的主張，以駁斥保皇黨的開明專制的主張。此項解釋。梁啓超當時在給徐佛蘇的一封信中，曾承認自己「未得所以駁之之道。」[28] 據精衛的解釋，「革命方略」的約法，實即革命的「合成意力」的體現。[29] 以之與開明專制相較，則第一，「開明專制者，待其人而後行，」所以可遇而不可求；第二，開明專制者，「有治人，無治法，」而對於治人者缺乏有效之權力的約束。「今助專制者曰：汝不可為惡！此道德上語也。彼竟為惡，將奈之何？」反之，如行約法，則約法既定，以治人行治法，而以治法責治人；合於法則行，而不合於法則無效，「是雖欲為惡而不能也。」[30]所以他說，「說者曰，今日先之以開明專制，則他日可以為君主立憲。則吾應之曰，革命之後先之以約法，則他日可以為民主立憲。」[31]我們因汪精衛和胡漢民等人的著作，而在當時人當時當地的著作之中，獲知約法之治確係中山先生的主張。[32]同時汪胡等人，也常在他們的著作之中，聲明關於約法之治的理論，乃他們直接聞之於中山先生。因此我們上引的他們的言論，大體應能代表中山先生的思想。

對於反對革命者的指責革命為一種危道，認為革命足以造成恐怖統治與暴力統治，「求共和而復歸專制」之說，革命黨人舉「革命方略」的約法之治，辭而闢之，已如上述。中山先生曾舉中國「鄉族之自治，」以證明中國人的稟有「民權之性質。」而約法之治的實施，在制度上，顯然也視地方自治的推行，為達到革命目的的主要的保障。此在「革命方略」、「同盟會會務進行之秩序表」、民報言論，以及後出的民國元年（一九一二年）「同盟會總章」、同年「國民黨規約」民國三年（一九一四年）「中華革命黨黨章」、民國九年「中國國民黨總章」，和民國十三年「國民政府建國大綱」，皆可見之。[33]中山先生對於地方自治的主張，詳細見於「國民政府建國大綱」、「地方自治開始實行法」、[34]和民國五年七月十七日在上海對國會兩院議員的演講。[35]但「革命方略」也已為約法之治時期軍政府之以地方自治權歸之人民，明定辦法，使地方議會議員和地方行政官，得依規定的進度由人民選舉。此時期軍政府雖仍掌握國家政權，然為防政府的流於專制，有約法以定政府和人民間的權利義務；為防政府對於政權久假不歸，有「以天下平定後六年為限」的規定。凡此，對於憲法之治的目的的保障，不為不備。中山先生之視地方自治為健全的共和政治的基礎，[36]尚可從他的批評美國和法國政治發展的殊異見之。他認為，美國立國之後政治之所以蒸蒸日上者，「以其政治基礎全恃地方自治之發達也；」反之，法國之所以未能由革命一躍而幾於共和憲政之治者，「以彼之國體向為君主專制，而其政治向為中央集權，無新天地為之地盤，無自治為之基礎」故也。[37]約法之治之以地方自治之權歸諸人民，在制度上，一方面是使民權先行於基層政治，是「養共和之基礎；」同時也訓練人民運用民權，是「練國民之能力。」[38]

自然，我們尚可疑問，如果軍政府不信守約法？任何政權都可以僭勢越權。但我們應該指出，辛亥革命乃在一種專制而以「率土之濱，莫非王臣」為政治極則的統治之下發生。辛亥革命起後，「革命方略」未曾實行。因為排滿結果既以南北議和與舉袁世凱為總統出之，則軍法之治先未實行，遑論其後的約法之治與憲法之治。辛亥革命產生了一個約法——「民元約法。」這是一個中山先生認為徒有約法之名而無其實的約法。）[39]這個約法，產生後立即便遭遇破壞。但破壞之者，不是行約法之治的革命政府，而是在革命黨放棄「革命方略」後，因妥協而產生、在革命黨人方面並圖立即以之納入西方立憲和議會政治之常軌的袁世凱政府。[40]自然，我們今天論史，對於辛亥革命的未能舉民權革命之實，可以論到當時軍事、政治、和社會的條件，以及在此種條件下民權建設的可能性問題。但以一個革命領袖的地位，則本於他自己的學說和信仰，中山先生自應以之歸咎於「革命方略」的未能付諸實行；而如他所說『「革命方略」之所以不能行者，以當時革命黨人不能真知了解於革命之目的也。」[41] 反之，就理論上言，如果「革命方略」實行，則革命政府是否信守約法的問題，可從兩方面視之：第一，假孟子「有伊尹之志則可，無伊尹之志則篡也」[42] 之語言之，有革命政府而在執行「革命方略」時不信守約法，僭越無度，則此政權在本質上已不復是革命的政權。革命既推翻滿清的專制，何遂不能繼起以推翻此背叛革命的政權？第二，地方自治既行，則如上引汪精衛的述中山先生之言，「使軍政府而背約法，則所得之地咸相聯合，不負當履行之義務，而不認軍政府所有之權利。」「如是，則革命之始，根本未定，寇氛至強，雖至愚者不內自戕也。洎乎功成，則十八省之議會，盾乎其後，軍政府欲專擅，其道無繇。」同時，發難以來，國民盡力於地方自治，「其繕性操心之日已久，（亦）有以陶冶其成共和國民之資格，」以鞏固建立民權立憲政體的基礎。

中山先生及身未見「革命方略」的實行，但如上述，由「革命方略」，他至少為中國民主憲政的建設，提供了一個合乎實際的程序和一種保障的制度。因為民初「革命方略」不行，乃有和議與舉袁之事，而至少在事後看來，和議與舉袁實際已注定了民主憲政建設的失敗。結果所至，則不僅革命黨在肇建民國後再遭蹉跌，便是民國開國的法制，也在袁的陰謀和暴力之下，一一被破壞無餘。梁啓超於民國元年（一九一二年）十月自日本返國，去北京，在他寄女兒令嫻的家書中，方以總統優禮，社會歡迎，「視孫黃來京時過之十倍，」而沾沾自喜。[43] 他所參加的共和黨和其後所領導的進步黨，又曾曲意為袁畫策獻計。但曾幾何時，他在京、津，也祇能承認「現狀實無可為，新黨亦決辦不好，」[44] 而時時興「中國必亡，決無可救，在此唯有傷心飲淚」之歎了！[45]

1　《國父全集》（四），頁五九—六二。

2　中國國民黨中央委員會黨史史料編纂委員會藏毛筆鈔件，鄧慕韓鈔送。全表分「事前之務」、「發難之務」、「善後之務」三部；「善後之務」部分又順列「軍法之治」、「約法之治」、「憲法自（之）治」三階段。「軍法之治」階段為草創政府，下開元帥府、與戰務、財政、內務、外務、教育、農務、工務、商務、司法、郵政、礦務、鐵路等十二部。「約法之治」階段，下開「開縣議會」與「地方自治」兩端。「憲法之治」階段，下開行政、議政、審判、考試、監察等五目。據鄧慕韓附誌，「此表得自張永福，」係當日所訂進行秩序，與『革命方略』相輔而行。」

3　見上第一節，註2。又如《胡漢民自傳》：「先生（中山）更為『革命方略』，以授黨人，大旨分為軍政時期、訓政時期、憲政時期。軍政時期，用軍法打倒異族專制政府，掃除官僚腐敗，與一切革命障礙物。訓政時期則實行約法，引進地方之自治，為由軍政至憲政之過渡。至憲政時期，乃實施五權憲法。其先後施行順序，且有精義。」《革命文獻》（三），總頁三九二—三九三。

4 《國父全集》（六），頁一五〇—一五二。

5 此與同盟會「軍政府宣言」不合。「軍政府宣言」規定每縣既解軍法之後，軍政府以地方自治權歸之其地之人民，地方議會議員與地方行政官，皆由人民選舉。

6 《民報》二期，文頁二〇—二二。

7 《國父全集》（三），頁十。

8 「駁保皇報」，《國父全集》（六），頁二三〇。

9 金松岑譯《三十三年落花夢》，頁五二—五三。

10 《國父全集》（三），頁十；《國父全集》（六），頁一四九。

11 章炳麟《自定年譜》，一九一二年條下：「余嘗謂，中國共和造端，與法、美異，始志專欲驅除滿洲。又念時無雄略之士，則未有能削平宇內者，如是猶不亟廢帝制，則爭攘不已，禍流生民，國土分裂，必為二、三十處，故逆定共和政制以調劑之，使有功者更迭處位，非曰共和為政治極軌也。」載重慶《國民公報》，一九四三年六月五日至九月十九日。

12 《國父全集》（三），頁十—十一。

13 Grane Brinton, *Ideas and Men*, p. 388. 1950, New York.

14 崔書琴《三民主義新論》，第三次修訂版，頁一二二—一二三。一九五五年，臺北。

15 「由軍政時期一蹴而至憲政時期，終不予革命政府以訓練人民之時間，又絕不予人民以養成自治能力之時間，於是第一流弊，在舊汙未由盪滌，新治未由進行；第二流弊，在粉刷舊汙，以為新治；等三流弊，由發揚舊汙，壓抑新治。更端言之，即第一民治不能實現，第二為假民治之名行專制之實，第三則並民治之名而去之也。此所謂事有必至，理有固然。」「中國革命史」，《國父全集》（六），頁一五五。

16 Arthur N. Holcombe, *The Chinese Revolution*, PP. 312 – 314, 1930, Cambridge, Mass.

17 Lyon Sharman, *Sun Yat-Sen, his Life and its Meaning – A Critical Biography*, P. 368.

18 一九〇五年（乙巳）八月十三日在日本東京中國留學生歡迎會上講演，《國父全集》（三），頁四。

19 金松岑譯《三十三年落花夢》，頁五三。

20 同註18，頁五。

21 「民報發刊詞」，《國父全集》（六），頁二八。

22 「駁保皇報」，《國父全集》（六）頁二二九。

23 秦力山《革命箴言》第十一章，「革命問答」，亦持相同見解。「問：國民並普通知識亦無之，能享有參政權否？答：……中國今日之政體，……章氏（炳麟）輒稱之曰客帝，吾謂不如直稱之曰盜酋。今之革命，實革盜酋之命，非革專制之命也。然則革命後仍宜行專制乎？曰：烏乎可！雖然，開國之始，非有十年予以大干涉，則進化仍無望也。」「革命箴言」（或稱「說革命」）十六章（第一至十二、第十六至十九章），原載《仰光新報》，刊入《緬甸中國同盟會開國革命史下編》（徐市隱贊周編，緬甸中國同盟會革命史編纂處增編，再版，一九三二年，仰光），本文即引自該編。「革命箴言」文末有「一九〇五年六月十六日鞏黃（力山別號之一）誌于緬甸北部之蚋燒」之語，則其撰成尚在同盟會成立前。

24 一九一九年親撰「三民主義」，《國父全集》（六），頁二二七。

25 寄生「正明夷『法國革命史論』，附駁飲冰子跋」，《民報》十一期，頁七四—七五。一九〇七年一月，日本東京。

26 精衛「再駁新民叢報之政治革命論」，《民報》七期，頁五一。一九〇六年九月，日本東京。

27 同上，頁五〇—五一。

28 光緒三十二年春（一九〇六年）「梁啓超致徐佛蘇書」：「民報第四號（此指精衛另文「駁新民叢報最近之非革命論」）想已見，強辯如彼，勢亦不能不為應敵之師，欲一叩我公之意見，有以助我。其全篇似皆無甚根據，惟內第十五頁以下有就國民心理上論約法之可行一段，尚未得所以駁之之道，因欲在第七號發表之，請公必為我一下思索，並速見復，為盼。」丁文江編《梁任公先生年譜長編》初稿（上），頁二一一。

29 精衛「駁《新民叢報》最近之非革命論」，《民報》四期，頁十五。一九〇六年五月，日本東京。

30 同上，頁二五—二七。

31 精衛「研究民族與政治關繫之資料」，《民報》十三期，頁三十三。一九〇七年五月，日本東京。

32 如漢民「《民報》之六大主義」：「若慮夫革命之際，兵權與民權相牴觸，而無以定之，則孫逸仙先生之言約法精矣。」《民報》三期，頁一。一九〇六年四月，日本東京。

33 「國民黨規約」以下，分見鄒魯《中國國民黨史稿》，頁一三六—一四一；一六五—一七三；三三六—三三七；六四八—六五一。

34 《國父全集》（六），頁一六〇——一六五。

35 《國父全集》（三），頁一三八——一四五。

36 秦力山《革命箴言》第四章，「論地方自治為革命之基礎」，亦持同樣主張。

37 「孫文學說」，《國父全集》（二），頁五八。

38 此一九一二年「國民黨組黨宣言」中語。《國父全集》（四），頁七二。

39 「（辛亥革命時，）同志不行予所主張，而祇採予『約法』之名，以定臨時憲法。」「孫文學說」，《國父全集》（二），頁五八。

40 袁世凱就臨時大總統職的誓詞中有「謹守憲法」一語，時無憲法，按諸南北議和時中山先生所提「議和最後解決辦法」第五款，「袁被舉為臨時總統後，誓守參議院所定之憲法，乃能接受事權，」則此「憲法」應指其後（三月十一日）參議院制定公佈的「民元臨時約法」。袁世凱所破壞的即此約法。袁誓詞見中山先生一九一二年三月九日通電，《國父全集》（四），頁二一一；「議和最後解決辦法」見「中山先生一九一二年一月二十二日致上海伍廷芳暨各報館電」，《國父全集》（四），頁一六二。

41 一九一九年親撰「三民主義」，《國父全集》（六），頁二七二。

42 孟子《盡心篇》。

43 一九一二年十一月一日書，丁文江編《梁任公先生年譜長編》初稿（中），頁四一〇——四一二。

44 一九一二年十一月十三日與女兒令嫻書，同上，頁四一二。

45 一九一三年三月二十七日與女兒令嫻書，同上，頁四一六。

（五）

「革命方略」所揭的約法之治的方案，在中山先生的思想中，以後又演而為「革命民權」的理論。[1] 革命民權的解釋有二：其一與天賦人權說相對，認為民權並非天生而來，而「是時勢和潮流所造就出來的，」是從人民反抗君權專制的革命運動中所產生出來。[2] 因此民權必然與專制的思想不能兩立。[3] 另一種解釋雖也與天賦人權說相對，但因為鑒於民初以來反對民國的人之假民權以破壞民國的事實，所以認為「民國之民權，唯民國之國民乃能享之，必不輕授此權於反對民國之人，」[4] 這是「革命民權」。

但「革命民權」的理論雖早萌蘗於同盟會時期，中山先生的全部民權理論，則當時尚未發展完備。他有時也使用「人權」的字樣，[5] 但似乎意在泛指個人的基本權利，並未曾予民權以一個如「民權主義」第一講所作的定義。[6] 他曾主張以縣為單位的地方自治，[7] 但除選舉權外，也尚未曾提及「四權」中的其他三權（罷免、創制、複決）。他的第一次同時論到直接民權，可考見的，乃在民國五年（一九一六年）七月十五日在上海對國會議員的一次講演；[8]兩日後，在同地又有一次對國會議員和各界領袖的談話，始暢論地方自治與「四權」制度。[9]同盟會時期中山先生已討論到「五權憲法」，但還未曾立政權和治權的分際，因也沒有討論權能的區分。迨民國成立，「革命方略」既格而不行，中山先生的民權理論因之也晦塞有年。就五權憲法言，他在民國十年（一九二一年）演講五權憲法時，便曾說自己祇有在十數年前，「在東京同盟會慶祝民報週年紀念的時候，演講過了一次。」[10]此語雖不正確，但在同盟會時期後，中山先生再為他的五權憲法的理論闡揚，確已遲至民國五年（一九一六年）。

五權憲法的輪廓，曾見於「中國同盟會會務進行之秩序表」，於「善後之務」（三）「憲法自治」項下，列行政、議政、審判、考試，與監察等五目。其理論的闡揚，則見於上舉《民報》紀元節的講演。[11]在中山先生發展完成的民權理論中，政權（四權）和治權（五權）應有相互為用之妙。政權對於治權有課責之效：觀其成效，課其責任，以定法的存廢，人的去留。治權對於政權則有相成之效：政府的考試權，為人民的選舉權的輔佐；政府的立法、司法兩權，為人民的創制、複決兩權的輔佐。但在同盟會時期，四權的理論既未完備，五權憲法中在行政、立法、司法三權之外，新增的考試、監察二權，也似乎意在制衡的作用為多。考試權所以為人民選舉權的制衡，而監察權所以為議會權力的制衡。

請試論之：中山先生的五權憲法的方案，就形式上言，乃分英美政治制度中屬於立法權的監察權，和屬於行政權的考試權，使之獨立，從而變英美式的立法、行政、司法三權分立的憲法，為行政、立法、司法、考試、監察五權分立的憲法。因為中國在君主政治之下，監察和考試的制度，久已與行政的制度分立，所以五權憲法又似是中國固有制度和英美制度的揉合。中山先生對於英美憲法，一直表示頌揚。[12] 在丙午年（光緒三十二年；一九〇六年）《民報》紀元節的講演中，他批評英美憲法，說：

兄弟歷觀各國的憲法，成文憲法，是美國最好；不成文憲法，是英國最好。英是不能學的，美是不必學的。英的憲法所謂三權分立，行政權、立法權、裁判權各不相統，這是由六、七百年前由漸而生，成了習慣，但界限還沒有清楚。後來法國孟德斯鳩（Montesquieu），將英國制度作為根本，參合自己的理想，成為一家之學。美國憲法，又將孟德斯鳩學說作為根本，把那三權界限，更分得清楚，在一百年前，算是最完美的了。[13]

一百餘年來，美國憲法曾數經修正，但是中山先生認為，考試權和監察權的未能獨立，總是英美政治制度的缺點。第十九世紀中葉，中國的考試制度，經英國東印度公司傳入英國。英國由此開始建立她的文官考試制度。至同世紀末葉，而美國也開始採取文官考試制度。[14] 雖然，因為英美的考試制度衹用於下級官吏，而且考試權也仍隸屬於行政部門，所以中山先生認為仍不能完全補救選舉和任官的流弊。中山先生形容美國的公職制度，說：

（美國的公職制度，）無論是選舉，是委任，皆有很大的流弊。就選舉上說，那些略有口才的人，便去巴結國民，運動選舉。那些學問思想高尚的，反都因訥於口才，無人去物色他。所以美國代議院中，往往有愚蠢無知的人，夾雜在內，那歷史實在可笑。就委任上說，凡是委任官，都是跟着大統領進退。美國共和黨、民主黨，向來是以選舉為興廢。遇着換了大統領，由內閣至郵政局長，不下六、七萬人，同時俱換。所以美國政治腐敗散漫，是各國所沒有的。[15]

以上云云，如果取以與第十九世紀中寶格維（Alexis de Tocqueville）或穆勒（John Stuart Mill）對於當時美國政府所作的論道比較，[16] 當見言之未嘗過甚。寶格維也曾論及美國國會的彈劾權，認為這是一從來放在議會的多數掌握中的一樣最可怕的武器，使常人為之股栗的一種懲罰——一種毀掉他們在世間的地位，污損他們的名譽，和迫他們退處比死還不如的可恥的閑散生活的懲罰。」[17] 而中山先生，也同樣認為以監察權附屬於立法機關的結果，流弊滋多。他說：

比方美國糾察權歸議院掌握，往往擅用此權，挾制行政機關，使他不得不俯首聽命，因此常常成為議院專制。除非有雄才大略的大總統，如林肯（Abraham Lincoln）、麥堅尼（William McKinley）、羅斯福（Theodore Roosevelt），纔能達到行政獨立之目的。[18]

因此，相反言之，求考試權的獨立，便是要除卻選舉任官的「盲從濫選及任用私人的流弊。」其方法，是使「將來中華民國的國民，必要設獨立機關，專掌考選權，大小官吏必須考試，定了他的資格，無論那官吏是由選舉的，抑或由委任的，必須合格之人，方得有效。」[19] 而求監察權的獨立，便是要防止議院的專制，如像裁判人民（司法）的機關已經獨立一樣，裁判官吏的機關也應該使它獨立。[20] 中山先生認為，考試和監察的兩種制度，雖產生在中國的專制時代，但因為君主專制時代，人才的黜陟和官吏的進退，最後仍決定於君主一人，所以考試和監察的制度也常流於虛文。到民權共和時代，官吏既不再是君主的私人，而為國民的公僕，則自然必須十分稱職，方可登庸。這正該是考試權和監察權的發皇光大之時。[21]

中山先生的批評英美憲法和議會制度，既如上述，與寶格維和穆勒的見解相若。上舉寶格維和穆勒的見解，其着眼點，皆特別注意美國政治中所見的「多數專制」（The tyranny of the Majority）的流弊。中山先生未曾明白討論「多數專制」的問題。見於他的著作中的如「多數人的專制」等語，[22] 所指似也與寶格維和穆勒的命意逕庭。但對於「多數」的危險，則中山先生實知之甚稔。他討論知行問題，但甚少提及良知。[23] 他自始堅持一種予先知先覺者以在人羣進化中的特殊地位的理論。他區別真平等與假平等，而認為真平等是民權基礎平等，但因為各人的聰明才力有天賦的不同，所以造就的結果也有聖、賢、才、智、平、庸、愚、劣的不等。[24]他批評法國革命時期的暴亂行為，說「全國人民既是沒有好耳目，所以發生一件事，人民都不知道誰是誰非，只要有人鼓動，便一致去盲從附和。」[25]而在中國的四萬萬人中，多數的人既不是先知先覺者，也不是後知後覺者，「大多數都是不知不覺的人」，[26]至少也與法國革命時期法國人民的缺少知識相若。自然，主張社會「多數」的思想行為需要輔導制衡，並未妨礙中山先生之為一民權主義者，正如同樣的見解並未妨礙穆勒之為一自由主義者一般。因為他們的理想乃在實現真正的民權和自由。就中山先生而言，革命方格和五權憲法便是達到真正民權的一個程序和一種保障。

五權憲法的理論，自中山先生在同盟會時期開始提出，至民國三十五年（一九四六年）國民大會以之寫入「中華民國憲法」，其間曾有變更。變更最顯著的是有關考試權的部分。從中山先生先後的言論看來，他所要的考試權，主旨顯然在「救選舉制度之窮。」[27]但中華民國現行憲法雖有第八十五條「公務人員非經考試及格者不得任用」的規定，但公職候選人的須經考試，則並無規定。何以故？是國民大會的制憲者沒有實行中山先生的此部分遺教的決心？抑中山先生所設想的考試權事實上有難以全部實行的地方？兩者應必居其一。此在民國三十五年國民大會的制憲者想來，自然應該是由於後一個原因。

1 此用蔣總統「國父遺教概要」中語。（《蔣總統言論彙編》（二），頁三九。一九五六年，臺北。）

2 「民權主義」第一講（一九二四年），《國父全集》（一），頁八三。

3 「余之民權主義，第一決定者為民主，而第二之決定，則以為民主專制必不可行，必立憲而後可以圖治。」（「中國革命史」，一九二三年撰。《國父全集》（六），頁一四九。）

4 「中國國民黨第一次全國代表大會宣言」（一九二四年），《國父全集》（四），頁一〇七。

5 如一九一二年「臨時大總統佈告友邦書」，《國父全集》（四），頁五。

6 「民權主義」第一講：「甚麼是民？大體有團體，有組織的眾人，就叫做民。甚麼是權呢？權就是力量，就是威勢。……把民同權合攏起來說，民權就是人民的政治力量。」（《國父全集》（一），頁七三。）

7 中國同盟會「軍政府宣言」與「會務進行之秩序表」皆然。

8 《國父全集》（三），頁一三八：「代議政體旗幟之下，吾民所享者，祇一種代議權。若底於直接民權，則有創制權、廢止權、退官權。但此種民權，不宜以廣泛之省境施行之，故當以縣為單位。」

9 《國父全集》（三），頁一四五—一四七。

10 《國父全集》（三），頁九四。

11 《國父全集》（三），頁一四—一六。五權為行政、立法、裁判、考選、糾察。

12 如在一九二一年「五權憲法」的講演中，他說：「兄弟以最高上的眼光，同最崇拜的心理，去研究美國憲法。」（《國父全集》（六），頁九五。）

13 《國父全集》（三），頁十四—十五。

14 Teng Ssu-yit, "Chinese Influence on the Western Examination System," *Harvard Journal of Asiatic Studies*, VII (1943), P. 267 – 312. Cambridge, Mass.

15 「民報紀元節講演」，《國父全集》（三），頁十五。

16 Alexis de Tocqueville, Democracy in America, I, 207ff., Vintage Books. John Stuart Mill, "Representative Government," in *Unilitarianism*, P. 266, Everyman's Library.

17 Ibid., P. 115.

18 同註15，頁十六。

19 同上，頁十五—十六。

20 同上，頁十六。

21 同上。

22 一九一九年親撰「三民主義」，《國父全集》（六），頁二七五。

23 一九一六年七月十七日在上海對國會議員講演，有「人智盡同，天與我以良知，學問雖有深淺，是非之心，則人皆有之」之語。然此等語在中山先生的言論中不多見。且以上云云，也意在說明「由先知覺後知」之理。《國父全集》（三），頁一四三。

24 「民權主義」第三講（一九二四年），《國父全集》（一），頁一〇三—一〇五。盧騷（Jean-Jacques Rousseau）亦曾主張以公民自由（la liberté civile）代替自然自由（la liberté naturellé），以道德上與法律上的平等（l'égalite moralé et legitime）代替自然平等（l'égalité naturelle）。（Contrat Social, 251, 253. Garnier Freres, Paris）

25 「民權主義」第四講（一九二四年），《國父全集》（一），頁一二六。

26 「民權主義」第五講（一九二四年），《國父全集》（一），頁一四六。

27 同註4，《國父全集》（四），頁一一一。又一九一六年八月二十日，中山先生在杭州陸軍同袍社講演，曰：「共和國家，首重選舉，所選之人，其真實學問如何，每易為世人所忽。故黠者得乘時取勢，以售其欺。今若實行考試制度，則一省之內，應取得高等文官資格者幾人，普通文官資格者幾人，議員資格者幾人，就此資格中，再加以選舉，則被選舉之資格，限制甚嚴，自能真才輩出。」（《國父全集》（三），頁一五一。）

（六）

但同盟會時期革命思潮的主流仍是民族主義；而經倫敦蒙難，中山先生殆已成為排滿革命的象徵。

在同盟會成立前後的數年中，排滿革命的思想真如狂潮。此一趨勢，在當時報章雜誌態度的變化上，有明白的反映。如上文所述，人心的大動始於壬寅（光緒二十八年；一九〇二年、癸卯（光緒二十九年；一九〇三年）間。再以《蘇報》為例，《蘇報》案紀事述《蘇報》宗旨，說它「由變法而保皇，由保皇而革命，艸虵灰線，層級井然；」其「大張旗幟，實始於去年（壬寅）之冬。」[1] 但壬寅之冬的《蘇報》，論文如「論廢立之必不能行」（十二月初四日；一九〇三年一月二日）、「辨訛言」（十二月初九日；一九〇三年一月七日）、「論歸政是保滿清第一策」（十二月十七日；一九〇三年一月十五日）、「守舊者言」（十二月十九日；一九〇三年一月十七日）等篇，實尚是保皇論調。迨癸卯年初立「學界風潮」一欄，而蘇報的議論乃大變，其時離「蘇報案」的發生已不過數月了。

《蘇報》議論的傾向革命乃以闢「學界風潮」一欄發其端，乃一極堪注意之事，本文上文亦已論及。壬寅、癸卯間，中國學生在日本和國內各地，風潮疊起。在日本先有「支那亡國二百四十二年紀念會」的發起，繼之而有東京學生反對清使館拒絕保送私費陸軍學生的事件，和拒俄義勇隊的組織。在國內，上海教育文化界人士，曾於壬寅夏天在張園舉行了一次協助留東學生的大會。未幾，遂有上海南洋公學二百餘學生同時出學的事件；而南京江南陸師學堂，乃至各省府縣學堂（如廣西梧州中學），相繼有學生出學的事件發生。學潮的發生，原因不一。壬寅十二月初十日（一九〇三年一月八日）《蘇報》論說，以之解釋為新舊之爭的反映，應該得其要竅。學堂定例，以中學為本，西學為輔。但學堂有新舊黨人，「或則遍於中學，或則遍於西儒；舊黨滿口忠孝聖賢，新黨滿口平權革命；」[2] 至於學生談民權自由，而學堂又從而禁止之，則恰「是某報所謂開一窗隙，使窺見外界之森羅萬象，且導之出遊，使之領略良辰美景、大塊文章之滋味，又復從而鑰之，不毀瓦破壁以思突出者，未之有也。」[3] 學潮不必盡因革命的動機而起，但學潮一旦發生，則相激相盪，殆非至於革命不止。東京青年會的組織便產生於壬寅中國留學生和清使館的衝突之後，揭「以民族主義為宗旨，以破壞主義為目的」的會章，認為「異族政府之不足與有為，」而主張革命。[4] 從江南陸師學堂退學的章士釗，便在「蘇報案」發生前主《蘇報》的筆政。[5] 而由杭州中學堂退學的師範班學生所創辦的《新世界學報》，[6] 在壬寅年方承《新民叢報》譽為文章銳達，理想爛斑，而引為同道，[7]便立即揭民族主義，駁擊立憲，就因為「立憲與民族主義，有絕大之反對存焉。」[8]

中山先生自己曾經指出，從癸卯到乙巳（光緒三十一年；一九〇五年），他遊歷美洲和歐洲後東來所見形勢的改變。他說，他「離東二年，論時不久，見東方一切事皆大礙。」他說：

> 近來我中國人的思想議論，都是大聲疾呼，怕中國淪為非、澳。前兩年還沒有這等的風潮。從此看來，我們中國不是亡國了。這都由我國民文明的進步日進一日，民族的思想日長一日，所以有這樣的影響。[9]

但一個最可注意的現象，是這幾年中，有不少留日的保皇黨人，改變立場，投入了革命的陣營。[10]如《沉蓋》一書的著者即指出，「庚子（唐才常）之役，人固指而目之曰，勤王軍也。勤王者，由保皇迤邐而來，」但經此役後，保皇黨的橫濱清議報，固「辱罵西后及兩湖后黨張之洞者，……累年不能休，」然「所謂當年在事之留東京者，乃大與之異趣，絕不主張保皇，而主張革命。」[11]是因為當年的在事者為遷就勤王的手段，所以一時會隱沒革命的宗旨？還是因為他們勤王不成，受了刺激，所以轉移宗旨於革命？此雖難定說，但「倡革命者即出於勤王之軍將，」則是事實。[12]《沉蓋》一書的著者所說的由勤王而革命的人士中，秦力山便是顯著的一例。

討論癸卯前數年中山先生和留日知識人士的關係，秦力山的地位十分重要。他曾兩度從梁啓超於長沙時務學堂和東京高等大同學校。庚子之役，他任唐才常自立軍的安徽前軍統領，在大通發難，因為無援兵敗，仍走避日本。但次年（光緒二十七年辛丑；一九〇一年），他和沈雲翔、戢元丞、王寵惠等人在東京發起創刊的《國民報》月刊，卻是留日中國學生界最早發行的一個作激烈言論的刊物，提倡革命排滿，詆斥保皇之說。壬寅年在東京發起的「支那亡國二百四十二年紀念會」，他也是原始的發起人之一。他在乙巳年（光緒三十一年；一九〇五年）春到緬甸，始「播革命種子到緬。」[13] 他所撰的「革命箴言」十六章，連載於仰光新報，駁保皇之非，為革命建言，[14] 是《民報》發刊前發揮革命理論的一篇上好文字。其後，他去滇邊，擬在邊裔中倡義，結果客死於滇西干崖。而這位曾為康梁門人、勤王軍將的秦力山，卻是癸卯前中山先生與留日中國學生界結交的一個重要媒介。章炳麟和張繼都因他之介，與中山先生締交。[15] 據章炳麟「秦力山傳」曰：「時香山孫公方客橫濱，中外多識其名者，而遊學生疑孫公驍桀難近，不與通。力山獨先往謁之。……孫公十日率一至東京，陳義斬斬，相與語，甚歡，知其非才常輩人也。諸生聞孫公無佗獷狀，亦漸與親。種族大義，始震播橫舍間。」[16] 章至於認為，「同盟會之立，斯實為維首也。」[17]

至癸卯年間，至少一部分留日中國學生的觀感，已以身為康梁黨人為恥。[18] 其實則當壬寅、癸卯之間，便是梁啓超自己，也方在《新民叢報》和《新小說報》上，大倡革命自由之說。當時保皇黨內部的動搖之狀，可以從康梁師弟間的書信見之。壬寅十月康寄梁一信，說他因梁等言革命之故，「大病危在旦夕。」[19] 十二月十三日（一九〇三年一月十一日）又一信，則說，「自汝等言革後，人心大變，幾不可合。蓋宗旨不合，則父子亦決裂矣。……故汝雖不攻我，而攻我多矣。我為茲懼，不知汝如何？抑尚以為公私當分，言革可救中國乎？同黨因之分裂，尚何救國之可言也！」[20] 在當時康梁師弟往返的書札中，壬寅十月梁致康的一信，辯護自己的革命排滿的主張，最足以見梁當時的思想。以下是該信的節錄：

民主、撲滿、保教等義，真有難言者。弟子今日若面從先生之誡，他日亦必不能實行也，故不如披心瀝膽一論之。今日民族主義最發達之時代，非有此精神，決不能立國。弟子誓焦舌禿筆以倡之，決不棄去者也。而所以喚起民族精神者，勢不得不攻滿洲。日本以討幕為最適宜之主義，中國以討滿為最適宜之主義。弟子所見，謂無以易此矣。滿廷之無可望久矣。今日望歸政，望復辟，夫何可得？即得矣，滿朝皆仇敵，百事腐敗已久，雖無以易此矣。滿廷之無可望久矣。今日望歸政，望復闢，夫何可得？即得矣，滿朝皆仇敵，百事腐敗已久，雖召吾黨歸用之，而亦決不能行其志也。先生懼破壞，弟子亦未始不懼，然以為破壞終不可免，愈遲則愈慘，毋寧早耳。且我不言，他人亦言之，豈能禁乎？不唯他人而已，同門中人猖狂言此，有過弟子十倍者。先生特未見文興報耳。徐（勤）、歐《渠甲》在文興所發之論，所記之事，雖弟子視之，猶為警慄。其論廣東宜速籌自立之法一篇，稿凡二十七續，滿賊清賊之言，盈篇溢紙。檀香山新中國報亦然。新民報之含蓄亦甚矣。樹園（韓文舉）吾黨中最長者也，然其惡滿洲之心甚熱。新民報中「捫蝨談虎」一門，及「人肉樓」等篇，樹園筆也。同門之人，皆趨於此。夫樹園、君勉，豈背背師之人哉？然皆如此。實則受先生救國救民之教，浸之已久，而迫於今日時勢，實不得不然也。先生受皇上厚恩，誓不肯齒及一字，固屬仁至義盡。至門弟子等，心先生之心以愛國，同歸而殊途，一致而百慮，似亦不必禁之矣。來示謂此報（新民叢報）為黨報，必全黨人同意，然後可以發言。無論黨人分處四方，萬無作成一文，徧請晝諾，然後發刊之理。即以黨人之意論之，苟屬立憲政體，必以多數決議，恐亦晝諾者十之七、八也。[21]

梁啓超於癸卯年遊歷美洲，十月（一九〇三年十二月）復返日本，自是遂不再言革命。其原因何在？說者不一。梁自己便曾在不同場合，作過三種不同的解釋。一說是因為他有懲於「新黨棼亂腐敗之狀」之故；[22] 一說是因為他怵於「留學界及內地學校因革命思想傳播，……頻鬧風潮」之故；[23] 又一說是因為他讀了伯倫知理（J. C. Bluntschli）等人的政治學說之故，知道共和政體決不能行於中國，所以至於「自美國來而夢俄羅斯」。[24] 可能中山先生的了解他，還更要近真。中山先生在癸卯（一九〇三年）秋離日本，去檀香山。當時梁啓超最後放棄革命排滿的主張之跡未彰。而在一封駁斥檀香山保皇黨報新中國報的公開信中，中山先生已經指出，梁之所以口言革命，不過因為「目擊近日人心之趨問，風潮之急激，毅力不足，不覺為革命之氣所動盪，偶而失其初心，背其宗旨」之故。所以他之「在新民叢報之怨言革命，怨言破壞，怨言愛國種之過於其恩光緒，怨言愛真理之過於其師康有為者，是猶乎病人之偶發囈語耳，非真有反清歸漢，棄暗投明之實心也。」[25] 即令梁啓超因怵於「留學界及內地學校因革命思想傳播……頻鬧風潮」之故，而放棄革命排滿的主張，但知識青年的投身革命風潮，和革命風潮的傳播，仍有進無已。所以到丙午年（光緒三十二年；一九〇六年）梁又有下面的信給康有為，說：

革黨現在東京極大之勢力，萬餘學生從之者過半。前此預備立憲詔下，[26] 其機稍息；及改革官制有名無實，[27] 其勢益張，近且舉國若狂矣。東京各省人皆有，彼播種於此間，而蔓延於內地，真腹心之大患，萬不能輕視者。近頃江西、湖南、山東、直隸，到處亂機蠭起，皆彼黨所為。今者我黨與政府死戰，猶是第二義；與革黨死戰，乃是第一義。有彼則無我，有我則無彼。然我苟非與政府死戰，則亦不能收天下之望，而殺彼黨之勢。故戰政府亦今日萬不可緩之著也。[28]

以上的敍述之所以重要，因為它至少部分幫助我們解釋了一件事實：辛亥前十年的新知識階級，除了如章炳麟力說他自己係自少從春秋賤夷狄之旨直入於民族主義者[29]之外，甚多曾先受新民叢報的啓蒙。[30] 但他們最後仍投入了革命的陣營，這是何故？壬寅、癸卯間的《新民叢報》，介紹西洋學術，申自由，倡民權，道革命主義和破壞主義，然同時也仍是一個保皇黨的刊物，刊登如康有為的「辨革命書」[31] 一類文字，主張中國只可行君主立憲，不可以行革命。立場的歧出，適使它成為一個滿足廣泛的讀者要求的啓蒙刊物。此如鄧家彥自述，因為《新民叢報》裏面「主張並不一致，所以受它影響最大。」[32] 梁啓超以他戊戌以來在士人社會中所成就的高名，加以他的「筆鋒常帶感情」的文字和他所介紹的新學，遂使《新民叢報》一時風靡。但此同一原因，也使《新民叢報》不能成為一個堅定的向心的力量，一個指導一種堅定的統一行動的刊物。關於此層，陳春生在「中華民國開國史開宗明義第一章之資料」一文中，對之曾有透闢的分析。他以一個革命黨員，在革命成功後，分析革命當時康梁在新思想啓蒙上的貢獻。他承認，保皇黨之於革命事業，實如開荒之犢。而其所以失敗，主要的原因，便是它的政治綱金不徹底，政治口號不如革命黨「驅除韃虜」的簡單明瞭。[33] 保皇黨「一方要求改革，一方又要保全腐敗之皇朝，」[34] 在人心日益覺悟滿清腐敗專制的當時，遂不足以攏絡人心。反之，在接近康梁的人士看來，則「排滿革命」四字，因為適合「社會程度」，所以「幾成為無理由之宗教，」[35] 而為人心所趨向。

謂「革命排滿」四字「幾成為無理由之宗教，」此就東京《國民報》以來革命書刊文字的激烈言，亦不甚誣。《國民報》釋「國民」，曰：「中國之無國民也久矣！馴伏於二千年專制政體之下，習為傭役，習為奴隸，始而放棄其人權，繼而自忘其國土，終乃地割國危，而其民幾至無所附屬。」[36]其言之怵人心目者如此。而自陸皓東的就義供詞用「誰食誰之毛？誰踐誰之土？」二語，[37]復經鄒容革命軍的大呼，[38]種族之義，殆已有如皎如白日的至理。在「蘇報案」發生的當年，先既有革命軍的刊行，後又有《黃帝魂》的編印。[39]革命軍以「叫咷恣言」，為排滿和自由民權呼號。《黃帝魂》則係集東京《國民報》、上海《國民日日報》、上海《蘇報》、《訄書》（章炳麟）、《仁學》（譚嗣同）、革命軍、揚子江、新湖南等「近十年來新聞雜誌及各種新撰述之精魂，」[40]而也是「文皆沉痛之聲，風雨如晦，雞鳴不已。」種族之義一經揭明，而又怵於當時列強的侵噬，於是一種亡國之痛，遂深入於人心，發而為激烈的種族之思和排滿主張。無論為倡「革命」，[41]或主「光復」，[42]或稱「攘夷」，[43]其始皆有滿漢不兩立之義。但如上文所述，洪、楊之後，「倡革命於舉世不言之中，爭此不絕如髮之真氣」者，既僅中山先生一人，則「二十世紀新中國之人物」，何能不「縣孫以為之招？」黃中黃（章士釗）在癸卯年譯宮崎寅藏《三十三年の夢》中敍及中山先生的部分，成《孫逸仙》一書，為革命期中流傳最廣的宣傳品之一，與鄒容的革命軍和陳天華的猛回頭並駕。丙午（光緒三十二年；一九〇六年）版的《孫逸仙》有章炳麟題序，其辭曰：

索虜猖狂泯禹績，　有赤帝子斷其髯，

揜迹鄭洪為民辟，　四百兆人視此冊。

有同種翠黃（秦力山）序，曰：「大盜移國，公私塗炭，秦失其鹿，喪亂弘多。……舉國熙熙皞皞，醉生夢死，獨彼（中山先生）以一人圖祖國之光復，擔人種之競爭，且欲發現人權公理於東洋專制世界，得非天誘其衷，天錫之勇乎！」有同族光漢（劉光漢）跋，曰：「近世以來，種族之界，浸於民心；排外之聲，沸於草野。然本民族思想，為實行者，僅孫逸仙一人。」迨辛亥革命既起，梁啓超和康有為各有信寄徐勤，梁信中有「幸此次叛軍非由中山主動，不純然為種族革命」之語，[44] 而康信中有「所幸武漢之事，出自將軍黎元洪，而湯化龍參之，皆士夫也，或可改為政治革命」之語。[45] 凡此皆見在辛亥前十年中，中山先生蓋自然被視為民族主義的精神和行動的領袖。在同盟會時期前，中山先生即已是有志革命的知識青年心儀的領袖，此可於宮崎寅藏的記史堅如，與宋教仁的「記程家檉」見之。[46] 而在同盟會成立後，知識青年的革命活動，更多以納入同盟會的領導為指歸。[47] 所以稱同盟會「排滿宣傳戰勝一時之思想者」，為「根本之成功」，[48] 當屬確論。

1 《蘇報案紀事》（一名癸卯大獄記）上卷，頁一，著者及出版時地名缺。該書卷首有「蘇報之所以大張旗幟，實始於去年之冬」之語。查「蘇報案」係癸卯（光緒二十九年；一九〇三年）夏間事，是則所謂「去年之冬」祇能為壬寅（光緒二十八年；一九〇二年）之冬，故該書應即撰於癸卯，即「蘇報案」發生的當年。

2 光緒二十八年十二月十日（一九〇三年一月八日）《蘇報》「論說」。

3 光緒二十八年十二月二十三日（一九〇三年一月二十一日）《蘇報》「代論」，「天涯子函稿照錄」。

4 《秦效魯先生革命事略》，頁二（下）—三（上），錫金光復同人編印，出版時地名缺，卷末有一九三七年吳千里「跋」。

5 張繼「回憶錄」，《張溥泉先生全集》（四），頁二三三。

6 見光緒二十八年十月二十五日（一九〇二年十一月二十四日）《蘇報》，「南洋公學退學生意見書」：「我國學生革命之舉，前此有三，……今並某等脫離公學事，而四矣。……杭州（中學堂）學生至於控革總辦監督，全堂出學，其事非為小也。然其卒也，惟師範班六人，至上海組織報館（即《新世界學報》），餘皆以漸進堂。」

7 《新世界學報》，第八期，附錄，頁一一七—一一八。光緒二十八年十一月十五日（一九〇二年十二月十四日），上海。

8 同上，第九期，頁三四—三五：「自甲午大創以後，而維新變政之運大開；自戊戌禍變後，而民族主義又於是乎漸伸。……中國不亡之機，或者其在斯乎？……而我竊不解當世士君子，朝持一議曰立憲，夕持一議曰立憲，夫立憲與民族主義，有絕大之反對存焉。……諸君愛國之心非不深，救民之志非不切，而無如所持既非，勢必南轅而北轍。易曰：失之毫釐，謬以千里。立議可不慎乎？」（光緒二十八年十二月一日，一九〇二年十二月三十日，上海。）

9 乙巳七月十三日（一九〇五年八月十三日）在日本東京中國留學生歡迎會上講演，《國父全集》（三），頁一。

10 「自甲辰以至丙午，其間之由惡遷良，出保皇黨以入革命黨者，不可以千數計。（見之大同日報之聲明退會之廣告，祈閱者諸公自查之。）」（恨海來函，《民報》五期，頁一四〇。一九〇六年六月，日本東京。）田桐此函，自係以同盟會立場故摘保皇會之短。但於當時言當時事，不能不實有其事。

11 黃中黃《沉藎》，前言。出版時地名缺，「蕩虜叢書」之一。

12 同上。

13 《緬甸中國同盟會革命史》（下），頁一—二。原編者徐市隱（贊周），增編者緬甸中國同盟會革命史編纂處，再版，一九三二年，仰光。

14 同上，頁十二：「丙午（光緒三十二年；一九〇六年）春二月，秦力山先生為革命事業復至此，寓（陳）甘泉處，代改中華義學章程，以民族主義為宗旨；著《革命箴言》廿四章，凡六萬餘言，登仰江（光）新報，僅刊十六章（第一至十二、十六至十九章），風動一時。後來造成華僑民族革命，實基於此。」

15 張繼「回憶錄」：「光緒二十八年，壬寅，一九〇二年。力山偕余至橫濱山下町，謁總理（中山）。……太炎斯年至倭，亦由力山介紹，得識之。」（《張溥泉先生全集》（下），頁二三三。）

16 《秦力山傳》，《太炎文錄續編》（四），頁六。一九五六年，臺北。

17 《秦力山傳》贊，同上，頁七。

18 陳天華「覆湖南同學諸君書」：「以留學生之舉動（按即「拒俄義勇隊」與「軍國民教育會」之組織）歸之於康梁之黨，則失實已甚。夫康梁何人也？則留學生所最輕，最賤，而日罵之人也。今以為是康梁之黨，則此冤枉真真不能受也。」（光緒二十九年五月十九日；一九〇三年六月十四日《蘇報》，「來稿」。）然陳天華固也曾望清廷變法，望而不得，乃專志於民族主義。其乙巳投日本大森海灣自殺前所留的絕命書曰：「革命之中，有置重於民族主義者，有置重於政治問題者，鄙人所主張，固重政治而輕民族，觀於鄙人所著各書自明。去年以前，亦嘗渴望滿洲變法，融和種界，以禦外侮。然至近則主張民族者，則以滿漢終不並立，我排彼以言，彼排我以實；我之排彼自近年始，彼之排我二百年如一日。我退則彼進，豈能望彼消釋嫌疑，而甘心願與我共事乎？欲使中國不亡，唯有一刀兩斷，代滿洲執政柄而卵育之。」（《民報》二期，文頁三。）

19 光緒二十九年三月十八日（一九〇三年四月十五日）梁與徐勤書引，丁文江編《梁任公先生年譜長編》初稿（上），頁一八一。

20 丁文江編《梁任公先生年譜長編》初稿（上），頁一六六。

21 同上，頁一五七—一五八。

22 光緒二十九年六月二十七日（一九〇三年八月十九日）梁致蔣智由觀雲書，丁文江編《梁任公先生年譜長編》初稿（上），頁一八六—一八七。

23 一九一二年十月二十一，梁在北京報界歡迎會上講演，丁文江編《梁任公先生年譜長編》初稿（上），頁一六六。

24 「政治學大家伯倫知理之學說」，《飲冰室合集》，文集第十三，頁七五—七六。林志鈞編，一九四一年再版，上海。

25 《國父全集》（五），頁二四。陳少白謂梁並非沒有宗旨，「救國纔是他的宗旨，」但也巳他可能「氣魄薄弱，不能簡捷直白的說出來。」（興中會革命史要，頁四三。一九五六年臺版，臺北。）

26 光緒三十二年七月十三日（一九〇六年九月一日）。

27 光緒三十二年九月二十日（一九〇六年十一月六日）。

28 光緒三十二年十一月梁與康書，丁文江編《梁任公先生年譜長編》初稿（上），頁二一八。

29 章炳麟「自定年譜」，光緒六年（一八八〇年）條下。

30 上海《國民日日報》至於以康梁的《時務報》、《清議報》、和《新民叢報》，來畫分戊戌維新前後的一段時期。其分期如下：

（一）格致彙編時期—製造。
（二）經世文續編時期—洋務。
（三）《盛世危言》時期—時務。
（四）《時務報》時期—變法。
（五）《清議報》時期—保皇。
（六）《新民叢報》時期—立憲。（原注：「此語似強。」）

以上見《國民日日報彙編》第三集「社說」（頁三二—三七。光緒三十年，一九〇四年，上海）。此其說，雖如其原注所稱，似涉牽強，但也並非全無理由。我們檢查辛亥前十年革命派知識人士的傳記資料，當見其中多數皆曾先受康梁學說的影響，而後入於革命。吳稚暉、秦毓鎏、鄧家彥、吳樾諸人皆然。即章炳麟，亦曾為上海《時務報》撰文，並曾就「客帝誠聖明」的假定，作「客帝」篇。（章炳麟訄書，目前，頁五—六。一九〇七年，東京。）壬寅上海南洋公學學生退學的風潮，便因「五班教習郭某禁學生閱一切新書及新民叢報等」而起。（光緒二十八年十月二十日，一九〇二年十一月十九日，《蘇報》。）而上海《新世界學報》第三期（光緒二十八年九月一日，一九〇二年十月二日），載有馬世傑（軼羣）「與陳君逸庵論杭州宜興教育會書」一文，則曰：「杭州開化之速，未有如去歲之甚也。……推其故，溯其因，乃恍然於新民叢報之動人也。」唯馬書繼曰：「蓋自科舉改章，役心功名之徒，陡然失其所抱，不得不稍涉獵新書。而去歲適遇秋試，若輩更遑遑不知所措，乃百方以求足供鈔襲之新書，為大題文府、策府統宗之替代，而《新民叢報》適符其用。故一時競購，大有洛陽紙貴之象。」（頁一一三—一一七）是則不特因《新民叢報》內容文字之動人，亦且祿在其中矣。

31 丁文江編《梁任公先生年譜長編》初稿（上），頁一五八—一五九。

32 「訪問鄧家彥先生第一講」，居正修記錄稿，原件，一九四二年五月二十一日記，稿末有鄧本人閱後印。中國國民黨中央委員會黨史史料編纂委員會藏。

33 布林頓（Crane Brinton）論法國革命初期君主立憲的失敗，曰：「君主立憲試驗的失敗，並非單純由於戰爭之故，或路易十六世（Louis XVI）的缺乏決斷之故，或前特權階級的陰謀之故。試驗的失敗，是因為有一個壓力集團，從早便決定非推翻王政，必不能實現其願望之故。」（*A Decade of Revolution,* P. 21. 1934, New York.）

34 毛筆鈔件，中國國民黨中央委員會黨史史料編纂委員會藏。

35 光緒三十三年（一九〇七年）楊度致梁啓超書，丁文江編《梁任公先生年譜長編》初稿（上），頁二三七。

36 《國民報彙編》，敘例，頁一—二。出版時地名缺，民族叢書社發行，其發刊詞撰於甲辰，光緒三十年，一九〇四年。其敘例所作國民之定義，曰：「畫一土於大地之中界，而命之曰國；羣萬眾於一土之中域，而區之曰國民。則凡其國土之政治文化，生聚教訓，一切體國經野之事，即莫不待此國民之經理；而凡生殖族聚於國土者，即與其國有密接之關係，即莫不當分任其責，而無一人得置身於事外。能盡其責而善其事，則其地治，其國強，其民有完全無缺之人權，可表而異之曰國民。」

37 鄒魯《中國國民黨史稿》，頁六五九。

38 《漢幟》，第一期，「時偕」「良心安在」：「自革命軍大呼『誰食誰之毛，誰踐誰之土』以來……。」（頁五八。一九〇七年一月，日本東京。）

39 中國國民黨中央委員會黨史史料編纂委員會藏《黃帝魂》有二本：一本一九一〇年印行，一本一九〇三年印行。一九〇三年本已收有有關「蘇報案」文字，故知其必印行於「蘇報案」發生後。原書編者與出版地名缺。中國國民黨中央委員會黨史史料編纂委員會藏柳昶鋆秦烈士力山事略稿，有「黃同志菊人（黃帝魂編者）以所存東京國民（報）月刊送會」之語。

40 《黃帝魂》，例言。

41 據馮自由說，日人始譯英語 revolution 一字為「革命」，日本報紙於廣州首次起義失敗後，稱中山先生為「革命黨首領」，中山先生緣此即泛稱其黨為「革命黨」，國人遂亦沿用之。（《革命逸史初集》，頁一。一九四七年上海三版，上海。）

42 章炳麟：「抑吾聞之，同族相代，謂之革命；異族攘竊，謂之滅亡；改制同族，謂之革命；驅逐異族，謂之光復。今中國既滅亡於逆胡，所當謀者，光復也，非革命云耳。」（《鄒魯中國國民黨史稿》，頁四六四。）

43 劉光漢：「餘杭章氏以排滿為光復，非是。」「抑吾聞之，取固有之土於鄰封，謂之光復；取固有之土於蠻族，謂之攘夷。」（「跋」黃中黃譯《孫逸仙》。）（「跋」黃中黃……。）

44 宣統三年九月八日（一九一一年十月二十九日）梁致徐勤書，丁文江編《梁任公先生年譜長編》初稿（中），頁三四〇。

45 宣統三年十一月九日（一九一一年十二月二十八日）康與徐勤書，丁文江編《梁任公先生年譜長編》初稿（中），頁三四二。

46 宮崎寅藏記史堅如：「余以主義精神問。答曰：平生慕孫（中山）先生之高風，故欲從之實行其懷抱，而迄未能一親其謦欬。頃幸得與陳（少白）君相見，驗知其所見不異，誓獻身以從事斯業。」（《三十三年の夢》，頁二〇一—二〇二。昭和十八年，東京。）

宋教仁「記程家檉」：「適遊學議起，君（自武昌兩湖書院）走日本東京……前大總統孫文僑居橫濱，其蹤甚秘，君百計求之，不克一見。」迨既見，「孫文為君言民族、民權、民生之理，及五權分立，暨以鐵路建國說。君聞所未聞，以為可達其志，請畢生以事斯語，曰欲樹全國以傳播之。」（《程家檉革命事略》，頁一（下）—二（上））

47 辛亥武昌起義與同盟會的關係，固屬同盟會中部總會的策畫佈置之功。但中部總會於辛亥七月初二日（一九一一年八月二十五日）方議決譚人鳳定八月十七日（十月八日）去湘鄂，宋教仁繼往，而十九日武昌先已起義。（以上見「中國同盟會中部總會史料」，《革命文獻叢刊》第七期，頁二—六。一九四七年九月，南京。）所以民初憲友會的徐佛蘇要說，「回溯川鄂兩省，因爭路權而創獨立，革命之最初時期，並未表現革命黨人有何種偉大之勢力與計劃，存於國內，尤無一團一旅之革命軍隊可言。且待至川鄂宣佈獨立，袁、段已贊成共和之後，則革命黨中之第二首領（黃興）始由海外趕至武昌；待至長江下游各省完全獨立，武昌軍政府將改都江寧之時，則革命黨中第一首領（中山先生）始由海外趕至江寧。」（記梁任公先生逸事，丁文江編《梁任公先生年譜長編》初稿（中），頁三七六引。）然而革命仍視同盟為領導權力者，則如居正所說，「當時大家是革命，便不能脫離同盟會」是也。（「武昌起義之經過」，一九四二年十月十九日在重慶中山學社講演，居覺生先生全集（上），頁二二二。出版時地名缺，卷末有居鍾志明附言，一九五四年撰。）

48 《胡漢民自傳》，《革命文獻》（三），總頁四二九。

（七）

中山先生民族主義思想之見於癸卯（光緒二十九年；一九〇三年）以前的，主要是檀香山和香港興中會的兩篇宣言、香港興中會的會員入會誓言、和宮崎寅藏在《三十三年の夢》中所記的中山先生的談話。據此以考陳少白在興中會革命史要中所述中山先生革命思想的發源，大體相合。此即第一，因為怵於國際間蠶食的劇烈和中國處境的危殆；第二，因為眼見滿清政府的專制腐敗和改革自強的無望；和第三，欲效法洪秀全以成興漢滅滿的大業。[1]「中國文明淪于蠻野，」[2]已是痛事，更何況此蠻族政權，對內則殘民以逞，民不聊生；對外則不能鞏固疆圉，「良田好山，……猶復任人取攜！」[3]如此而欲拯人民於水火，扶華夏之將傾，自唯有「驅除韃虜，恢復中國」[4]之一途。則中國「以四百兆蒼生之眾，數萬里土地之饒，固可發憤為雄，無敵於天下。」[5]大體言之，下至辛亥革命前，中山先生的民族主義思想，一直是以推翻滿清為中心。[6]

但我們必須指出者，當革命黨人中多數抱持激烈的排滿主義之時，中山先生卻已在公開的場合，明白指出以革命排滿為復仇的不當。他說：

> 惟是兄弟曾聽人說，民族革命，是要盡滅滿洲民族。這話大錯。民族革命的原故，是不甘心滿洲人滅我們的國，主我們的政，定要撲滅他的政府，光復我們民族的國家。這樣看來，我們並不恨滿洲人，是恨害漢人的滿洲人。假如我們實行革命的時候，那滿洲人不來阻害我們，我們決無尋仇之理。他們當初滅漢族的時候，城攻破了，還要大殺十日，纔肯封刀，這不是人類所為，我們決不如此。惟有他來阻害我們，那就盡力懲治，不能與他並立。[7]

自然，革命人士也有如蔡元培，在癸卯年即已有「釋仇滿」一文發表，主張仇滿乃政治的，而非種族的之說。[8] 至於保皇黨人士，則更要人勿仇視「數百年一體忘懷之滿洲。」[9] 但中山先生乃以一革命領袖，在思想上作革命政策的指導，與蔡說的純粹辨析事理，以及保皇黨的為自己的政策立言，皆意義迥殊。如在上面的引文所見，中山先生不像「釋仇滿」的作者之能忘懷於滿漢的種界，但他同樣主張，民族革命的目的，祇是要排滿洲的政府，復自己的國家。因為「我們漢人有政權，纔是有國，」所以漢人自然定要推翻滿清的政府。但過此，則漢人「決無尋仇之理。」對於丙午（光緒三十二年；一九〇六年）秋間清廷以宣佈預備立憲，釐定有制，為謀中央集權，排擠漢臣的佈置，中山先生而且還為之提出解釋，認為滿人之「所以死命把持政權的原故，未必不是怕我漢人剿絕他，故此騎虎難下。」

他要他的黨人「總要把民族革命的目的認識清楚。」[10]因此中山先生的民族主義理論，從辛亥革命前的排滿，到革命起後的五族共和，[11]其間並無邏輯的矛盾。以視民報時代汪精衛的力持在倒滿後應使滿人「受特別之法律，」使之「同化於我」的主張，[12]其襟懷的恢宏和眼光的遠大，實非尋常可及。

同時，中山先生而且還諄諄力說，民族主義並非排外主義，「並非是遇着不同種族的人便要排斥他」之謂。[13]他駁斥黃禍論者的恐懼中國文明、「以共亡中國為目的」的不當。因為「一國之望他國亡滅，已離於道德之問題，」所以從任何方面觀之，「皆不能自圓其說。」他要人相信中國人是最和平勤勉最守法律的民族，不是強悍好侵略的民族，他們的執干戈以事戰爭，也祇是出於自衛。因此，假使外國果能對中國放棄「其機械之心，」那末，他敢說，世界民族將「未有能及支那人之平和者也。」[14]從經濟方面觀察，則中國而有一日建設文明的政府，「可使全國與外人通商，可使鐵路推廣敷設，可使天然物產日益發達，可使民族高尚其資生之程度，可使外來物品消售愈多，而萬國商業必百倍於疇昔。」如此，則其利益顯然將不限於中國本國，而且「將旁及於世界。」[15]他反對民族孤立政策，而且指出中國民族自始便不是一個好排外的民族。他舉歷史事實為證，曰：

歷史蓋予吾輩以可徵之據，謂支那往昔常與外人交際，對於外國商人及其傳教者，未始有不善之感情。試取西安府「景教碑」讀之，則知當七世紀，外人已傳教至支那；且歡迎佛教以入支那者，為漢明帝，而國民亦熱心信仰，迄於今世，猶極莊嚴，為支那三大教之一。至於外國商人，亦得旅行於內地，自漢晉以來，史不絕書。降至明季，其相徐光啓捨身以奉天主教，其摯友利馬竇（Matteo Ricci）亦至北京，受國人之崇敬，則支那人此時絕無排外思想可知矣。[16]

在癸卯（光緒二十九年；一九〇三年）和甲辰（光緒三十年；一九〇四年）兩年，中山先生曾就中國之作為一個國際問題，發表了兩篇論文。一篇稱「支那保全分割合論」，發表在留日江蘇學生在東京發刊的《江蘇月刊》。另一篇稱「中國問題之真解決」（***The True Solution of the Chinese Question***），原文為英文，發表於美國。在第一篇論文中，中山先生分析國際間倡保全中國與分割中國論者的理由，認為「兩無適可。」因為，他說，就當前的國勢而論，中國實無「可保全之理；」然就民情而論，則中國又決無「可分割之理。」[17] 何以言之？因為滿清以異種入主中土，政府人民，離心離德，此就國勢而論無可保全之理一也。清廷頑固腐敗，迭受懲創，雖屢見變法維新之詔，然而言行相違，成效毫無，此就國勢而論無可保全之理二也。滿清固不能自保，而中國之土地人民，又非彼固有，故彼甘於棄地，日就削亡，如與俄國之屢有密約是，影響所及則破壞國際均勢，此就國勢而論無可保全之理三也。[18] 關於在滿清統治之下滿漢的無可同心協力，他剖析如下：

清朝以異種入主中原，則政府與人民之隔膜尤甚。當入寇之初，屠戮動以全城，搜殺常稱旬日，漢族蒙禍之大，自古未有若斯之酷也。山澤遺民，仍有餘恨；復仇之念，至今未灰。而清廷常圖自保，以安反側，防民之法加密，漢滿之界尤嚴。其施政之策，務以滅絕漢種愛國之心，渙散漢種合羣之志，事事以刀鋸繩忠義，以利祿誘奸邪。凡今漢人之所謂士大夫，甘為虜朝之臣妾者，大都入此利祿之牢中，蹈於奸邪而不自覺者也。間有聰明才智之士，其識未嘗不足以窺破之，而猶死心於清朝者，其人必忘本性，昧天良者也。今之樞府重臣，封疆大吏，殆其流亞耶？而支那愛國之士，忠義之民，則多以漢奸目之者也。策保全支那者，若欲藉此失本性、昧天良之漢奸而圖之，是緣木求魚也。而何以知其然哉？試觀今日漢人為封疆大吏如張（之洞）、劉（紳一）者，非所謂通達治體，力圖自強者乎？……乃救亡防亂之不給，功業相反者，抑又何也？以民心之不附，治效之無期也。張、劉固漢人大吏中之錚錚者，已如是矣，則其他可知也。……至於滿人，則更無望矣，非彼之不欲自全也，以其勢有所不能也。凡國之所以能存者，必朝野一心，上下一德，方可圖治。而滿人則曰：變法維新，漢人之利，滿人之害。又曰：寧贈之強鄰，不願失之家賊。是猶曰：支那土地，寧奉之他人，不甘返於漢族也。滿人忌漢人之深如此矣，又何能期之同心協力，以共濟此時艱哉？[19]

據此，可見無可保全之理者實為滿清政府。而反之，無可分割之理者，為中國民族。中山先生指出，中國國土統一已數千年，中國民族有統一之形，無分割之勢，此就民情而論無可分割之理者一也。中國失國於滿清二百餘年，而人民迄不忘恢復之心，如洪楊的興兵倡義是，今又受西洋自由民主思想的灌輸，故必不肯甘受列強的分割，而不出死力以抗，此就民情而論無可分割之理者二也。中國之民，在滿清統治之下，雖「似甚渙散之羣，似無愛國之性，」然為自保身家，則必同仇敵愾，故列強之分割中國，是無異與四萬萬人為仇，此就民情而論無可分割之理者三也。[20] 他說：

若列強而要分割此風俗齊一、性質相同之種族，是無異毀破人之家室，離散人之妻子，不獨有傷天和，實且大拂乎支那人之性，吾知支那人雖柔弱不武，亦必以死抗之矣。[21]

然則就列強的立場而言，其於中國，「保全既無良策，分割又有難行，」則欲為東亞籌一治安之策，其道何由？中山先生的答覆是：當「唯有聽之支那人民，因其國勢，順其民情，而自行之，」以再造一新的中國。[22] 而這便是革命。

第二篇論文，除與第一篇同樣列舉滿清政府的虐政，並說明其改革的無望外，特別強調以下的兩點：第一，當此新帝國主義時代，列強分割非洲纔畢，方集視線於遠東。中國此時既不能自保，則自然成為列強逐鹿的目標，結果因列強利益的衝突，而引起國際危機。當前日俄戰爭的發生便是實證。中國的不能自保，以至其在外交上的行為之常「足擾世界上勢力平均之局，」實因「滿洲政府腐敗黑闇至於極點」之故。[23] 第二，滿洲政府因非中國政府，其統治中國，除用嚴刑殺戮外，還要「愚支那之民智。」愚民政策的一方面，是要消滅中國人的愛國精神，而另一方面，是要阻止中國人與外人交接，不令他們受進步的文明的感染。所以如拳匪之亂，以素不排外的中國人而有此等狂妄之舉，實是滿洲人鼓動排外的結果，其責任應歸諸滿洲政府。[24] 關於滿洲的排外政策，他說：

至滿洲興盛，而（明季與外人交際之）政策漸變，禁全國與外人通，放逐傳教師於境外，戮人民之私奉外教者，著之為厲禁；土人之遷徙於他國者，處以死刑。何者？滿洲人恐支那人日與外人交接，吸其文明，而丕變夫故習，故極其權力之所至，鼓舞以排外思想。曩者千九百年拳匪之亂，即滿洲人極端排外之結果也。今日舉世所共知者，排外之黨魁非他人，其天潢貴胄也。[25]

因此，究竟言之，欲使中國能有造於世界和平，而不令再有如日俄戰爭等中國問題發生，致擾亂世界和平，則唯有在中國更造一文明的新政府，以代替舊政府，並改變「滿洲往日之專制政體」，使成為「支那共和之政體」。[26] 亦即因此，當他一面向列強警告說，它們的分割中國政策，必將遭遇中國民族出死力的抵抗，同時則駁保皇黨所提革命將召瓜分的說法，而主張唯有推翻滿清政府的一途，乃能使中國得終免於瓜分之禍。他說：「曾亦知瓜分之原因乎？政府無振作也，人民不奮發也。……滿清政府今日已矣！要害之處盡失，發祥之地已亡，浸而日削百里，月失數城，終歸於盡而已。尚有一線生機之可望者，惟人民之奮發耳。若人心日醒，發奮為雄，大舉革命，一起而倒此殘腐將死之滿清政府，則列國方欽我敬我之不暇，尚何有窺伺瓜分之事哉？」[27]

以上所云，如闡釋在種族專制政治之下，而欲全國同心同德，乃一不可能之事，又如指出一個孱弱的中國的存在，適足為擾亂遠東，乃至世界和平的因素等等，即令在今日，都仍是有效的至理名言。在同盟會時期，中山先生還沒有為「種族」和「民族」，作明白的界說。當時以歷史訓故為滿漢種族之辨申明大義的，第一是章炳麟，其次是劉光漢。章的「首正大誼，截斷眾流，」[28]在當日真若振大漢之天聲，對於革命事業，厥功至偉。中山先生當日也時時以種族為言，例如他曾斥保皇黨為「保異種而奴中華；」對於保皇黨所作的中國人民尚無資格享受民權的主張，他說「滿洲以東北一游牧之野番賤種，亦可享有皇帝之權，吾漢人以四千年文明之種族，則民權尚不能享，此又可說？」[29]但他當時未若章炳麟的為種族嚴立不可逾越的界限，也使他為以後三民主義學說的發展，留有餘地。

中山先生對於中國的文明之古、人口之眾、土地之廣，自始懷有信心。他分析當時中日國勢之所以判殊，認為應該與以下的二事有關：第一，日本的舊文明雖皆由中國輸入，但日本藉中國文明培植了獨立尚武的精神，結果成就了維新的大業，而中國人卻反而「抱其素養的實力，以赴媚異種，」所以「中國落於日本之後。」第二，不僅如此，滿清的入主中國，還使中國文明受到空前的斲喪，及至西方文明東來，而中國的輸入西方文明，又不如日本，所以中國益發落於日本之後。[30] 但中國畢竟有數千年文明，土地人口，世界莫及，轉而用之，不難「突駕日本。」所以他說，「我們生在中國，實為幸福。各國賢豪皆羡慕此英雄用武之地而不可得。我們生在中國，正是英雄用武之時，反都是沉沉默默，讓異族兒據我上游，而不知利用此一片好山河，鼓吹民族主義，建一頭等民主大共和國，以執全球的牛耳，實為可歎！」[31] 上舉中山先生的論滿清政府無可保全之理，指出因為滿清係以異種入主中國，所以政府人民，異心異德，然則中國雖有悠久文明，眾多人口，與廣大土地，而無所用之，自然與理相合。但同是此文明、土地、人口，中山先生相信可轉而用之以再造中國者，何以竟屢屢任異種侵入，蹂躪而奴役之？於此，他的解釋以即以之歸咎於專制政治的流弊。在「支那保全分割合論」中，他說：「支那國制，自秦皇滅六國，廢封建而為郡縣，焚書坑儒，務愚黔首，以行專制。歷代因之，視國家為一人之產業，制度立法，多在防範人民，以保全此私產；而民生庶務，與一姓之存亡無關者，政府置而不問，人民亦從無監督政府之措施者。故國自為國，民自為民，國政庶事，儼分兩途，大有風馬牛不相及之別。」[32] 於此，無論有意或無意，中山先生似乎忽略了歷史上曾有形色各殊的民族主義或愛國主義存在。但也適見在與西方思想的因緣上，至少在同盟會時期，中山先生的民族主義乃上承美法革命以來正統的一脈，以民族主義與民主政治等視。[33] 所以「鼓吹民族主義」和「建一頭等民主大共和國」，在他看來，乃同一政治運動中必須相輔並進的兩翼。

在壬寅、癸卯（光緒二十八—二十九年；一九〇二—〇三年）間，繼康有為「辨革命書」和章炳麟「駁康有為論革命書」[34]的發表，保皇和革命的兩條陣線間，展開了連年的激烈的論戰。這次論戰，就其規模言，雖是兩方政見和學理的一次全面的清算，但中心則在民族和國體。關於國體問題，如上文所述，保皇派主張君主立憲，革命派主張共和立憲；而其所以達之之道，保皇派主張保皇立憲，革命派主張革命排滿。歸納保皇派方面的論點，其中心命題不外兩端：（一）滿漢種界不必分；（二）政權自由可以不經革命而達成。他們反問革命派，漢人果已具有新立國的資格乎？漢人排滿，是以其為滿人而排之乎？還是以其為惡政府而排之乎？中國必脫離滿族，而後可以建國乎？還是融合滿洲民族，乃至漢、苗、回、藏諸民族，而亦可以建國乎？革命派據以駁覆的理由，在章炳麟的「駁康有為論革命書」中，大體已有豐富的發揮。章文首先便認定滿漢的種族判殊，滿清政府乃一種異族專制的、不平等的統治，在此統治下無政權自由可望，也無變法維新可望。第二，認為據中國歷史上的民族同化之例，都是以異族同化於漢族，所以如滿人之始終自別為一族以陵制漢人，不可以言同化。第三，認為立憲非可出自臣民的奏請和君主的恩賜，苟立憲須待上下的和同，則革命專賴在下的合意，所以以革命比之立憲，革命猶易，立憲猶難。第四，章文認為，如謂公理未明、舊俗俱在之民不可革命，則自然也不可立憲；然而人心的智慧乃自競爭而後發生，所以今日的民智不必恃他事以開之，而但恃革命以開之。第五，認為在滿洲的統治之下，不能望「士之爭自濯磨，民之敵愾效死，」所以滿洲弗逐，則中國必至「浸微浸衰，亦終為歐美之奴隸而已。」[35]「駁康有為書」一出，士林爭誦。[36] 民族主義，本是中山先生揭以首倡革命，而革命共和，也原屬革命派所揭櫫的目標，但在同盟會成立前後，革命派在民族問題上與保皇派的論戰，則其理論實以章書紮定陣腳。它的甚多論點，也見於同時期中山先生的言論。

當中山先生於癸卯秋間去檀香山時，保皇黨實際已操縱檀香山的華僑社會。梁啟超於癸卯以前所倡的「借名保皇，而行革命」的號召，也仍惑亂人心。中山先生所加於檀島保皇勢力的駁擊，因此也首在判明保皇與革命的分際，而為兩者正名。在發表於檀島隆記報上的一通告同鄉的公開信中，他指出，「革命者志在排滿而興漢，保皇者志在扶滿而臣清，」兩者「理不相容，勢不兩立。」所以如梁啟超的以一人而持兩說，乃適見其「首鼠兩端，其所言革命屬真，則保皇之說必偽；而其所言保皇屬真，則其革命之說亦偽。」[37] 而且保皇黨也決不能革命。因為第一，康梁之得以如當時的名滿天下者，完全是由於光緒之恩。他們感恩圖報之未遑，如果真的名為保皇，實則革命，「則康梁者尚得處於人類乎？直禽獸之不若也！」[38] 第二，主張保皇立憲者，必舉漢人尚無資格享有民權為理由，此其「尊外族，抑同種之心，」有如此者。可見他們「所言保皇為真保皇，（而）所言革命為假革命；」也可見「革命與保皇二事，決分兩途，如黑白之不能混淆，如東西之不能易位。」保皇立憲既不過「延長滿洲人之國命，續長我漢人之身契，」所以他要求華僑「大倡革命，毋惑保皇。」[39]因為華僑多數屬洪門中人，所以中山先生並就洪門原始「反清復明」的宗旨，申論革命與洪門「志同道合，聲應氣求」的真理，而責保皇派的「令洪門之人，以助其保救大清皇帝，」為汨沒洪門大義。[40]以驅除滿清、興復漢族為立場，中山先生自然可以責保皇派為「尊滿人而抑漢族」的漢奸。自檀香山去美，他為華僑的致公總堂重訂新章，論到「中國之見滅於滿清，二百六十餘年，而莫能恢復者，」認為「因有漢奸以作虎倀，殘同胞而媚異種」之故，如吳三桂和洪承疇、曾國藩和左宗棠，皆是。他說：「今又有所謂倡維新、談立憲之漢奸，以推波助瀾，專尊滿人而抑漢族，」則便是指保皇派而言。[41]

中山先生開始以民族主義首倡革命時，應而和之者不過會黨，中流社會以上的人為數寥寥，已如上述。但曾幾何時，而東京、上海等地學生和知識人士的反滿風潮湧起。至乙巳（光緒三十一年；一九〇五年），而同盟會遂在中山先生的領導下，以一個知識份子的革命團體出現。此新革命團體並在日本東京創刊民報，正式揭民族、民權、民生主義，以為革命的目標。丙午、丁未間（光緒三十二、三十三年；一九〇六、一九〇七年），是革命黨和保皇黨論戰最激烈的時期。革命黨以《民報》，保皇黨以《新民叢報》，為各自論戰的主力。其辯難的方面之廣，可以從《民報》三期「號外」所揭的「民報與新民叢報辨駁之綱領」見之。以下是這個綱領的摘錄：

民報與新民叢報辨駁之綱領：

（一）民報主共和；新民叢報主專制。

（二）民報望國民以民權立憲；新民叢報望政府以開明專制。

（三）民報以政府惡劣，故望國民之革命；新民叢報以國民惡劣，故望政府以專制。

（四）民報望國民以民權立憲，故鼓吹教育與革命，以求達其目的；新民叢報望政府以開明專制，不知如何方副其希望。

（五）民報主張政治革命，同時主張種族革命；新民叢報主張政府開明專制，同時主張政治革命。

（六）民報以為國民革命，自顛覆專制而觀，則為政治革命，自驅除異族而觀，則為種族革命；新民叢報以為種族革命與政治革命，不能相容。

（七）民報以為政治革命必須實力；新民叢報以為政治革命祇須要求。

（八）民報以為革命事業專主實力，不取要求；新民叢報以為要求不遂，繼以懲警。

（九）新民叢報以為懲警之法，在不納租稅與暗殺；民報以為不納租稅與暗殺，不過革命實力之一端，革命須有全副事業。

（十）新民叢報詆毀革命，而鼓吹虛無黨；民報以為凡虛無黨皆以革命為宗旨，非僅以刺客為事。

（十一）民報以為革命所以求共和；新民叢報以為革命反以得專制。

（十二）民報鑒於世界前途，知社會問題必須解決，故提倡社會主義；新民叢報以為社會主義，不過煽動乞丐流民之具。

《民報》創刊，以張繼為主編，而由胡漢民負責實際編輯的責任。[42] 第六期後，[43] 因為章炳麟東渡，改由章主編。章編至第十八期，第十九期再歸張繼；第二十至二十二期為陶成章；第二十三、二十四期又為章炳麟。第二十四期於一九〇八年（光緒三十四年戊申）十月出版，其後因日本政府禁止發行，停刊了一年多。至一九一〇年（宣統二年庚戌）初，汪精衛又續出了兩期，為第二十五、二十六期，[44] 以後截止。《民報》的最能代表中山先生的思想，應該在最初的六期，當時胡漢民和汪精衛殆等於為中山先生代言。[45] 不過即在章炳麟主編後，胡、汪二人的文字也仍繼續在《民報》刊載。胡的「排外與國際法」一文連載至第十三期，汪的「雜駁新民叢報」一文也連載至第十二期。曼華（湯增璧）論《民報》，指陳《民報》的創刊乃以同時闡發中山先生的三大主義為宗旨。他說：「論者以民報偏重民族革命之宣揚，殆眩於章氏（炳麟）之文所由誤也；」[46] 又說：「民報之所以發揮民族主義，期於激動感情為事者，蓋自陶氏(成章)編輯時始。」[47] 湯所云云，自是事實，但即此也足見同盟會時期革命思潮的主流，實仍是民族主義。

胡、汪二氏以民族主義立場駁擊《新民叢報》的文字，要旨已略見上引《民報》三期號外的綱領。他們的辨明種族的區別，辨明滿清政府之非中國政府，指陳與滿清言民權自由之無異與虎謀皮，大體也都不脫中山先生和章炳麟立論的範圍。他們特別闢《新民叢報》以政治問題與種族問題分為兩截的謬誤，而指出中國當時政治的黑暗和國勢的陵夷，其癥結皆在種族問題。他們說，滿洲的入主中國，「使全國人民，分為兩族，一為征服者，一為被征服者，互相仇視，利害相反，休戚不相共，則政治現象何從得善良？非解決種族問題，必不能解決政治問題。(因為)自政治之根本以言，凡善良政治之根本，全發生於人民愛國保種之念。」[48] 不僅如此，他們引日俄戰爭的教訓，指出甚至世界和平的成敗，也有待於中國民族革命問題的解決。[49] 因此他們主張，中國的國民革命和民族革命，必須同時進行。他們說，「夫國民主義，從政治上之觀念而發生；民族主義，從種族上之觀念而發生。……設如今之政府，為同族之政府，而行專制政體，則對之祇有唯一之國民主義，踣厥政體，而目的達矣。然今之政府為異族政府，而行專制政體，則驅除異族，民族主義之目的也；顛覆專制，國民主義之目的也。民族主義之目的達，則國民主義之目的亦必達，否則終無能達。」[50]

此外如韋裔（劉光漢）的由明史以辨滿人之從未為中國的臣民，[51]寄生（汪東）的主張中國立憲必須先之以革命，[52]蟄伸（朱執信）的伸言漢人大辱未雪，大欲未償，不可以與滿人商破種界之事，[53]莫不旨在破《新民叢報》的「君民同治，滿漢不分」的命題。《民報》出第十二期時，中山先生離日去南洋，籌畫起義。胡漢民和汪精衛同往。其後東京同盟會總部多故。迨丁未、戊申（光緒三十三、三十四年；一九〇七、一九〇八年）潮惠、欽廉、河口、鎮南關諸役，着着失敗，而過去黃帝魂的沉痛激楚之聲，又再見於《民報》。如運甓（黃侃）「釋俠」和揆鄭（湯增壁）「崇俠篇」、「革命之心理」等文之激勵俠風，提倡暗殺，[54]與汪精衛復刊《民報》後所撰「革命之決心」一文之欲身自為薪，以促進革命的成熟，[55]皆是。但以當時與《新民叢報》的思想鬥爭而言，則勝利無疑屬於《民報》。此可於楊度在丁未（光緒三十三年；一九〇七年）與梁啓超的一封長信中見之。楊信說：

尚有所密告於兄者，兄近作「現政府與革命黨」一文，贊成者頗多，以其罵政府故也。乃兄忽又批評留學界事，以傷多數感情，……此文出而議者又目為御用新聞矣，謂新民報於二年前監督政府，二年以來純然監督國民。此學界最有勢力之議論，他人不肯以告兄也。……兄此後能注意政府一方面立論最好，每期必有此一篇文字，實可以喚起同情。若專駁革命黨，批評國民，實為失策。弟以為國會未成立之先，國民實無服從此等政府之義務，雖一切反對之，不足為激。且我輩既為民黨，則但有號召國民從我，以反對政府，不能立於裁判政府與國民之地位，為公平之議論。進步黨等絕未聞有此等言論者，實為謀黨之盛，政策宜如此也。若忽東忽西，則招國民之疑惑，生黨員之嫌惡矣。我輩若欲為民黨，則不可不立於一方，而決不可為兩歧之論。弟於兄無所謂心術問題，特政策問題耳。政策之不同，可影響於其宗旨。且既欲同事，不願社會之議兄，故密以此言相告，知兄能諒其誠而恕之。[56]

反之，則同年夏間梁啓超寄康有為一信，自詡對革命黨已「全收肅清克復之功，」自然是無稽之談。該信的一段說：「革命黨之勢力，在東京既已銷聲匿跡，《民報》社各人噬嗑，團體全散，至於並報而不能出。全學界人亦無復為彼所蠱惑者。蓋自去年《新民叢報》與彼血戰，前後殆將百萬言，復有晳子（楊度）所辦中國《新報》，旗人所辦《大同報》，助我張目，其勢全熄。孫文亦被逐出境。今巢穴已破，吾黨全收肅清克復之功，自今以往，決不能復為患矣。」[57] 姑不論丁未同盟會東京總部的內爭，與《新民叢報》無關，《民報》的在日本被禁發行，也還在《新民叢報》停刊（丁未七月）的年餘之後，它的後身政聞社機關刊物政論雜誌被清廷查禁（戊申六月）的數月之後，而且事實上，經政聞社的曇花一現，康梁從戊戌以來的政治運動，倒真是一時煙消雲散，「其勢全熄。」在革命黨方面，革命起義雖有丁未、戊申的多次失敗，但再接再厲，庚戌（宣統二年；一九一〇年）有廣州新軍之役，辛亥有廣州

（黃花崗七十二烈士）之役，下與武昌的起義開國相接。楊度即曾說過，「革命排滿」四字，在社會上可以成為「無理由之宗教。」而革命黨人，更知道民族主義乃源於一種感情，[58] 一種種性。[59] 陳天華即曾自承他「以崇拜民族主義之故，因而崇拜實行民族主義之孫君（中山）。」[60]「義理如舟，感情如水，」當舉國為同一感情而風動之時，也便是革命因勢利便而收功於中土之日。[61]

1 陳少白《興中會革命史要》，頁五—六。一九五六年臺版，臺北。

2 中山先生應英國劍橋大學教授翟爾斯之請所撰自傳，《國父全集》（六），頁二一〇。

3 興中會誓約：「驅逐韃虜，恢復中國，創立合眾政府。」（《鄒魯中國國民黨史略》，頁九。）一九五一年，臺北。

4 金松岑譯《三十三年落花夢》，頁五二。

5 「檀香山興中會成立宣言」，《國父全集》（四），頁五五。

6 崔書琴《三民主義新論》，頁一—三。一九五五年臺三版，臺北。

7 「民報紀元節講演」，《國父全集》（三），頁九—十。

8 載光緒二十九年（癸卯）三月十四、十五日（一九〇三年四月十一、十二日）《蘇報》。

9 康有為「辨革命書」，丁文江編《梁任公先生年譜長編》初稿（上），頁一五九。

10 同註7，頁九—一〇。

11 軍政府大總統佈告同胞文：「國家之本，在於人民，合漢、滿、蒙、回、藏諸地為一國，如合漢、滿、蒙、回、藏諸族為一人，是曰民族之統一。」（《國父全集》（四），頁四。）

12 「準是（滿漢關係）以言，彼之不欲同化於我也若此，而強我民族使歸化於彼而卒無效也又若彼，是以三百年滿漢之界，昭然分明。他日我民族崛起奮飛，舉彼賤胡，悉莫能逃我斧鑽。芟薙所餘，僅存遺孽，以公理論，固宜以人類視之，而以政策論，則狼性難馴，野心叵測，宜使受特別之法律，若國籍法之於外人之歸化者可也。如此，則彼有能力，自當歸化於我，否則與美洲之紅夷同歸於盡而已。」（精衛「民族的國民」，《民報》一期，頁二二。一九〇五年十一月，東京。）

13 「民報紀元節講演」，《國父全集》（三），頁八—九。

14 「中國問題之真解決」，《國父全集》（六），頁二二四。

15 同上，頁二二四—二二五。

16 同上，頁二二三。

17 「支那保全分割合論」，《國父全集》（六），頁二二四。

18 同上，頁二二一—二二八。

19 同上，頁二二四—二二五。參看漢民「民報之六大主義」：「夫以惡劣政府為制於上，而一大民族壓伏於下，舍其防家賊之政策外，無他事焉，……則政府與國民為公敵。夫政府與國民為公敵，而能振其國者，未之聞也。」（《民報》三期，頁十六。一九〇六年四月，東京。）

20 同註17，頁二一六—二一八。

21 同上，頁二一七。

22 同上，頁二一八。

23 「中國問題之真解決」，《國父全集》（六），頁二二一。

24 同上，頁二二一—二二二。

25 同上，頁二二二。又一九一二年臨時大總統布告友邦書：「滿清政府之政策，質言之，一娭視異種，自私自便，百出不變之虐政而已。……當滿清未竊神器之先，諸夏文明之邦，實許世界各國以交通往來，及宣佈教旨之自由。馬閣（Marco Polo）之著述，「大秦景教碑」之記載，斑斑可考也。有明失政，滿夷入主，本其狹隘之心胸，自私之僻見，設為種種政令，固閉自封，不令中土文明，與世界各邦相接觸，遂使神明之裔，日趨僿野，天賦知能，艱於發展，愚民自錮，此不特人道之魔障，抑亦文明各國之公敵。）（《國父全集》（四），頁六。）

26 同註23，《國父全集》（六），頁二二五。

27 「駁保皇報」，《國父全集》（六），頁二二七。

28 章炳麟與王揖唐書，許壽裳著《章炳麟》，頁一六六引。一九四六年，南京。

29 癸卯（光緒二十九年；一九〇三年），在檀香山發表告同鄉書，《隆記報》，《國父全集》（五），頁二二五。

30 乙巳（光緒三十一年；一九〇五年），在日本東京中國留學生歡迎會上講演，《國父全集》（三），頁一。

31 同上，頁三。

32 《國父全集》（六），頁二一四。

33 參看 Chester C. Maxey, *Political Philosophies*, pp.596 – 7, 1956, New York.

34 康有為「辨革命書」載《新民叢報》第十六號，頁五九－六一，光緒二十八年（一九〇二年）六月；章炳麟「駁康有為論革命書」，於光緒二十九年（一九〇三年）夏初，與鄒容革命軍同時刊行於上海，當年閏五月五日（一九〇三年六月二十九日）《蘇報》曾加摘載，題曰「康有為與覺羅君之關係」。

35 《章氏叢書正編》，「文錄」，頁二九（下）－四四（上）。一九五八年影印本，臺北。

36 章書「出版未久，與革命軍同受社會熱烈之歡迎。鄒著文字顯淺，利於華僑；章書下筆高古，利於士紳，同為革命時代最有價值之著作。」（《馮自由中華民國開國前革命史》（一），頁一三四。一九五四年臺版，臺北。）

37 《國父全集》（五），頁二四－二五。

38 同上，頁二三－二四。

39 同上。

40 「駁保皇報」，《國父全集》（六），頁二三一。

41 《國父全集》（六），頁二三四。

42 「胡漢民自傳」，《革命文獻》（三），總頁三八八。

43 曼華「同盟會時代民報始末記」，列《民報》六期編輯人為章炳麟。（《革命文獻》（二），總頁三三一。）惟查《民報》六期第一版（一九〇六年七月二十五日），編輯人仍作張繼。

44 此兩期《民報》仍在日本秘密編印，惟為免於日本政府干涉，故列「法國巴黎濮侶街四號」新世紀地址為發行處。出版時日，則兩期同作一九一〇年二月一日。

45 參看《胡漢民自傳》，《革命文獻》（三），總頁三八八—三九〇。文中一則言「民報序文，為先生口授，而余筆之；」再則言「是時先生恆使余與精衛為之執筆；」又言「先生乃口授精衛為文駁之（保皇黨），題為「革命不致召瓜分說」。所謂民報序文，應即《民報》「發刊詞」；汪文「駁革命可以召瓜分說」，載《民報》六期。

46 曼華「同盟會時代民報始末記」，《革命文獻》（二），總頁二一九。

47 同上，總頁二二二—二二三。

48 精衛「雜駁新民叢報」，《民報》十期，頁四三—四四。一九〇六年十二月，東京。

49 「日俄之戰爭，其劇烈殆前古未有，直接於本國之利害，猝未易見，而以謂為均勢問題而起，則兩國人民當公認之。其幸今日復底於平和，兩國國民乃得以稍稍息肩。然經年之苦鬥所損，不為不多；其後此之不更生衝突與否，尤不可知耳。……欲求真正平和，當始於中國為獨立強國之日。……滿洲去，則中國強；中國強，則遠東問題解決；遠東問題解決，則世界真正之和平可睹。」（漢民「民報之六大主義」，《民報》三期，頁一五—一六。）

50 精衛「民族的國民」，《民報》一期，頁二六。

51 韋裔「辨滿洲非漢族同國之人」，《民報》十四、十五、十八期。一九〇七年六月、七月、十二月，日本東京。

52 寄生「論支那立憲必先以革命」，《民報》二期。初版時日不明，日本東京。

53 蟄伸「論滿洲雖欲立憲而不能」，《民報》一期。

54 據張繼的解釋，《民報》創刊揭墨子像，便是一種尚俠的表示。（「溥公筆記摘錄」，毛筆鈔件，中國國民黨中央委員會黨史史料編纂委員會藏。）革命時期，尚俠蔚為風氣，因為一則革命乃一種冒險犧牲的事業，再則革命的實行多資力於下層社會（包括日本浪人）。但《民報》後期的尚俠，則完全為一種「易水歌」式的，或虛無主義式的鼓吹。如運甓「釋俠」：「嗚呼！光復之事，久不能集；凡我漢民，死喪無日，不平之氣，充塞於禹甸之中，俠者其焉能忍此終古耶？俟河之清，人壽幾何？誓捐一死，以少盡力於我同類！」（《民報》十八期，頁三〇。）湯增璧二文，一載《民報》二十三期（一九〇八年八月），一載二十四期（一九〇八年十月），日本東京。

55 守約「革命之決心」，《民報》二十六期。

56 丁文江編《梁任公先生年譜長編》初稿（上），頁二四〇—二四一引。

57 同上，頁二四五引。

58 「夫民族之思想，其說明也以理論，不如其感情也。……其以感情而舉國風動者，其故何在乎？實以其感情為一國之所同，而以一、二人者，乃代表之以發言也者。」（蟄伸「論滿洲雖欲立憲而不能」，民報一期，頁三九。）

59 「那民族主義，卻不必要甚麼研究，纔會曉得的，譬如一個人，見着父母總是認得，決不會把他當作路人，也決不會把路人當作父母，民族主義也是這樣。這是從種性發出來，人人都是一樣的。」（中山先生在民報紀元節講演，《國父全集》（三），頁八。）

60 過庭「記東京留學生歡迎孫君逸仙事」，《民報》一期，頁七六。

61 民意「記十二月二日本報紀元節慶祝大會事及演說辭」，《民報》十期，頁一一三。一九〇六年十二月，日本東京。庚戌（宣統二年；一九一〇年），中山先生在檳榔嶼對革命黨人講演，道及新軍，也見至辛亥前夕，民族革命，在中國實際已呈水到渠成之勢。他說：「新軍中不乏深明世界潮流之同志，業極端贊成吾黨之主義，在今日表面上視之，固為滿廷之軍隊，若於實際察之，誠無異吾黨之勁旅。」（《國父全集》（三），頁一七—一八。）而辛亥革命，便是由武昌新軍起義發軔。

（八）

中山先生自述他的三民主義主張的完成，乃在倫敦蒙難後留歐的一段期間（約光緒二十二年九月—二十三年六月；一八九六年十月—一八九七年七月）。他說：「倫敦脱險後，則暫留歐洲，以實行考察其政治風俗，並結交其朝野賢豪，兩年之中，所見所聞，殊多心得。始知徒致國家富強，民權發達，如歐洲列強者，猶未能登斯民於極樂之鄉也。是以歐洲志士，猶有社會革命之運動也。予欲為一勞永逸之計，乃採取民生主義，以與民族、民權問題，同時解決，此三民主義之主張所由完成也。」[1] 在這段期間中，中山先生主要是在英國。當時英國在工業制度下所發生的勞資問題、都市土地問題、農業失調問題等，應該都是他見聞所及。這段期間也是他埋首於大英博物館（British Museum）的時期。據當時一個偵探社的報告，他幾乎每天必赴大英博物館；[2] 而據康德黎醫生（Dr. James Contlie）的報導，他當時幾乎無書不讀。[3] 可能這時中山先生開始潛心於歐美的各家社會主義學説的研究；而當他在蒙難的次年（光緒二十三年；一八九七年）由英國去美洲，又正值亨利・喬治（Henry

George）逝世之年，後者的學說「重又為舉世所矚目。」[4] 自然，中山先生民生主義思想的一面，可以遠溯至他的「上李鴻章書」和香港興中會宣言。「上李鴻章書」的倡人盡其才、地盡其利、物盡其用、貨暢其流，香港興中會宣言的倡「立學校以育人材，興大利以厚民生，」[5] 都屬於後來完成的民生主義的範圍。至於「上李鴻章書」建議「招商興路」和「推廣機器之用，」[6] 則更是其後中山先生所力倡的民生建設的要政。雖然，視民生主義為一種改革社會制度的主義，則中山先生的此種思想上的變化，乃見於他這次從歐美回東以後。

變化明白反映於從香港興中會盟詞，到同盟會盟詞的變化——前者為「驅除韃虜，恢復中華，創立合眾政府，」而後者為「驅除韃虜，恢復中華，建立民國，平均地權。」因為同盟會盟詞，在同盟會成立前，先已用為癸卯（光緒二十九年；一九〇三年）東京革命軍事學校、和檀香山興中會新會員的盟詞，所以就今日可考見的記載而言，中山先生民生主義思想之以明確的形式提出，乃始見於癸卯。於此，我們首先注意所及的一件事實是當中山先生開始提出他的民生主義的學說之初，民生主義、社會主義、和平均地權三語，經常被視為同義而互用。同盟會盟詞用「平均地權；」而庚戌（宣統二年；一九一〇年）中山先生在南洋，改訂同盟會章程，用「民生主義。」[7]《民報》所揭的六大主義用「土地國有；」而中山先生的《民報》發刊詞用「民生主義。」中山先生在同盟會時期闡揚民生主義的言論，主要即見於《民報》發刊詞、民報紀元節講演、同盟會軍政府宣言、以及民國開國前後一年間的多次講演和談話。此外，尚有馮自由於乙巳、丙午間（光緒三十一——三十二年；一九〇五——一九〇六年）發表在香港《中國日報》的「民生主義與中國政治革命的前途」、和民意（胡漢民？）於丁未（光緒三十三年；一九〇七年）發表在《民報》十二期的「告非難民生主義者」[8]二文，皆自稱係本諸中山先生的意見而作，[9]也應能大體代表中山先生的思想；而馮與民意二文皆以民生主義與社會主義互稱。遲至民國十年（一九二一年），中山先生在廣州講演，尚說「民生主義就是時下的社會主義。」他說，他「把社會主義的原文譯成民生主義，在意義上似乎較為妥當。」[10]在同一講演中，他並述及當民國初立，他倡議平均地權，受到他的很多黨人的反對。他說當時他曾問他們，「你們從前入同盟會來革命，對於實行平均地權的民生主義，不是發過了誓願嗎？」[11]以上事實的重要，是因為從這件事實，我們發現中山先生當始倡民生主義之時，蓋完全視平均地權為到達社會主義之路——至少是主要的到達社會主義之路。在《民報》發刊詞中，中山先生解釋民生主義曰：

予維歐美之進化，凡以三大主義：曰民族，曰民權，曰民生。……世界開化，人智益蒸，物質發舒，百年鋭於千載，經濟問題繼政治問題之後，則民生主義躍躍然動，二十世紀不得不為民生主義之闡揚時代也。……今者中國以千年專制之毒而不解，異種殘之，外邦逼之，民族主義、民權主義，殆不可以須臾緩。……近時志士，舌敝唇枯，惟企強中國以比歐美。然而歐美強矣，甚民實困。觀大同盟罷工與無政府黨、社會黨之日熾，社會革命其將不遠，吾國縱能媲迹歐美，猶不能免於第二次之革命，而況追逐於人已然之末軌者之終無成耶？夫歐美社會之禍，伏之數十年，及今而復發見之，又不能使之遽去。吾國治民生主義者，發達最先，睹其禍害於未萌，誠可舉政治革命、社會革命，畢其功於一役，還視歐美，彼且瞠乎後也。[12]

至於如何乃能使社會革命與政治革命畢其功於一役，則《民報》紀元節講演和同盟會軍政府宣言皆曾道及「改良社會經濟組織，」而兩者所舉陳的具體的方策都是平均地權。下面是同盟會軍政府宣言對於平均地權的主張：

平均地權　文明之福祉，國民平等以享之。當改良社會經濟組織，核定天下地價，其現有之地價仍屬原主。所有革命後社會進步之增價，則歸於國家，為國民所共享。肇造社會的國家，俾家給人足，四海之內，無一夫不獲其所，敢有壟斷以制國民之生命者，與眾棄之。[13]

因此，這裏我們首先需加解釋的，中山先生的民生主義學說，何以在提出之初乃專就平均地權的一面立說？自然，對於此問題我們可以提出多種可能的解釋。中國人口的極大多數是農民，「革命乃為多數人謀幸福，若地權不平均，則不能達多數幸福之目的。」[14]這是一種解釋。中國社會貧富的階級尚未大著，但「土地已在私人之手，」如果「循其私有之制不改，則他日以少數之地主，而兼有資本家之資格者，」將「即其壟斷中國社會之富，而為經濟界莫大之專制。」[15] 這是又一種解釋。中國因為生產落後，資本的集中不著，所以一切「國產主義，……猶有未能行者；」但土地國有，「則三代井田之制已見其規模，」「行之於改革政治之時代，必所不難。」[16] 這又是一種解釋。但於此，我們願意另舉兩件事實，以為以上的解釋之一助。第一，我們必須指出，當第十九、二十世紀之交，土地運動，乃世界落後地區社會運動的共同的潮流；第二，中山先生的民生主義學說，在提出之初，乃完全承第十九世紀西方從李嘉圖（David Ricardo）以下的「地租論」（The "theory of rent"）的一脈。以下我們對這兩點試作說明。

先就前者言，土地改革運動，在第十九世紀後半的歐洲，雖甚普遍。地租論者、社會主義者、土地國有論者，皆曾主張改革現有的地制。但特別在生產落後地區，社會的封建成分猶重，土地運動乃尤其為社會運動的顯著的目標，而與政治的革命運動相表裏。俄國從民粹派運動（Populist Movement），至「土地與自由」黨（"Land and Liberty" Party）和社會革命黨（Socialist Revolutionary Party）的主張土地公有與耕者有其田，便是顯著的一例。日本也有土地復權同志會的組織（一九〇二年），本「以人工造成者歸勞力者享有，天然力生成者歸人類平等均有」的原則，主張經土地的平均再分配，以達於「回復人類之土地平等享有權，確實各個人獨立之基礎」的目的。因為「土地者，乃人類居住之根源，生產之基資，造化所惠賜，為吾人所最需要者也。無論有如何之武力，有如何之藝能，終不得離土地以生存。」[17]土地復權同志會的創立者，是宮崎寅藏的一兄民藏。據宮崎寅藏的解釋，中山先生的平均地權的理論，與民藏的土地復權之說，完全相同；並稱中山先生的思想曾相當受其兄的影響。[18]宮崎此說，自然不過泛泛言之。因為中山先生雖主張平均地權，但至少在同盟會時期，他從未主張任何形式的均地。[19]以土地公有行土地均分，一種原始性的土改社會主義，乃俄羅斯民粹派以下的農民運動者所主張，而如上所述，中山先生的平均地權的思想，則源自西方地租論的一脈。但中山先生於丁酉（光緒二十三年；一八九七年）回東，便與宮崎寅藏締交，識其家人，則宮崎上說，也不必全屬影響之談。再則，當第十九、二十世紀之交，日本同時也是俄國革命分子的亡命託足之地。社會革命黨人如革爾旭尼（Gershuni）和以後為波蘭的獨裁者的畢蘇資基（Josef Pilsudski），都曾在日本寄寓。中山先生在丙午與革爾旭尼的晤識，曾經萱野長知記載。[20]因此，中山先生平均地權的主張，在一方面，我們應該視之為第十九、二十世紀之交世界落後地區革命運動的共同的一面。

但就思想的內容言，則中山先生平均地權的理論，完全源自西方地租論的一脈。自李嘉圖地租論的倡「差別地租」（differential rents）之說，一變而為土地自然增價（unearned increments）歸公的主張，如穆勒等所倡；再變而為「單一稅」（single tax）的主張，如享利・喬治所倡，凡稍具西洋經濟學說史常識者，多能言之。與自然增價說相關的，尚有照價徵稅和照價收買的主張，同為穆勒等所倡；而與單一稅說相關的，則如亨利・喬治，至於欲並地租的制度而去之。對於後者，地租為一切的罪惡之源，一旦地租廢除，則社會將永無貧窮之患，財富的不均將從此消弭，而經濟危機——亨利・喬治（Henry George）認為此乃土地投機所造成——也將永不發生。穆勒和亨利・喬治都視地租為一種不勞而獲的收入。亨利・喬治至於認為，社會因人口增加和機器改良而生的利益，幾乎完全被土地所有者所囊括，因此文明愈進，而貧富兩極的距離也愈大。他的單一稅法，便是要以土地稅的形式，令純粹地租完全歸於國家。此在消極方面，將在社會上消滅一種不勞而獲的財產制度；而在積極方面，將令土地稅一項足夠抵付國家的全部財政支出，使所有其他形式的賦稅省除，而國家尚有餘力以從事社會的福利事業。此外，土地國有論者如高森（H. H. Gossen）、華爾拉（L. Walras）、華萊斯（A. R. Wallace）諸人，則主張由國家買收土地，認為一旦土地收歸國有，社會不事生產的人將會減少，資本可免於投入土地，因而無形增加社會可利用的勞力和資本的數量；或者，由於土地國有後工人皆可獲得耕地的結果，減少工人對於資本家的依賴，從而也解決社會貧困和壓迫的問題。他們相信，在工商社會之中，由於經濟進步的影響，地租將繼續提高。因此他們主張國家應儘速完成土地的收購，國家因地租提高而得的收益，將足夠支付因收購土地而發行的公債的本息；一旦公債的本息償清，則國家將從此淨得全部地租，而成為非常富有。如此，土地既可免於為少數人所壟斷，國家並可用同樣的政策，以施諸採礦、鐵路、和其他有獨佔性的經營。[21]此等思想，無論與上述的土改社會主義，或與中國歷史上傳統的井田或均田思想，[22]都迥然兩途；然而卻都是中山先生在開始提出他的民生主義的學說時所主張。

中山先生曾屢屢表示，他的平均地權的思想，乃本諸亨利・喬治。在民國元年（一九一二年）四月的一次對報館記者的談話中，他至於稱自己為「極端之社會黨」，說他「甚欲採顯理佐治氏（亨利・喬治）之主義，施行於中國。」[23]但上引民意「告非難民生主義者」一文，於論及中山先生的民報紀元節演講時，曾列舉斯賓塞爾（Herbert Spencer）的論土地私有之弊、亨利・喬治的主張單一稅制，和穆勒的倡定價收買諸說，而引中山先生之語曰：「吾對此數家之言，將有以斟酌取去，而演說之際，概括以言，不暇縷舉，故統而稱之曰社會學家。」[24]同時，中山先生自己也曾屢舉土地國有之說。[25]分析同盟會時期中山先生有關土地問題的言論，我們常見，當時他確是就上舉的諸家之言，斟酌取去，而未嘗獨取於亨利・喬治一家。如果我們取穆勒為土地自然增價歸公、和照價徵稅、照價收買之說的代表，則中山先生的言論中實顯著含有這三者的成分。此如民意所言，在民報紀元節講演中便明白可見。當中山先生論及文明愈進，地租愈高，而社會的不平等愈甚；[26]苟地租歸於國家，則文明愈進，國家愈富，而其他一切賦稅皆可省免時，他顯然係本諸亨利・喬治而言。而當他主張定地價和土地自然增價歸公之說時，則係本諸穆勒而言。此外，他所論及的定地價之法，同意新定地價可較現有地價提高若干，苟此提高部分含有承認現有地價所必生的利息之意，則又合於土地國有論者所主張。[27] 以下便是中山先生在《民報》紀元節講演中論及平均地權的部分：

社會黨所以倡民生主義，就是因貧富不均，想要設法挽救。這種人日興月盛，遂變成一種很繁博的科學。其中流派很多，有主張廢資本家歸諸國有的，有主張均分於貧民的，有主張歸諸公有的，議論紛紛。凡有識見的人，皆知道社會革命，歐美是決不能免的，這真是前車可鑒。……歐美為甚不能解決社會問題？因為沒有解決土地問題。大凡文明進步，地價日漲。……貧民無田可耕，都靠做工餬口。而工業卻全歸資本家所握，工廠偶然停歇，貧民立受飢餓。祇就（英國）倫敦一城計算，每年冬間，工人失業者，常有六、七十萬人，全國更可知。英國大地主威斯敏士打公爵（Duke of Westminster），有封地在倫敦西偏，後來因擴張倫敦城，把那地統圈進去，他一家的地租，佔倫敦四分之一，富與國家相等。貧富不均，竟到這地步，平等二字，已成口頭空話了。……中國現在資本家還沒有出世，加以幾千年地價，[28] 從來無大增加，這是與各國不同的。但是革命之後，卻不能照前一樣。比方現在香港、上海地價，比內地高至數百倍，因為文明發達，交通便利，故此漲到這樣。假如他日全國改良，地價一定跟着文明日日漲高。……就這樣看來，將來富者日富，貧者日貧，十年之後，社會問題便一天緊似一天了。……解決的法子，社會學者所見不一，兄弟所信的，是定地價的法子。比方地主有地價值一千元，或多至二千。那地將來因交通發達價漲至一萬，地主應得二千，已屬有益無損；贏利八千，當歸國家。這於國計民生，皆有大益，少數富人把持壟斷的弊竇，自當永絕，這是最簡便易行之法。……行了此法之後，文明越進，國家越富，一切財政問題，斷不致難辦。現今苛捐，盡數蠲除，物價也漸便宜了，人民也漸富足了，把幾千年捐輸的弊政，永遠斷絕。慢說中國從前所沒有，就歐、美、日本雖說富強，究竟人民負擔租稅，未免太重。中國行了社會革命之後，私人永遠不用納稅，但收地租一項，已成地球上最富的國。這社會的國家，決非他國所能及的。[29]

此外，就同盟會軍政府宣言所揭的平均地權一項而言，其所主張，實際也便是土地自然增價歸公；而民意「告非難民生主義者」一文之論土地國有的利益，則係採自土地國有論者的理論。以下即引自「告非難民生主義者」：

吾國社會貧富之階級，雖未大著，然土地已在私人之手。循其私有之制不改，則他日以少數之地主，而兼有資本家之資格者，即其壟斷社會之富，而為經濟界之莫大專制者也。惟舉而歸諸國有，則社會之富量，聚於國家；而國家之富，還於社會。如是而可期分配之趨均者，有六事焉：土地既不能私有，則社會中將無有為地主者，以坐食土地之利，佔優勢於生產界，一也。資本家不能持雙利器，以制勞動者之命，則資本之勢力為之大殺，二也。無土地私有之制，則資本皆用於生利的事業，而不用於分利的事業，社會之本日益增，無供不應求之患，三也。具獨佔之性質者，土地為大，土地國有，其餘獨佔事業亦隨之；其可競爭之事業，則任私人經營，既無他障礙之因，而一視其企業之才為得利之厚薄，社會自無不平之感，四也。勞動者有田可耕，於工業之供給，無過多之虞，則資本家益不能制勞動者之命，五也。小民之恒情，視自耕為樂，而工役為苦，故傭銀亦不得視耕者所獲為絀，其他勞動者之利益，皆準於是，六也。[30]

辛亥革命既起，中山先生自美經歐洲返國。在他從巴黎發給民國軍政府的電文中，曾有「此後社會當以工商實業為競點，為中國開「新局面」之語。[31] 民國開國，中山先生既解臨時大總統職，於是遂傾全力於民生主義的鼓吹。此後一年間，從民國元年（一九一二年）四月至次年春，他奔走四方，所至講演，真似欲以其理想「輸灌於人心，」使「化為常識。」[32] 當然，中山先生也未及身見到他的民生主義主張的實行。而且，因為他的平均地權的學說乃是「就數家之言，」「有所斟酌取去」而構成，同時以一位革命領袖，對於國家的經濟財政政策，他在勢也不能作精密的技術的設計，結果他在民初所提出的關於實施平均地權的辦法，常使執持一說的系統的學者，感覺解釋困難。例如，他講「土地國有之法」，然卻說土地「不必盡收歸國家。」[33] 他屢稱「單（一）稅法最可採，」[34] 然而舉以說明的卻常不過一種值百抽一，或值二百抽一的地價稅，[35] 與亨利・喬治的單一稅法之旨在以地租歸公，也尚非一事。再如，民報紀元節講演和同盟會軍政府宣言，皆主張土地的自然增價歸公，然而入民國後，中山先生除於「中國之第二步」(China's Next Step)一文中略一提及此項主張外，[36] 其重加闡述乃在「社會主義之派別及批評」的講演，[37] 時已入國民黨時期。有的學者至於因中山先生的論道土地問題，每舉市地的價值為例，而認為中山先生初期的平均地權思想，「顯然是側重在市地。」[38] 於此，以實行辦法的擬議與理論等視，自然是造成解釋困難的一個原因。但有一事則屬確定無疑，此即中山先生秉地權與土地不勞收益歸公的理想，而他在民初所擬實行的，卻祇是一種極其溫和的土地改革。此項土地政策包括兩個主要的方面，用中山先生自己的用語稱之，即「照價納稅」和「土地國有」。以下是中山先生在民國元年的一次向同盟會會員的講演中，對於他自己的主張所作的說明：

> 本會從前主義，有平均地權一層，若能將平均地權做到，那麼社會革命已成七、八分了。惟行平均地權之法，當將此主義普及全國，方可無礙。……從前人民所有土地，分上、中、下三等，以後應改一法，照價收稅。因地之不同，不止三等。……但分三等，必不能得其平。不如照價徵稅，貴地收稅多，賤地收稅少。貴地必在繁盛之處，其地多為富人所有，多取之而不為虐；賤地必在窮鄉僻壤，多為貧人所有，故非輕取不可。……以後工商發達，土地騰貴，勢所必至。……比如在鄉間有田十畝，用人耕作，不過足養一家，如發達後，……則成一富翁。此家資從何得來？

則大抵為鐵道及實業發達所坐致，而非由己力之作成。數十年之後，有田地者，皆得坐享此優先莫大之權，據地以收人民之稅，就是地權不平均的說話了。求平均之法，有主張土地國有的，但由國家收買全國土地，恐無此等力量。最善者，莫如完地價稅一法。如地價一百元時完一元之稅者，至一千萬元則當完一十萬元。此在富人視之仍不為重。……然祇此一條件，不過使富人多納數元租稅而已，必須有第二條件，國家在地契之中，應批明國家當需地時，隨時可照地契之價收買，方能無弊。如人民料國家將買此地，故高其價，然使國家竟不買之，年年須納最高之稅，則已負累不堪，必不敢。即欲過低其價以求少稅，則又恐國家從而收買，亦必不敢。所以有此兩法互相表裏，則不必定價而價自定矣。在國家一方面言之，無論收稅買地，皆有大益之事。……地為生產之原素，平均地權後，社會主義自易行。[39]

這是民國元、二年間（一九一二、三年），中山先生在約計五十次道及平均地權的演講和談話中，對於他的政策所作的一次比較最明晰的說明。據此以觀，則中山先生所稱的照價納稅，實際祇是一種以值百抽一為準的地價稅；[40] 而他所稱的土地國有，祇是國家有按徵稅地價收買任何土地之權，以防杜人民以貴報賤的流弊。此項地價稅祇施於素地，[41] 沒有累進性，[42] 也不加增值稅。中山先生雖說一旦地價稅起徵，「即此已足國用，一切各稅，皆可豁免，」[43] 但他顯然未嘗欲以現有的地租歸公，以「稅去地主；」乃至未嘗欲以未來的地租歸公，而使未來的土地的自然增價歸公。中山先生也曾數言稅契。民國元年五月，他在廣州向報館記者談話，一則說「稅契實行，各稅可免；」再則說「實行稅契，全國每年可得四十萬萬，」[44] 則似又視稅契為單一稅，或至少視為一種經常的地價稅。但證諸他在他處的解釋，則稅契一事，宗旨應祇在整理地籍，重定地價，和救濟一時財政的困窘，[45] 或至多為日後地權移轉時財產移轉稅的徵收和地價的重定，立一制度。至於土地國有之唯在國家有照價收買土地之權一事，則有二義：第一，即上述令地主自定地價納稅，而國家有土地國有權以監督之，「若以自定地價為輕，國家可收回國有。」[46] 第二，即當國家有需用土地之時，「若修道路，若闢市場，其所必經之田園廬墓，或所必需之地畝，即按照業戶稅契之價格，國家給價而收用之。」[47] 再則，因為市地增價劇烈，所以地價稅之施於市地，自然效果最著。中山先生之論土地的自然增價，每舉市地為例，也以此故。但如因此而遂謂中山先生初期的平均地權思想「側重於市地，」則恐不然。而且即在民初中山先生的言論中，田、地並提，也屢見不一見。民國元年五月，他在廣州的一次關於平均地權的講演，便是一例。當時他說，「照價納稅之法，淺而易行，宜令有土地之家，有田畝多少，價值若干，自行呈報，國家即準是以課其若干分之一。」[48] 民意「告非難民生主義者」一文，論民報六大主義中的「土地國有」曰：

吾人將來之中國，土地國有，大資本國有。土地國有者，法定而歸諸國有者也；大資本國有者，土地為國家所有，資本亦自然為國家所有也。何以言土地而不及資本？以土地現時已在私人之手，而資本則未出世也。何以土地必法定而盡歸諸國有，資本不必然者？以土地為獨佔的性質，而資本不如是也。[49]

因為民意此文意在闡釋中山先生的思想，所以我們當見，在民國開國前，中山先生應已孕有大資本國有的思想。當時他之未為節制資本立說，因為第一，他認為中國的土地已在私人之手，而資本家則未出世；第二，他認為土地具有獨佔的性質，而資本的獨佔性質，則因土地的獨佔性質而生。[50] 在馮自由的「民生主義與中國政治革命之前途」一文中，我們也可見同樣的思想的含孕。該文稱民生主義為「國家民生（社會）主義」，其綱領為「平均地權」，下分「土地國有」和「單（一）稅法」二目，而在「土地國有」目下包括森林、礦山、交通機關、都會、耕地諸項。[51] 但中山先生之開始努力為大資本國有鼓吹，則已入民國。

入民國後，首先我們便見同盟會總章在「政綱」條下，列入了「採用國家社會政策」一目。[52] 當民國元、二年間（一九一二、一三年），中山先生的言論中也屢有「國家社會主義」一語出現。他的釋解同盟會總章之主張採用國家社會主義政策，並明言乃取法德國，欲以「國家一切大事業，如鐵路、電氣、水道等務，皆歸國有，不使一私人獨享其利。」[53] 誠如中山先生所說，中國是一「窮國」，「文明未進步，工商未發達。」[54] 無資本家出世，是亦無資本，則安能「圖實業之發展，以資本勢力抵制外人，」而於當今經濟競爭之世界中，為中國得一立足之地？[55] 因此在中國行民生主義，一方面固當防資本家壟斷的流弊，一方面也當圖國家的富強。[56] 此就資本言，前者為節制私人資本，而後者為發達國家資本。因為資本家（至少大資本家）未出世，所以民初中山先生的鼓吹，顯然尚專注於發達國家資本的方面。自然，發達國家資本，一方面也即所以防阻私人資本的壟斷；而在當時的中山先生看來，國家社會主義便是達於這兩重目的的一條坦道。

於此，有兩個問題，我們尚須略添數語。第一是與發展國家資本相連繫的關於運用外資的問題；第二便是民生主義的採用國家社會政策的問題。發展國家資本，首先便需要資本。單一稅論者和土地國有論者，皆視地稅（或地租）為國家的基本的財源；中山先生亦然。他說：「實行就地抽稅，則國家即變成一大業主，何等富厚！」[57] 但無論地價稅在理論上如何可恃，[58] 而欲立即恃以為發展國家資本的憑藉，則究屬緩不濟急。中山先生因此有運用外資的計畫。此在《民報》時期已經提出，而且為《民報》與《新民叢報》論戰的主要題目之一。在上引的民意一文中，對於運用外資的利益，曾有詳細說明。其理論，大體認為（一）國際經濟的正常關係，應該是通工易事，此贏彼利；（二）外資輸入，有增強中國資力的效用；而分配之時，中國人直接沾其利益；（三）外資輸入用為生產資本，則民族資本將因外資輸入而增大；（四）中國的工商業愈發達，財富愈增，則外資將愈樂於投入，中國經濟的進步也必愈加迅速。[59] 下面是該文所擬想的在土地國有的條件之下一張運用外資的生產與分配表：

土地國有後用外資之生產與分配表[60]

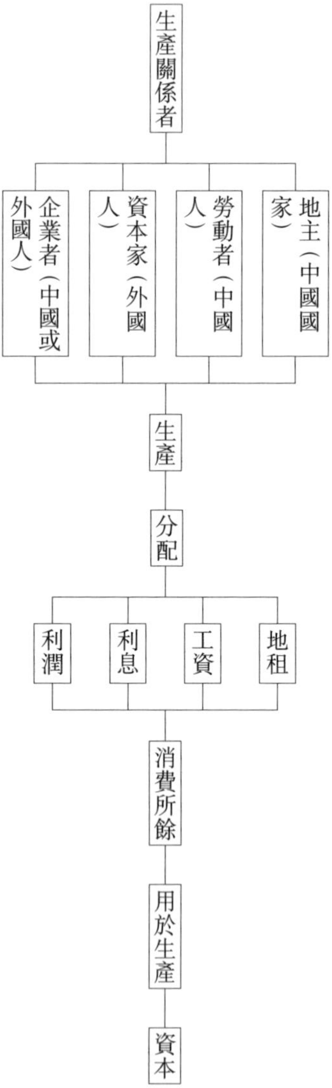

衡諸民國開國前後的內外環境，凡此思想，自然不免過於天真樂觀。中山先生本「我無資本，利用外資；」「我無人才，利用外國人才；」「我無良好方法，利用外國方法」的原則，[61] 而欲籌六十萬萬外資，修二十萬里鐵路，結果也終成泡影。但及今思之，則民初國際間對於中國問題的唯利是視與靳與同情的援助，對於此數十年來中國乃至遠東局勢的困難，未始不是一個重要的原因。而今日中國所得的外援和所從事的民生建設，則究其實，不過是一些亡羊補牢之事。

就第二個問題言，當《民報》時期，俾士麥即已被稱為「狡猾之專制家，」「假社會改良、勞動保護之名，以行摧陷有志者之實，陰絕社會革命之根株。」[62] 中山先生自己在民初也曾說「俾士麥反對社會主義。」但中山先生固向以社會主義者自許，何以他竟自承俾士麥為他的同道，而稱自己的民生主義為國家社會主義？於此，一個簡單的解釋是國家社會主義的傳薪所自本是社會主義，俾士麥以之行於德國，乃對於德國社會主義運動的釜底抽薪之策。但薪自為薪，無論俾士麥的政治目的如何，他的實行保障工人生活與發展國家資本，仍是社會主義的政策。此種政策，俾士麥既已行之於德國而有效，則中山先生之於國家的民生建設，為欲一面圖國家富強，一面防資本家壟斷，其取法於俾士麥乃一可以想像之事。此外，中山先生與俾士麥尚在另一點上宗旨相同。俾士麥在德國行國家社會主義政策，欲以分社會主義運動之勢，阻止社會革命的發生；中山先生則在中國揭民生主義，欲由國家實行社會主義，以避免社會革命的發生。此就中山先生的觀點而言，縱令俾士麥的政治目的不合，但其欲防杜一次社會革命的發生，則宗旨相同；如果俾士麥的政策在德國行之有效，則中國應當可以取法於彼。存在於中山先生民生主義思想的根柢的，有一種顯著的防患於未然的精神：求經濟的進步，而欲使經濟的進步不成為社會災害的禍階。因此，他雖主張「舉政治革命、社會革命，畢其功於一役，」而他真正所欲實行的，卻是消弭社會革命，使國家不經資本主義的災害和社會革命的痛苦，而直造於社會主義的至福之境。以下便是中山先生在民初所設想的一幅民生主義（社會主義）國家的藍圖：

社會主義之國家，一真自由、平等、博愛之境域也。國家有鐵路、礦業、森林、航路之收入，及人民地租、地稅之完納，府庫之充，有取之不竭，用之不盡之勢。社會主義學者，遂可進為經理，以供國家經費之餘，以謀社會種種之幸福：

（一）教育……。

（二）養老……。

（三）病院……。

其他如聾啞殘廢院，以濟大造之窮；如公共花園，以供暇時之戲。人民平等，雖有勞心勞力之不同，然其為勞動則同也。即官吏與工人，不過以分業之關係，各執一業，並無尊卑貴賤之差也。社會主義之國家，人民既不存尊卑貴賤之見，則尊卑貴賤之階級，自無形而歸於消滅。農以生之，工以成之，商以通之，士以治之，各盡其事，各執其業，幸福不平而自平，權利不等而自等，自此演進，不難致大同之世。[63]

1 「孫文主義」，《國父全集》（二），頁八四。

2 羅家倫「中山先生倫敦蒙難史料考訂」，羅家倫主編《國父年譜初稿（上）》，頁七五引。一九五八年，臺北。

3 J. Cantie and C. S. Jones, *Sun Yat-Sen and the Awakening of China*, P. 202. 1912, New York.

4 Lyon Sharman, *Sun Yat-Sen, his Life and its Meaning-A Critical Biography*, P. 59, 1934, New York.

5 《國父全集》（四），頁五七。

6 《國父全集》（五），頁六、九。

7 見庚戌（宣統二年；一九一〇年）覆王月洲函，《國父全集》（五），頁一一七；又見同年致鄧澤如函，《國父全集》（五），頁一一〇。此次改訂新章，改誓詞為「毀滅韃虜清朝，創立中華民國，實行民生主義；」改團體名稱為中華革命黨。新誓詞並曾見於辛亥舊金山洪門籌餉局章程，列於第一條「革命之宗旨」下。見《國父全集》（六），頁二四七。

8 《民報》十二期「告非難民生主義者」一文，作者署名「民意」。「民意」為胡漢民和汪精衛共用的筆名，見曼華「同盟會時代民報始末記」（《革命文獻》（二），總頁二二八）。查《胡漢民自傳》述《民報》與《新民叢報》的論戰，謂「精衛……就革命與立憲之關係，及中國民族之立場，革命之所以為必要諸點，闡明其意義，而反駁梁（啓超）所主張。……余與執信、君佩，則解釋民生主義非無病呻吟，斥梁拜金慕勢，動言士大夫，而不知有平民之可笑。」（《革命文獻》（三），總頁三八九。）本文據此，故疑「告非難民生主義者」一文為胡漢民所作。

9 民意「告非難民生主義者」：「去新曆十二月二日為本報紀元節慶祝大會，而記者適任筆記之責。……其間所記演說各稿，於孫（中山）先生之言民生主義，尤兢兢焉。良以此問題隱患在將來，而此學於吾國以鮮以能研究者稱也。記者從先生遊，屢聞其所稱道之理論，及其方案條理，多不勝述。……近頃見新民叢報第十四號有梁（啟超）氏『雜答某報』文『社會革命果為中國今日所必要乎』一節，力反對吾人所持之政策。……自喜遇此而得貢言於我國民之機會，…… 爰為文辯之。」「稿成，就正於孫先生。」（《民報》十二期，頁四五、一三五。一九〇七年三月，日本東京。）

馮自由「民生主義與中國政治革命之前途」一文，《民報》四期轉載（頁九七—一二二。一九〇六年五月，日本東京）。其後馮又以之收入其《革命逸史》(四)（一九四六年，上海），並於文前自序曰：「我於己亥（光緒二十五年；一八九九年）至乙巳（光緒三十一年；一九〇五年）之七年間，日聆總理（中山）偉論，獲益良多。故於總理手撰《民報》發刊詞，最初制定民族、民權、民生三大主義名辭之後一月，即根據總理學說，在《中國日報》首先著論，闡明民生主義之真理，以破除世人對於吾黨主張之疑惑。」（《革命逸史》(四)，頁一一五。）

10 《國父全集》(三)，頁一九三。又劉成禺「先總理舊德錄」稱，中山先生已得民族、民權二名，「謂一曰民族，此中國排滿革命主義；二曰民權，此世界建設民主政治主義。至於現代國家社會主義，社會經濟政策，歐美風靡，他日必為世界人民福利最大問題，無適當名詞。」劉乃進以正德、利用、厚生。中山先生因本厚生之意，定名「民生主義」。（《國史館館刊》創刊號，頁四五—四六。一九四七年十二月，南京。）

11 《國父全集》(三)，頁一九四。

12 《國父全集》(六)，頁二二三七。

13 《國父全集》（四），頁六〇。

14 一九一二年六月九日中山先生在廣州對議員、記者講演，《國父全集》（三），頁四六—四七。

15 民意「告非難民生主義者」，《民報》十二期，頁一〇〇—一〇一。

16 漢民「民報之六大主義」，《民報》三期，頁十二，一九〇六年四月，日本東京。

17 「日本土地復權同志會意見書」，《民報》二期轉載，文頁一—五。初版日期不明，日本東京。

18 宮崎龍介「父滔天のこども」，宮崎寅藏《三十三年の夢》附錄，頁二九三。昭和十八年重印本，日本東京。

19 一九一二年五月四日中山先生在廣州新聞界歡迎會上講演：「平均為何？非如封建時代行井田之法也。」（《國父全集》（三），頁三八）又六月九日在廣州對議員記者講演：「吾前言平均地權，有疑為從實均地者。豈知地有貴賤，從實均分，仍是不平。」（《國父全集》（三），頁四七。）

20 萱野長知《中華民國革命秘笈》，頁五六—五七。昭和十六年，日本東京。

21 參看 Charles Gide and Charles Rist, *A History of Economic Doctrines*, 2nd English ed., pp. 133 – 184, 354 – 382, 570 – 610, 1956, London.

22 韋裔「悲佃篇」：「顧亭林謂當禁限私租，使貧者漸富。然此特傴煦之仁。顏習齋作「存治篇」，謂天地間田，宜天地間人共享之……故欲復古井田之法。……弟子王昆繩承之，作「平書」以論制田，謂欲制民產，當仿行收田之法。收田之策有六：一曰清官地；二曰闢曠土；三曰收閒田，四曰沒賊產，……五曰獻田；六曰買田。又謂有田者必自耕，毋募人以代耕；自耕者為農，……不為農，則無田。」（《民報》十五期，頁三四，一九〇七年七月，日本東京。）此見清初的均田思想。

23 《國父全集》（四），頁四六一。

24 《民報》十二期，頁一四五。

25 如一九一二年六月九日在廣州對議員記者講演：「世界學者多主張地歸國有，……。」（《國父全集》（三），頁四七。）

26 漢民「民報之六大主義」：「勞動者每困於資本家，而資本家之所以能困勞動者，又以勞動者不能有土地故。且土地價值，因時代而異，社會文明，則其進率益大。此進率者，非地主毫末之功，而獨坐收其利，是又不啻驅社會之人，而悉為之僕也。至論其流弊，則可使地主有絕對之強權於社會，可使為吸收並吞之原因，可使農民廢業，可使食艱而仰食於外，可使全國困窮，而資本富厚悉歸於地主。」（《民報》三期，頁十二。）

27 蕭錚以實行土地國有後國家與人民之收益，與實行平均地權後國家與人民之收益，作成公式，兩相比較，謂實際完全相等。參看蕭錚《平均地權本義》（上），頁一八。一九四七年，出版地名缺。

28 本句通作「所以幾千年地價，從來無大增加。」據民意「告非難民生主義者」文中稱，「所以」乃「加以」之誤（《民報》十二期，頁一一〇），故改。

29 《國父全集》（三），頁一二一一四。

30 民意「告非難民生主義者」，《民報》十二期，頁一〇〇一一〇二。

31 《國父全集》（四），頁一四四。

32 民報發刊詞，《國父全集》（六），頁二三八。

33 一九一二年五月四日在廣州新聞界歡迎會講演，《國父全集》（三），頁三九。

34 一九一二年六月九日在廣州與各界談話，《國父全集》（四），頁四七一—四七二。

35 同註33，頁四〇；又一九一二年六月在廣州對行政人員講演，《國父全集》（三），頁四八。

36 「故吾人當早為籌謀，使將來土地不勞增益歸之社會，不致為佔據土地之資本家所有也。」（《國父全集》（六），頁二五八。）

37 《國父全集》（六），頁二九—三〇。講演時在一九一二年十月。

38 崔書琴《三民主義新論》，頁三〇七。一九五五年，臺北三版，臺北。

39 《國父全集》（三），頁二二—二四。

40 一九一二年六月九日在廣州對議員記者講演：「抽收之數，鄙意則擬值百抽一。」（《國父全集》（三），頁四七。）

41 同上，頁四七。

42 一九一二年五月十三日，中山先生在廣州對報界公會負責人談話，自稱他的平均地權法即是累進法。（《國父全集》（四），頁四六三。）但檢查一九一二、一三年間中山先生的全部言論，當見他所擬議的地價稅似都是一種比例稅，而非累進稅。

43 同註41。

44 一九一二年五月五日在廣州對報館記者談話，《國父全集》（四），頁四六二—四六三。

45 一九一二年四月一日在南京對同盟會會員講演：「現在舊政府已去，新政府方成，民政尚未開辦，開辦之時，必將各地主契約換過，此實歷代鼎革時應有之事。主張社會革命，則可於換契約時少加改變，已足收效無窮。從前人民所有土地，照面積納稅，分上、中、下三等。以後應改一律，照價收稅。」（《國父全集》（三），頁二三。）又同年五月四日在廣州新聞界歡迎會上講演：「至於換印新契，而收一次之契稅，亦能補救目前財政之困難。」（同上，頁四四。）

46 一九一二年五月十三日在廣州對報界公會負責人談話，《國父全集》（四），頁四六四。

47 一九一二年五月四日在廣州新聞界歡迎會上講演，《國父全集》（三），頁三九。

48 同上。

49 《民報》十二期，頁一〇二。

50 一九一二年六月九日在廣州對議員記者講演：「地價乃隨社會之進步而增長。……設如吾國中人，有地百畝，僅值萬元，後頓增至五、六百萬元，則已成一大資本家。聚此大資本以龍斷高貴之地，則可以制世界之死命，將來必變出資本家與工人畫分兩級之世界。及今不防，弊必至此。」（《國父全集》（三），頁四七。）

51 《民報》四期轉載，頁九七—一二二。

52 鄒魯《中國國民黨史稿》，頁七九。一九三八年，長沙。

53 一九一二年四月一日在南京對同盟會會員講演，《國父全集》（三），頁二五。又同年九月四日在北京共和黨本部歡迎會上講演：「民生主義，並非均貧富之主義，乃以國家之力，發達天然實利，防資本家之專制。德國俾士麥（Otto von Bismarck）反對社會主義，提倡國家社會主義，十年以來，舉世風靡。」（《國父全集》（三），頁二一一—二一二。）

54　同註39，《國父全集》（三），頁二二一。

55　一九一二年四月在上海同盟會機關講演，《國父全集》（三），頁三一。

56　一九一二年四月一日在南京對同盟會會員講演，《國父全集》（三），頁二五。

57　一九一二年六月九日在廣州對議員記者談話，《國父全集》（三），頁四八。

58　民意「告非難民生主義者」：「吾人所主張之社會主義，……對於中國今日，實有不容緩者。夫以國家之資力，足以開發一國之重要利源，此必談經濟政策者所樂也。……然國家之資力果何自而來乎？則惟用土地國有主義，使全國土地歸於國有。……惟以國家為大地主，即以國家為大資本家，其足以造福種種於全體國民者，不待言，而於國中有經營大事業之能力，亦其一也。」（《民報》十二期，頁七四—七五。）

59　同上，頁七〇—八四。當時甚且已有利用外資以開發揚子江水力的思想：「今夫西蜀夔峽之水，其倒瀉而下者幾百尺，其可發生之電，不知幾億萬匹馬力，則有外國之最大之資本家，投資本數萬萬而蓄之，購機，募工，……工成，……遂以供吾國東南諸省所有通都大邑一切製造機器之用。」（同上，頁七九。）

60　同上，頁八二—八三。

61　一九一二年九月十四日在北京與報館記者談話，《國父全集》（四），頁四八九。

62　強力齋（宋教仁）譯「萬國社會黨大會略史」，《民報》五期，頁八九，一九〇六年六月；蟄伸（朱執信）譯「德意志社會革命家小傳」，《民報》二期，頁二—三，初版日期不明，日本東京。

63　一九一二年十月十五至十七日在上海中國社會黨講話，《國父全集》（六），頁三〇—三一。

（九）

當第十九、二十世紀之交，中國的一個新知識羣開始與西方思潮發生廣泛的接觸。當時西方思潮主要係經日本東來。但早在第十九世紀末葉，也已有極少數中國知識人士，身莅西方，親接西方歐美的文明。中山先生便是這極少數人中的一人。

由於這個新知識羣與西方思潮的接觸，中國的思想界一時成了各種學說、主義雜陳的局面。首先是進化論的思想。嚴復譯赫胥黎的《天演論》，在戊戌（光緒二十四年；一八九八年）問世，由是而「物競天擇之理，（遂）釐然有當於人心。」[1] 物競天擇、優勝劣敗之理，使憂國之士益增對於國家民族處境的憂惶，[2] 而熱血青年與極端的民族主義之想。[3] 其次是社會主義的思想。在壬寅（光緒二十八年；一九〇二年）的上海《蘇報》上，我們已經可見社會主義書籍的廣告；[4] 同年上海南洋公學的退學生，在他們的「籌同學善後策」中，並且流露了結成社會主義的團體的思想；[5] 而癸卯（光緒二十九年；一九〇三年）的上海《新世界學報》，開始有長篇的介紹近代社會主義的文字刊載。[6] 無政府主義的思想尤多見於時人的言論，代表一種憤世的要求摧陷廓清的思想。丁未（光緒三十三年；一九〇七年）李石曾、張靜江等人在巴黎創刊的《新世紀》，同年劉光漢與其妻何殷震在東京創刊的《天義報》，都是鼓吹無政府主義的刊物，主張「破壞固有之社會，實行人類之平等。」[7] 同時，劉光漢和張繼並在東京設立「社會主義講習會」，以同作鼓吹。[8] 從無政府主義更進於暴烈，則有虛無主義。癸卯東京的「軍國民教育會」，便是一個虛無黨式的組織，以民族主義為宗旨，而以破壞主義為目的。[9] 同年在上海創刊的俄事警聞，「不直接談革命，而常譯述俄國虛無黨歷史，以間接鼓吹之。」[10] 共產主義的思想也已開始傳入。《民報》二期蟄伸（朱執信）撰「德意志社會革命家小傳」首篇，便是介紹馬克斯（Karl Marx），他的「共產黨宣言」和階級鬥爭的理論、資本論和剩餘價值之說。《民報》四、五期尚續有介紹馬克斯主義的文字刊出。[11] 自然，此東來的西方思潮中最卓著的一派，是自由、平等的思想。當時的《蘇報》曾形容說，「今者盧梭（騷）之「民約」（Contrat Social）論潮，洶洶然，蓬蓬然，其來東矣，吾黨愛國之士，列炬以燭之，張樂以導之，呼萬歲以歡迎之。」[12] 而鄒容的革命軍則為同胞慶幸：「吾幸夫吾同胞之得與今世列強遇也！吾幸夫吾同胞之得聞文明之政體、文明之革命也！吾幸夫吾同胞之得盧騷民約論、孟德斯鳩（Montesquieu）萬法精理（L'esprit des lois）、彌勒約翰（John Stuart Mill）自由之理（On Liberty）、法國革命史、「美國獨立檄文」（The Declaration of Independence）等書，譯而讀之也！」[13] 這時代最受崇拜的英雄，是美國的華盛頓（George Washington）。[14]

此等主義、學說，我們在中山先生的理想中，幾乎都可以發現它們的影響的成分。中山先生曾自稱「於西學則雅癖達爾文之道；」而在民國元年（一九一二年）十月的「社會主義之派別及批評」的講演中，並舉出近世共產社會主義、集產社會主義、國家社會主義、與無政府社會主義等派別，而為其中的共產與集產、亨利・喬治與馬克斯諸家，條分縷析，詳細說明。[15] 自然，他更從不諱言他的民主共和的思想乃源自歐美。[16] 此外，他從少便是一個基督徒。[17] 因為中山先生對於外來思想成分的兼收並蓄，所以他的思想曾蒙五光十色的「萬花筒」之譏。[18] 雖然，當外來的成分經過選擇，加以一部分中國思想精神的調合，而表現為他自己的思想時，我們將立即發現他的創造性的一面。一種在內心發覺的知識的優越感，加以中國士子視天下為己任的道德意識，使中山先生的思想的根柢充塞一種主知主義的精神。這一精神使他自動步上革命的領導的地位，而在同盟會時期，藉一個新興的知識羣的力量，使革命事業卒底於成。他信仰民主立憲為政治的極則。但基於同一的主知主義的精神，他要求在革命成功後行「約法之治」，以教育人民，作全民政治的準備。他的五權憲法的主張，在提出之初也旨在為民主政治的制衡：考試權所以為人民選舉權的制衡，而監察權所以為議會權力的制衡。當同盟會時期，中山先生之為革命的領袖，尤其是由於他所代表的排滿的民族主義。革命黨之在思想上最後擊敗保皇黨和君憲派，主要也是由於民族主義的力量。但當革命黨人中多數抱持激烈的排滿主義之時，中山先生卻判明排滿祇是要排滿洲的政府，復自己的國家。他闡釋在種族專制政治之下，而欲全國同心同德，乃一不可能之事；而一個孱弱不振的中國的存在，適足成為擾亂遠東、乃至世界和平的因素。他稱自己為「極端之社會黨」，主張土地國有、大資本國有。但他所提出的具體的方案，至少在初步，卻祇是徵收一種地價稅和舉辦若干國有的事業，如鐵路。如上所述，他「雅癖達爾文之道，」但他認為人事進化與天然進化有別，兩者有相因，也有相背。[19] 他說，「物競爭存之義，已成舊說，今則人類進化，非相匡相助，無以自存。」[20] 因此他的社會主義也不需「貧富激戰，」而是主張人道，扶持公理。他說：

社會主義不獨為國家政策之一種，其影響於人類世界者，既重且大。循進化之理，由天演而至人為，社會主義實為之關鍵。動物之強弱，植物之榮衰，皆歸之於物競天擇、優勝劣敗，進化學者遂舉此例，以例人類國家，凡國家強弱之戰爭，人民貧富之懸殊，皆視為天演淘汰之公例。故達爾文之主張，謂世界僅有強權而無公理，後起學者隨聲附和，絕對以強權為世界唯一之真理。我人訴諸良知，自覺未敢贊同，誠以強權雖合於天演之進化，而公理實難泯於天賦之良知。故天演淘汰，為野蠻物質之進化；公理良知，實道德文明之進化也。社會組織之不善，雖限於天演，而改良社會之組織，或者人為之力，尚可及乎？社會主義，所以盡人所能，以挽救天演界之缺憾也。其所主張,原欲推翻弱肉強食、優勝劣敗之學說,而以和平慈善,消滅貧富之階級於無形。[21]

此中觀念十分迹近穆勒中年以後的思想。無政府主義者也主張以互助代替殘酷的生存競爭,但他們認為互助原是生物與生俱來的最大的本能。穆勒則與中山先生一般,主張要以人事的進化,來代替天然的進化。[22]

辛亥革命成就了民族主義的革命,但中山先生的民權主義和民生主義的主張,則未能有所建樹。到民國二年(一九一三年)「二次革命」失敗,他又一次步上了流亡的道路。民國開國,中山先生的政見,便曾被他的多數黨人認為「傾於理想,」未曾付諸實行;[23] 而在後世,尤其在西方學者的著作中,他又時被稱為「主觀的理想主義者」。[24] 誠然,在中山先生的思想中,理想主義的成分甚為顯著。他的讓袁,他的放棄自己的約法之治的主張而接受「民元約法」,乃至他在民初的鐵路建設計畫,在若干意義上都是一種理想主義的表現:當自己的主張不能貫徹時,以自己的理想投射於人,而希望有奇蹟出現。但就中山先生思想的本身言,則它在民初的失敗,尚非失敗於它的不能實行,而是失敗於它的未曾獲得一個認真實行的機會。

1 漢民「述侯官嚴氏最近政見」，《民報》二期，文頁五。初版日期不明，日本東京。

2 如光緒二十九年三月二十五日（一九〇三年四月二十二日）《蘇報》論說：「天道無常，優勝劣敗，往者莫諫，來猶可追，我國人乎，微論其為一人計也，或為一國謀也，殆非善用競爭主義，以與外族而周旋也，恐未足以善厥後矣?」

3 一種極端的、誇張的民族主義思想，也常見於時人的言論。如漢援「楊綬青同志病中歸國索詩作別」有句，「不犂三島作公園，憾海茫茫未可填。」（《漢幟》一期，一九〇七年一月二十五日，日本東京。）

4 如光緒二十八年十月十三日（一九〇二年十一月十二日）《蘇報》，有上海「支那翻譯會社」發行中譯日本村井知至著《社會主義》廣告。

5 見光緒二十八年十月二十一日（一九〇二年十一月二十日）《蘇報》來稿。

6 杜士珍介紹日本久松義典著《近世社會主義評論》，《新世界學報》十一期（光緒二十九年二月一日；一九〇三年二月二十七日）起連載。

7 見《天義》簡章，「一　宗旨及命名」目。

8 見《天義》封底裏頁，「社會主義講習會廣告」。

9 《馮自由革命逸史》（二），頁一〇九—一一二。一九四七年上海三版，上海。

10 「蔡孑民先生青年時代」，《中央周刊》五卷三十六期，中國國民黨中央委員會黨史史料編纂委員會藏剪報。

11 社員譯「歐美社會革命運動之種類及評論」，《民報》四期，一九〇六年五月一日；強力齋譯「萬國社會黨大會略史」，《民報》五期，一九〇六年六月二十六日，日本東京。

12 光緒二十八年八月初九日（一九〇二年九月十日）《蘇報》代論「論黃黎洲」。

13 鄒容「革命軍」，陳雄輯《民族革命文獻》，頁一〇六。一九五四年，臺北。

14 如中山先生應英國劍橋大學教授翟爾斯之請所撰「自傳」：「于人則仰中華之湯、武，暨美國華盛頓焉。」（《國父全集》（六），頁二二一。）

又如黃式蘇論堯舜華盛頓：「堯、舜者，帝政初發達之時代之最要素之人物也；華盛頓者，民政初發達之時代之最要素之人物也。」（《新世界學報》八期，頁十一，光緒二十八年十一月十五日；一九〇二年十二月十四日，上海。）

15 《國父全集》（六），頁十二—三二。

16 如「民權主義」第三講：「中國的革命思潮，是發源於歐美；平等自由的學說，也是由歐美傳進來的。」（《國父全集》（一），頁一一二。）

17 海干博士（Dr. C. R. Hager）「孫中山先生之半生回觀」：「夫同是華人，而先生革命之志，獨能履九死而不變，是何故歟？蓋以宣教師之言論，大都尊崇人道，屏斥舊惡，先生既飫聞而心醉之，……又以愛同族之心深，所以冒萬險而絕無退志也。（中國國民黨中央委員會黨史史料編纂委員會藏毛筆鈔件。）

18 Lyon Sharman, *Sun Yat-Sen, his Life and its Meaning-A Critical Biography*, P. 274 – 1934 New York.

19 「平實尚不肯認錯」，載戊申（光緒三十四年：一九〇八年）八月二十日南洋《中興日報》，《國父全集》（六），頁二四五。

20 一九一二年五月七日在廣州嶺南學堂講演，《國父全集》（三），頁四四。

21 「社會主義之派別及批評」，《國父全集》（六），頁十四。

22 John Stuart Mill, "Nature", in *Three Essays on Religion*, 1874, London.

23 陳英士致黃克強書，《國父全集》（二）附錄，頁六六。

24 同註18，P. 239.

孫中山先生革命思想的分析研究

（一九一二年至一九一九年）

(一)

辛亥革命既起，孫中山先生從海外歸國，以一革命領袖，而受各省代表推舉為中華民國臨時大總統(辛亥十一月初十日；一九一一年十二月二十九日)。他於民國元年(一九一二年)在南京就職。一月二十八日，臨時參議院成立。當時南北和議已成。二月十二日，清帝溥儀退位。十三日，中山先生向參議院辭臨時大總統職，並薦袁世凱自代。十四日，參議院舉袁世凱為臨時大總統。三月二日，袁在北京就臨時大總統職。十一日，參議院公佈中華民國臨時約法。二十九日，參議院通過新內閣名單。四月一日，中山先生在參議院行解任禮，正式解除臨時大總統職務，計在任恰三閱月。參議院在中山先生解職時，曾向他致以下的祝辭：

中華建國四千餘年，專制虐燄，熾於秦政，歷朝接踵，……極及末流，百度墮壞。雖擁有二億里大陸，萃有四百兆眾庶，外患乘之，殆如摧枯拉朽，……。中山先生發宏願救國，首建共和之轟，奔走呼號於專制淫威之下，身瀕危殆者屢矣，而毅然不稍輟，二十年如一日，武漢起義，未一月而響應者，三分天下有其二，固亡清無道所致，仰亦先生宣導鼓吹之力實多也。當時民國尚未統一，國人急謀建設臨時政府於南京，適先生歸國，遂由各省代表公舉為臨時大總統。受職僅四十日，即以和平措置，使清帝退位，統一底定，迄未忍生靈塗炭，遽訴之於兵戎。雖柄國不滿百日，而吾五大民族所受賜者，已靡有涯涘；固不獨成功不居，其高尚純潔之風，為斯世矜式已也。今當先生解臨時大總統職任之日，本院代表全國，有不能已於言者：民國之成立也，先生實撫育之；民國之發揚光大也，尤賴先生牖啓而振迅之；苟有利於民國者，無問在朝在野，其責任一也。盧斯福解職總統後，周遊演述，未嘗一日不拳拳於阿美利加合眾國，願先生為盧斯福，國人馨香祝之矣。[1]

這是一篇極揄揚之至的文字。但對於為同盟會首領，一度柄政，而現在「功成身退」的中山先生，這篇文字卻顯嫌未足。它完全沒有提到中山先生為同盟會所擬定的建國程序——革命方略——和建國方案——民生主義和五權憲法。便是在中山先生自己的解職令中，也祇是說今「南北一家，共和確實，本總統藉此卸責，得以退逸之身，享自由之福，私心自慶，無以逾此。」[2]

革命方略之未能施行，中山先生於民國元年（一九一二年）時便曾提及。不過當時他是據財政問題而言，以之歸因於革命成功的太速。在著名的「錢幣革命」通電中，他說「財政問題之當解決，……文於謀革命時即已注意於此，定為革命首要之圖。乃至武昌起義，各省不約而同；寖而北軍議和，清帝退位，進行之順適，迴出意表，故所定方略，百未施一。」[3] 事實是中山先生在辛亥回國後，有幾個因素使他對時局不能作有效的控制。第一，武昌起義與同盟會的關係，主要是在中部同盟會。武昌起義以後的同盟會和民國元、二年（一九一二、一三年）的國民黨，雖繼續舉中山先生為領袖，實際的領導權顯然大部轉移於原來的中部同盟會分子之手。[4] 第二，中山先生於得知武昌起義的消息後，從美洲經歐洲返國，在辛亥十一月初六日（一九一一年十二月二十五日）抵上海，則當時南北和議在上海開始已一週，而且南北間顯然也已開始擬議，祇需袁世凱贊成共和，民國政府當舉袁世凱為總統。所以中山先生雖以革命領袖秉政，但是他「忝為總統，乃同木偶，」祇能接受他的黨人所已經造成的局勢，並為他們代言。[5]

中部同盟會的靈魂是宋教仁。章炳麟和胡漢民都承認他是稠人中涉獵政書，較有謀略的人。[6] 他的政治主張是西方式的民主政治——議會政治和責任內閣。對於中山先生之欲以革命領袖，約束黨人，他似乎懷有反感；[7]《民報》時期他曾經撰寫介紹社會主義的文字，但他似乎並不重視民生問題。[8] 中部同盟會的總章是他所起草，揭「顛覆清政府，建設民主的立憲政體」為主義，[9] 這正是他的主張，而不是如見於東京和海外同盟會的誓詞與宗旨的中山先生的思想。譚人鳳所起草的中國同盟會中部總會宣言，同樣可以窺見中部同盟會人士的意向。第一，這宣言衹提到同盟會的提倡種族主義，第二，這宣言聲明中部總會的機關取合議制，「救偏僻，防專制也。」[10] 中山先生辛亥返國，同盟會人士在他的上海寓所舉行會議，討論組織政府問題，當時就有總統制和責任內閣制的爭論。南京臨時政府最後取總統制，其經過，徐血兒的記載和胡漢民、居正的記載雖不甚相同，但他們稱宋教仁在辛亥革命起後主張內閣制一事，則完全一致。[11] 以宋教仁為中心，一種胡漢民稱之曰「同盟會右派」的勢力，[12] 迅速發展起來。同盟會公開後會員人數的驟增，分子的龐雜，更使黨內的意志不能統一，約束為難。中山先生說他自己「為民國總統時之主張，反不若為革命領袖時之有效而見之施行，」[13] 當屬事實。他在事後解釋他之所以在民元辭職讓袁，說：「於革命破壞之後，而不開革命建設之始，是無革命之建設矣；既無革命之建設，又安用革命之總統為？此予之所以萌退志，而於南京政府成立之後，仍繼續停戰，重開和議也。」[14] 中山先生所說雖不必是全部的原因，但至少應該是原因之一。

迨組織政府之權既已讓給袁氏，於是西方民主政治的制衡理論，遂更被引以為制袁的憑藉。居正記黨人的討論臨時約法，曰：

> 孫公辭職，袁氏繼任，中央政府須得改組，約法問題因之而起。孫公命胡漢民先生召集同志

參議員及我等，討論大體。開宗明義，有擬定為統一共和國者，有擬定為民主共和國者。首都雖定在南京，而袁氏不來，遂成懸案。至中央則宜改總統制為內閣制；中央與地方，則有主張集權者，有主張分權者。針對問題，各抒所見。[15]

臨時約法最後定政府的組織為責任內閣制；並規定臨時大總統「任命國務員及外交大使公使，須由參議院之同意。」（第三十四條）這一為制袁而制定的約法，其後附和袁氏者既攻擊為「所訂條件，無非束縛元首，」[16] 而中山先生卻說它「沒有規定具體的民權，」說其中『祇有中華民國主權屬於國民全體』的那一條，是兄弟所主張的，其餘都不是兄弟的意思，兄弟不負那個責任。」[17]

民國元年（一九一二年）八月，經宋教仁的運動，同盟會與統一共和黨、國民共進會、國民公黨，及和實進會合併，改組為國民黨。同盟會致各支部徵求同意改組的電報，由中山先生和黃興聯名發出，定宗旨為「鞏固共和，實行平民政治，」黨綱為「保持政治統一，發展地方自治，勵行種族同化，採用民生政策，保持國際和平。」[18] 這是一種可以適用於一般西方式民主政黨的宗旨和黨綱。同時發表的「國民黨組黨宣言」，更明白以政黨內閣與兩黨政治為號召。[19] 凡此，以後皆包含於「國民黨規約」和宋教仁為國民黨所草的「大政見」書。「大政見」書對於政體的主張，舉五條目：（一）主張單一國制；（二）主張責任內閣制；（三）

主張省行政官由民選制以進於委任制；（四）主張省為自治團體，有列舉立法權；（五）主張國務總理由眾議院推出。「大政見」書對於政策的主張，雖在「整理行政」條下列有「厲行官吏登庸考試」和「實行懲戒官吏失職」二目，然在「統一司法」條下，又明言「司法為三權之一。」[20]以此與中山先生同盟會時期的思想相比較，我們當見立即實行責任內閣和兩黨政治的主張，與中山先生以軍法之治、約法之治、憲法之治定建國程序的主張枘鑿；以省為自治團體的主張與中山先生以縣為自治單位的主張枘鑿；而三權分立的主張與中山先生五權憲法的主張枘鑿。王寵惠在民初撰「中華民國憲法芻議」一書。[21]在上篇「憲法要義」中發揮三權分立、議院政府、兩黨政治之為用，也是代表國民黨而撰。[22]鄒魯在他的《中國國民黨史稿》中敍國民黨組黨經過既竣，曰，「右宣言、黨綱、人員，將革命主義與精神，幾全失去，而着眼復不出參議院之內，與總理（中山先生）入京，沿途皆闡發三民主義，而尤以民生主義為最注意者，實有二致。」[23]國民黨黨綱有「採用民生政策」一條，在國民黨組黨宣言中並說明「將以施行國家社會主義，保育國民生計，以國家權力，使一國經濟之發達均衡而迅速。」[24]據上海《民立報》報導，當同盟會進行與統一共和黨和國民公黨合併時，統一共和黨和國民公黨皆主張「廢去民生主義。」此條件經宋教仁「通知孫中山、黃克強（興）兩先生，得孫、黃許可。」後會議時，「同盟會代表李肇甫力持民生二字，萬不可去，恐一般激烈分子出而反對，與合併之事有礙。」經張繼調停，乃立「採用民生政策」一條。[25]同時《民立報》著論，也主張「吾人當認定現今民生問題之標識，乃政策上問題，非主義上問題。」[26]所以在國民黨黨綱中，民生主義，尤其是平均地權的主張，實際已被廢去。

我們指出民初以宋教仁為代表的國民黨的主張和宗旨，大體蹈襲第十九世紀西方民主立憲和議會制度的陳規，與中山先生的民權思想枘鑿，並無是非抑揚之見存乎其間。但中山先生的主張在民初未能獲得一個實行的機會，則仍屬事實。此如我們可以解釋民初中山先生的讓袁係由於此一或彼一必要的理由，但讓袁的結果使革命前功盡棄，則亦屬事實。也許讓袁是必需的。譬如說，袁擁有重兵。辛亥用兵，章炳麟勸黃興北伐不如援鄂，因為「南京無裘褐，且兵寡不能與北軍相當。」[27]迨「非袁不可」之論出，汪精衛解釋此論的理由，「以袁擁重兵故。」[28]譬如說，革命軍事的困難。胡漢民記南京臨時政府軍事，曰，南北和議起後，「鄂省實已與袁講解，北方得集中其力以向南京。南京軍隊隸編於陸軍部者，號稱十七師，然唯粵、浙兩軍有戰鬥力。粵軍不滿萬人，……浙軍將領，則素反對克強，不受命令，陸軍部不能加以裁制。其他各部，乃俱不啻烏合，不能應敵。……軍餉更為重要問題。各省方憂自給不足，遑論供給政府。……軍隊既不堪戰鬥，而乏餉且慮譁潰。於是克強益窘，則為書致（汪）精衛與余，謂『和議若不成，自度不能下動員令，惟有切腹以謝天下。』」[29]譬如說，時局收拾的不易。在上，「各省自舉都督，意氣相陵，」「各軍政府、軍政分府則恃功假名，驕淫橫恣；」[30]在下，則「江湖羣狡，」擾亂民間，而不能禁。[31]例如廣州，獨立至今，無日不發現仇殺之事。……視人命如兒戲，以省城為戰場。」[32]至於民間有「共和不如專制，」[33]「共和共和，身受其禍」[34]的流言。譬如說，中外對於袁的屬望之殷。民國五年（一九一六年），張謇致書徐世昌，道辛亥往事，曰，「辛亥之役，海內騷然，中外人士，咸以非洹上（袁）不能統一全國。」[35]張國淦辛亥革命史料引徐世昌語，也說「外人方面，並一致以此次事變，非項城不能收拾。」[36]

但是在主觀意志上，革命黨人自己仍須負放棄革命的責任。「革命軍起，革命軍消，」主其說者有章炳麟；[37]而「毀黨造黨」之說倡自章士釗，一個在同盟會成立前後曾以「黃中黃」的筆名發表過無數激烈的革命文字的辯士。[38]同盟會有的內外負責任的重要黨員，認為滿清一倒，武裝革命的時期已過，應當注全力於爭國會和憲法，以實現民治的正軌；而以清高自鳴者又鄙夷權力之爭，主張成功不居。[39]公開後的同盟會，一方面分裂，一方面濫受黨員。光復會在辛亥前二、三年先已自樹一幟，[40]入民國後而與同盟會嫌隙滋甚；[41]章炳麟又別立中華民國聯合會，旋演而為以江浙人士為中心的統一黨，與同盟會相抗。[42]在湖北方面，則一部分同盟會人士與以「川湖間遊俠」為主的共進會聯合，組織民社，也與南京的同盟會相抗。[43]至於同盟會的濫受黨員，則章炳麟至於以之解釋為分裂的一個理由。他說「初同盟會著籍者不過二千人，自南都建立，一日附者率數千，」而「舊人亦為其陵轢；」他說，民社之立，便是要「與同盟會新附者競。」[44]黨的內部既人事紛乘，而黨員對外又多恃功驕縱，失去人心。[45] 蔡元培在民國九年（一九二〇年）為宋教仁的遺著《我之歷史》作序，回憶當時的情形說：「國體初定，同盟會員中麤獷者或不無以革命功自誇，為社會所疾視，或斥為暴徒，或誚為貴族。凡政客投機者，或趨之如鶩；而以志氣或才略自負者，雖政見略同，亦以依附為恥。」[46] 黨既如此，所以中山先生的臨時政府，自始便基礎不固。一方面因為政府位置的分配，引起怨望，造成武昌和南京民黨人士的交惡。此事章炳麟和張繼皆曾言之。[47] 一方面則在民黨內部既同時有以高蹈為尚的論調，而「人才主義」之說又乘時而起，所以民黨名義上雖一時取得政權，而政府職位，多用以位置「舊時大官名流。」然舊官僚也未與共和政府誠心合作。臨時政府各部總長之為「舊時大官名流」者，「多持觀望，不肯接任。」[48] 因此，在當時的情形下，南北和議和讓袁之事，連中山先生的親信汪精衛和胡漢民，也都認為勢所必然。張國淦《辛亥革命史料》引雷奮語，謂「即精衛本人，雖為中山心腹，亦視此為收拾時局合理解決之方案。」[49] 而胡漢民自傳記和議事，也說「故精衛極意斡旋於伍廷芳、唐紹儀之間，而余則力挽（中山）先生之意於內。」此所以他說，和議之成，「余與精衛二人，可云功之首，而又罪之魁。然其事實內容，有迫使不得不爾者，則非局外人所能喻矣。」[50]

當中山先生辛亥返抵國門前後，同盟會的一部分人士似曾試作努力，以圖挽回局勢。在一項宣言中，他們說：

本會主義，於民族之後，加以民權民生。三者之中，驅於時勢，差有緩急，而所以繕美羣治之道，則初無輕重大小之別，遺其一則俱敝，舉其偏則兩乖。吾黨之責任，蓋不卒於民族主義，而實卒於民權民生主義。前者為之始端，後者其究竟也。八年以來，義聲所感，智能輻輳，分會成者數十，吾黨足跡遍於天下。武漢事興，全國響應，匝月之間，而恢復兩都。東至於海，南及閩粵，風雲決動，天下昭蘇。當此千載一遇之會，得馳驟其間，為主義效其忠，為社會盡其瘁，豈吾黨窮歡極樂之時哉！惟吾黨之眾散處各地，或僻在邊徼，或遠居海隅，山川修阻，聲氣未通，意見不相統屬，議論歧為萬途。貪夫敗類，乘其間隙，遂作莠言，以為簧鼓。漢汗滿奴，則又冒託虛聲，混跡樞要。當臨時政府組織之際，其禍乃大著。此皆吾黨氣息隔閡，不能自為聯合，致良惡無從而辨，薰蕕同於一器。星星之火，可以燎原，其為害於本會者猶小，害於民國者乃大，則本會之造成靈敏機關，剔棄敗類，圖與吾軍政府切實聯絡者，此今日之急務也。……今者，總理歸來，本會因地之便，集滬居各省職員開臨時會議，舉如上所說，請之總理，相為討論。謹因緣舊制，略事變更，定為暫行章程，以求順乎時勢。俟民國成立，全局大定之後，再訂期開全體大會，改為最閎大之政黨，仍其主義，別草新制，公佈天下。[51]

對於讓袁之事，在南京政府時代，黨和政府內部自然也有堅決反對的主張。以民黨人士編刊的新聞紙為例，《天鐸報》刊載的一篇批評南北和議的論文，便曾指出，在民軍方面「縱盡從袁氏所要求，彼狼子野心，豈肯以共和國元首自安？第二革命之禍，又焉能逃？……與其為法蘭西（France）三次之革命，又何如為美利堅（America）七年之血戰？」[52] 中山先生自己和西報訪員，都曾提到當時民軍和臨時政府內部的此種反對的傾向。[53] 即在讓袁之後，同盟會內部也仍有由己黨出而組閣之想。[54] 乃至既改組為國民黨，國民黨的政策為爭國會、爭憲法，而排去袁氏，爭回總統的主張，也常見於民黨人士的言論。[55] 但讓袁終成事實。在武昌起義後結成的本來不夠堅強的革命武力的組織，現在先後解體。黃興在中山先生解職後二月，便自請解除南京留守職務；革命黨人，如姚雨平和黃興，都在清室退位後自動解散他們的所部的軍隊。[56] 各省獨立的都督，一經在位，現在多各自為政，自保權利。而革命黨人中的清流，則方倡「不作官」主義，鄙夷為權力而事政爭。[57] 所以論民初開國，「孫公總統可讓，黃興留守自裁，」[58] 自然具見當時革命領袖度量的恢宏和志趣的高尚，但就時局言，則誠不免於「高語昇平者固毫非意識，即潔身引退者豈嘗念及民國前途之危險耶」之譏。[59] 此其失策，就理論上言，革命黨不自當建國事業的首腦，「舉國家之重要機關委之於他人，」委之於滿清的武人官僚；[60] 而就事實言，則如黃遠庸通信的述宋（教仁）案和大借款案發生後國民黨的混亂周章，[61] 都十分顯見。迨同盟會變而為國民黨，以形式言，雖「範圍日見擴張，勢力固徵膨脹；」然以實質言，則已「面目全非，分子複雜，」[62] 不足以語於革命精神或理想。

自然，中山先生的同意讓袁，也有他的一部分理由，而他一經同意，便始終以之，在宋案發生前還一直為袁的政府維持。他的第一層理由是讓袁可以換得「以和平收革命之功。」[63]「南北既可調和，則生靈可免於塗炭。」[64] 他的第二層理由是對於袁的能力和政治經驗的信任。在覆譚人鳳解釋讓袁理由的一通電文中，他說，「清帝退位，民國統一，繼此建設之事，自宜讓熟有政治經驗之人。項城（袁）以和平手段達到目的，功績如是，何不可推？」[65] 他的第三層理由是他也認為憲法、國會、誓言、輿論，凡民黨所要之於袁氏並即將見諸實行的，當可約束袁氏。他說，「總統不過國民公僕，當守憲法，從輿論；」他說，他「前茲所誓忠於國民者，項城亦不能改。」[66] 他的第四層理由是相信袁可以為善。于右任在民元（一九一二年）的一封公開信中引中山先生之言，曰，「袁氏可為善，勿逼他為惡；」[67] 或如一個批評者所說，「國基甫奠，長揖歸田，蓋以為人之欲善，誰不如我？」[68] 此如一位熟於民國掌故的作家所指出，我們今日在事後看來，「民國初期民黨領袖對人態度之坦白，真是使人驚異。中山先生之於袁氏，黃（興）之於楊（度），宋（教仁）之於趙（秉鈞），都存着人格感召、同舟共濟的心理。」[69]

在讓袁後，中山先生的甚多言論，我們解釋時必須承認有一種維持袁的政府的用心，存乎其間。對於軍人和官吏，他告訴他們必須服從紀律，因為他們「不過為國家一種機關，為全國人民辦事；」而「在政府機關，凡為執事，按級供職，然後能收身使臂、臂使指之效，」「然後可以保全人民領土，與列強相競爭。」[70]他告誡革命黨人的驕蹇，指出外間有「今日之同盟會如昔日貴冑」的風說。[71]他譴貴二次革命的煽動；在他解職後回到廣東，他指斥「一般貪鄙者流，欲假第二次革命之名，謀破壞廣東大局。」[72]他駁斥南北分治之說；他說，對於「倡南北分治之說者，余絕不贊同，」他要「竭力調和南北，以為國家永久之聯合。」[73]他要求各省統一合作；他憂慮舊革命黨人的「招搖」會迫使袁「不得不以武力統一，」結果破壞共和，流為專制。[74]他勸民黨人士要「以當年經營革命之精神，用溫和穩健之手段，共謀建設民國之事業。」[75]他說，民國「國基未固，勢力衰微，是猶大病之後，不宜遽投劇劑，」所以他要求民黨「此後當體察大局情形，從穩健上相機行事。」[76]他甚至要求政黨間犧牲合作。他說，「今日破壞告終，建設伊始，各政黨各團體務宜聯絡一氣……各自犧牲其本黨，以為國家。」[77]他並以治理當時中國「必新舊並用，全新全舊，皆不合宜」為辭，主張「欲治民國，非具新思想、舊經驗、舊手段者不可，」而「袁總統適足當之。」[78]在民國元、二年間（一九一二、一三年），自中山先生以下，一部分民黨人士維持袁政府的苦心，實在不易。鄒魯在他的回憶錄中說：

當時（民二春）政論，都不滿意袁世凱用命令公佈那些未經過臨時參議院議決的官制官規，有的主張彈劾，有的主張國會移到南京開會。我為了事實問題，還原諒他，以為不必過事譴責。

這一、二年，我遍閱當世人物，覺得袁總算是一個有雄才大略的人，所以總理（中山先生）有以十年總統相許袁世凱的話。因此我主張，正式總統，當依照總理的原意，讓袁當選。[79]

迨張（振武）方（維）案起，舉國洶洶，而中山先生和黃興親自入都，為袁排解。他們勸告本黨維持政府，希望「導袁世凱為善。」當時上海《民權報》載有「論未來之政黨內閣」一文，報導此事，說：

孫、黃一來（北京），即一面以誠懇之辭，導袁世凱為善；一面勸告本黨予袁世凱以革心之餘地，並以維持梁如浩，趙秉鈞之位置者，維持現時之內閣，冀以政黨內閣之更動，使多數國民黨扶持內閣之進行，並藉以粗定政局，使袁世凱得以從容鎮靜，力謀改過之方法。蓋孫、黃惑袁之才力足以治中國，乃為此潛移默化之計也。[80]

《民權報》的此一報導，我們從當時中山先生先到北京後致黃興的電報、和他從北方回到上海後在國民黨歡迎會中的講演看來，[81] 可以得到完全證實。

一種更為天真的想法，是使袁本人和他的政府加入國民黨，使袁成為民黨的總統，他的政府為民黨的政府。[82] 袁最後沒有加入國民黨。但袁的國務員，包括國務總理趙秉鈞，卻多數填具入黨的願書，名義上成了國民黨黨員。而中山先生在北京和袁世凱的十三次會談，似確也十分暢洽。據《梁士詒年譜》的記載，「每次談話時間自下午四時至晚十時或十二時，更有三、四次談話至二時後者。每次會談，祗孫、袁及先生（梁）三人，屏退侍從，所談者皆國家大政，中外情形，論事最為暢洽。」[83] 他們及黃興並曾議定「內政大綱」八條，電黎元洪徵其同意，由總統府秘書廳通電宣佈，「作為共和（黎元洪）、國民兩黨首領與總攬政務之大總統之協定政策。」電文結尾說，「各國元首，與各政黨首領互相提攜，商定政見，本有先例。從此進行標準如車有轍，如舟有舵，無旁撓，無中阻，以專趨於國利民福之一途，我中華民國庶有豸乎！」[84] 迨中山先生返抵上海，獲知袁的國務員已正式加入國民黨，因在上引國民黨歡迎會中的講演說，「國務員現已加入本黨，是今之內閣，已為國民黨內閣。民黨政府之調和，可謂躋於成功。嗣後國民黨同志，當以全力贊助政府及袁總統。袁總統既贊成吾黨黨綱及主義，則吾黨愈當出全力贊助之也。」[85]

甚至到宋案發生，而民黨人士如黃興、鄒魯等，也尚主張以司法解決，反對訴諸武力。黃興且有一電致梁士詒，謂「興以遯初已死，不可復救，而民國根基未固，美國又將承認，甚不願此事件傳播擴大，使外交橫生障礙。」[86] 鄒魯在他的回憶錄中也說，「我向來抱着法律萬能的觀念，所以對於宋案，主張由法律解決；對於大借款案，主張由國會解決。到了現在（違法大借款簽約），事實與理想完全相反，才曉得法律還沒有到有效的地步。」[87] 至少他們當時還沒有完全放棄彌縫的苦心。

民國四年（一九一五年），中日「二十一條」交涉發生。國人（包括革命黨人）看到中國所處地位的危險，呼籲革命黨人停止革命活動，支持政府一致對外。當時中山先生曾有一信覆北京學生，追述他和袁世凱的關係，說：

> 弟平日愛國家愛和平之志，自信不居人後，常不惜有重大之犧牲。故當第一次革命解職，推袁以免流血之禍。張（振武）方（維）之難，身自入都而為之解，宣言十年不預政治，俾國人專心信託之。即東遊一月，不啻為袁氏游說也。迨宋案發生，弟始翻然悟彼奸人，非恒情所測，確有破壞共和之心，故一念主張討賊，以愛國之故，不能復愛和平也。[88]

因此中山先生自己對袁的絕望，應該是由於宋案發生。他在民國二年（一九一三年）四月的致袁一電，取消預定的北上之行，和他當年夏間在香港的對報紙訪員談話，說中國將來「或者……不復有選舉（總統）之事，」[89] 皆寓有對袁絕望之意。此在他民國四年致黃興論癸丑（民國二年；一九一三年）失敗之由的信中，說得十分明白。他說：

> 猶憶鈍初死後之五日，英士（陳其美）、覺生（居正）等在公寓所，討論國事及鈍初刺死之由。公謂民國已經成立，法律非無效力，對此問題宜持以冷靜態度，而待正當之解決。時天仇（戴季陶）在側，力持不可。公非難之至再。以為南方武力不足恃，苟或發難，必至大局糜爛。文當時頗以

> 公言為不然，公不之聽。[90]

迨大借款案發生，國會反對政府違法簽約，無效，而贛、粵、皖的國民黨籍三督又先後被黜，於是「二次革命」終不能免。當年七月，中山先生致電袁世凱，勸他辭職，謂袁「昔日為任天下之重而來，」要他「今日為息天下之禍而去。」電末說：

> 若公必欲殘民以逞，善言不入，文不忍東南人民久困兵革，必以前此反對君主專制之決心，反對公之一人，義無反顧。謹以最後之忠告，惟裁鑒之。[91]

因此，無論基於何種理由，讓袁的結果是失敗。因為革命黨人至少在主觀的意志上有選擇的自由，所以我們今天以果語因，這當然是一個錯誤的選擇。而這次錯誤的代價，是錯過了——或乃至有意杜塞了——一個可能的試驗實行中山先生的思想的機會。

1 《革命文獻》（一），總頁五四，中國國民黨中央委員會黨史史料編纂委員會編，一九五三年，臺北。

2 同上，總頁五二。

3 「錢幣革命」通電，《國父全集》（六），頁一，中國國民黨中央委員會黨史史料編纂委員會編。

一九五七年改版，臺北。

4 參閱作者上文，「同盟會時期孫中山先生革命思想的分析研究」。

5 一九一四年中山先生自日本致南洋鄧澤如函，《國父全集》（五），頁一七二。

6 見章炳麟「自定年譜」。章譜原載重慶《國民公報》（一九四三年六月五日至九月十九日），中國國民黨中央委員會黨史史料編纂委員會有單印本，未發行。引文見中國國民黨中央委員會黨史史料編纂委員會本，頁十三。又《胡漢民自傳》，《革命文獻》（三），總頁四二八。一九五三年，臺北。

7 參閱宋教仁《我之歷史》，卷六，頁十三，開國紀元四六〇五年（清光緒三十三年；一九〇七年）二月二十八日條。一九二〇年，湖南桃源。

8 參閱景梅九《罪案》，頁一七一。出版時地名缺。

9 「中國同盟會中部總會章程草案」，第三條。中國國民黨中央委員會黨史史料編纂委員會藏原件照相。

10 中國國民黨中央委員會黨史史料編纂委員會藏原稿照相。

11 參閱，徐血兒《宋教仁傳》，《國民》，第一卷第一號，文頁碼三，一九一三年五月，國民黨上海交通部編輯發行。又《胡漢民自傳》，《革命文獻》（三），總頁四二八。又居正「梅川日記」，《居覺生先生全集》（下），第四編，頁五二九—五四九，李翊民、狄膺等編，出版時地名缺，卷末有一九五四年居鍾明志附言。

12 《胡漢民自傳》，《革命文獻》（三），總頁四三六。

13 「孫文學說」，《國父全集》（二），頁一。

14 同上，頁五六。

15 「梅川日記」，《居覺生先生全集》（下），第四編，頁五四九。

16 楊纘緒、王建忠、楊增炳，致「籌安會」書，「最近國體風雲錄下編」，函件，頁十一。雲間鶴戾生編，出版時地名缺，卷首有編者序，一九一五年撰於津沽。

17 一九二一年七月「五權憲法」講演，《國父全集》（六），頁一〇九。

18 《國父全集》（四），頁二二二。

19 同上，頁六九—七二。

20 「宋遯初先生大政見」，《國民》第一卷第一號，文頁碼一—一二。宋教仁「代草國民黨之大政見，」據徐血兒記載，撰成於宋遇刺前留滬期間。徐血兒「宋先生教仁傳略」記其事，曰，「時國會議員多連袂來滬，先生與以商榷政見，多相合，乃約予為之起草國民黨大政見，先生口述，而予則筆錄之，三日始成，僅及大綱，先生復略加修改，擬至京時，與本部議決後，公佈天下。」（徐血兒編宋漁父第一集前編「宋漁父先生傳略」，頁九，一九一三年，上海。）宋既遇害，該文曾分別發表於《國民》第一卷第一號及宋漁父第一集前編；因其為代表國民黨之政見書，故中山先生著作集如《總理全書》，中國國民黨中央委員會黨史史料編纂委員會編，第十三版，一九五六年，臺北。）《國父全集》等，亦收有此文，內容皆同。

21 王寵惠中華民國憲法芻議，單印本，上海南華書局印刷代印，卷首「序」撰於一九一三年三月；《國民》第一卷第一、二號連載。

22 鄒魯「民初之國會」：「吾人（國民黨）對於憲法上一切主張，當時有中華民國憲法芻議一書，可為代表。」鄒文原載《中國國民黨五十週年紀念特刊》（一九四四年），收入《中國近代史論叢》第一輯第八冊，引文見頁八二—八四，吳相湘等編，一九五七年，臺北。

23 鄒魯《中國國民黨史稿》，頁一四三。一九四八年，長沙。

24 同註19，頁七二。

25 上海《民立報》，一九一二年八月十八日新聞。

26 嘯秋「民生問題之研究」，《民立報》，一九一二年八月十三日。

27 章炳麟《自定年譜》，頁十三。

28 李劍農《中國近百年政治史》（下），頁三九八引。一九五七年，臺初版。

29 《胡漢民自傳》，《革命文獻》（三），總頁四三三。

30 中國立國大方針商榷書，頁十一，共和建設討論會發佈，一九一二年，上海。

31 章炳麟《自定年譜》，頁十八。

32 陳景華致廣東臨時省議總會函，上海《天鐸報》，一九一二年一月四日。

33 一九一二年四月二十七日中山先生對粵報記者談話，《國父全集》（三），頁三七。

34 《共和言論報》（月刊），第一期，頁五。徐楣梁編，一九一二年四月，上海。

35 上海《民國日報》，一九一六年四月十七日。中國國民黨中央委員會黨史史料編纂委員會藏鈔稿。

36 張國淦《辛亥革命史料》，頁二六九，一九五八年，上海。

37 參閱《胡漢民自傳》，《革命文獻》（三），總頁四二七。

38 章士釗以行嚴署名，撰「毀黨造黨之意見」一文，張表於一九一二年上海《民立報》。其「毀黨造黨之意見（二）」，見一九一二年八月七日該報。

39 參閱《胡漢民自傳》，《革命文獻》（三），總頁四三二—四三三。

40 見章炳麟《自定年譜》，頁十一。

41 見章炳麟「曩未生事略」，《太炎文錄續編》卷四，頁二四。一九五六年，臺北。又一九一二年，中山先生致電陳炯明，調和同盟、光復二會之爭，曰，「二黨宗旨，初無大異，特民生主義之說稍殊耳。」見《國父全集》（四），頁一六八—九。

42 一九一二年，章炳麟致書梁啓超，謂「同盟氣燄猶盛，暴行孔多，」所以他組織中華民國聯合會，後改署統一黨，欲以與他黨「輔車相依，以排一黨專制之勢。」見《梁任公先生年譜長編》初稿（中），頁三九八引，丁文編，一九五八年，臺北。

43 章炳麟《自定年譜》，頁十五。

44 同上，頁十五—十六。又「曩未生事略」，太炎文錄續編，頁二四。

45 「本部（同盟會）又無組織，人事紛乘，變相百出，據聞有冒充同盟會敲詐者，有假收會員領錢者，吠影吠聲，同盟會幾不理於人口，潔身自好之會員，避之若浼。」居正「梅川日記」，《居覺生先生全集》（下），頁五四九。

46 宋教仁《我之歷史》，蔡元培「序」。

47 張繼「回憶錄」，《張溥泉先生全集》第四編，頁二三八。中國國民黨中央委員會黨史史料編纂委員會編，一九五一年，臺北。

48 居正「梅川日記」，《居覺生先生全集》（下），頁五三八。

49 見張國淦《前引書》，頁二八二。

50 見《革命文獻》（三），總頁四三三。

51 《國父全集》（四），頁六六—六九，定此宣言之日期為民元前九月。然案宣言文中有「今者漢陽復失，虜軍尚在」之語，漢陽復失，在辛亥十月初七日，一九一一年十一月二十七日，是則此宣言最早應不過此日。再文中又有「今則總理歸來」與「俟民國成立」等語，雖不能據此即斷定為中山先生返滬（辛亥十一月初六日；一九一一年十二月二十五日）之後，然應可斷定為中山先生就任臨時大總統之前，故最遲亦不過一九一二年一月一日。鄒魯《中國國民黨史稿》定此宣言之日期為中山先生歸國之後，南京政府成立以前，大致可信。宣言全文，見《國父全集》（四），頁六六—六九。又《胡漢民自傳》記民元南京同盟會大會中左右二派之爭，曰：「右派以為武裝革命已告終了，應改為公開之政黨，從事於憲法國會之運動，立於代表國民監督政府之地位，不宜復帶秘密之性質。左派則以革命之目的，並未達到，讓權袁氏，前途尤多危險，黨中應保存從來秘密工作，而更推廣之，不宜傾重合法之政治競爭，而公開一切。乃討論結果，右派佔多數，且有改選精衛為總理之決議，蓋以（中山）先生方綜國政，不宜兼攝黨事也。」見《革命文獻》（三），總頁四三五。

52 青兒「對清四端之析義」（續），一九一二年一月二十五日上海《天鐸報》

53 見一九一二年一月中山先生致字林西報（*North China Daily News*）記者書面談話，《國父全集》（四），頁四五八。又一九一二年一月二十日上海《天鐸報》引字林西報：「孫總統部下人員，僉以袁世凱奸險叵測，滿清變動靡常，惟北伐一策而已。……孫君願讓大總統位於袁世凱，民軍必不許可，仍須公推孫君為總統也。」

54 見仲材「同盟會之柄政觀」，一九一二年七月二十三日上海《民權報》。

55 見端甫「民國安危論」，《國會叢報》第一期，專論篇，頁三—八。一九一三年六月，上海。

56 鄒魯《回顧錄》：民軍將領的自動解散所部的軍隊，「一方面可見革命同志功成身退，毫無權利觀念，完全以國家福利為歸依；但是另一方面，因裁了革命的軍隊，而減弱了革命的實力，就是其他黨員也不太願意做官，使軍閥官僚繼續為害國家至十餘年之久，足見這種謙讓舉動，是功是罪，卻很難斷言的。」（第一冊，頁四六，一九四六年，南京。）

57 一九一二年，吳稚暉、李石曾、汪精衛發起組織進德會，有「不作官」、「不作議員」的信條。見蔡元培「北京大學之進德會」，《東方雜誌》，第十五卷第三號，頁一五八—一六〇。一九一八年三月，上海。

58 譚人鳳致張勳書，十二月二十九日，年代缺，應在洪憲帝制敗後，復辟之前，即一九一六年，因書中有「執事以三朝人物，尚得保其高位重權」之語。「譚人鳳函稿」，毛筆手稿，中國國民黨中央委員會黨史史料編纂委員會藏。

59 「譚人鳳致南京黃留守函」，上海《天鐸報》，一九一二年四月九日。

60 語見思秋「中國革命論」，《國民》第一卷第二號，頁一四—一六。

61 參閱《李劍農中國近百年政治史》（下），頁三九二—三九六。

62 「陳英士致黃克強書」，「孫文學說」附錄，《國父全集》（二），頁七一。

63 民元前一年中山先生在香港舟次與胡漢民談話，《國父全集》（四），頁四五五。

64 一九一二年二月十四日中山先生覆直豫諮議局電，《國父全集》（四），頁一五〇。

65 《國父全集》（四），頁一九〇。

66 同上。

67 「于右任答某君書」，一九一二年九月十三日上海《民立報》。

68 愚山「戒共和黨」，一九一二年七月九日上海《天鐸報》。

69 陶菊隱六君子傳，頁一〇一。一九四六年，上海。

70 一九一二年四月十日在湖北軍政界代表歡迎會上講演，《國父全集》（三），頁二六。

71 一九一二年八月二十五日在北京同盟會歡迎會上講演，《國父全集》（三），頁五一。

72 一九一二年四月二十七日在廣東省議會講演，《國父全集》（三），頁三五。

73 一九一二年十月五日在上海國民黨歡迎會上講演，《國父全集》（三），頁八四。

74 一九一二年四月二十七日對粵報記者講演，《國父全集》（三），頁三五。

75 一九一三年一月十二日在國民黨上海交通部懇親會講演，《國父全集》（三），頁一〇八。

76 一九一二年十月九日致南洋同志函，《國父全集》（五），頁一六〇。

77 一九一二年九月二十七日在濟南聯合歡迎會上講演，《國父全集》（三），頁八二。

78 同註73。

79 鄒魯《回顧錄》（一），頁五一—五二。

80 懺南「論未來之政黨內閣」，一九一二年十月二日《民權報》。

81 中山先生致黃興電，係黨內意見之表達，最足以見中山先生當時思想。該電見《國父全集》（四），頁二二三，電文如下：「到京以後，項城接談兩次，關於實業各節，彼亦向有計劃，大致不甚相遠。至國防外交，所見亦略相同。以弟所見，項城實陷於可悲之境遇，絕無可疑之餘地。張振武一案，實迫於黎（元洪）之急電，不能不照辦。中央處於危疑之境，非將順無以副黎之望，則南北更難統一，致一時不察，竟以至此。自弟到此以後，大消北方之意見；兄當速到，則南方風潮亦止息，統一當有圓滿之結果，千萬先來此一行，然後赴湘，幸甚。」又一九一二年十月五日在上海國民黨歡迎會上講演，見《國父全集》（三），頁八三—八四。

82 參閱海鳴「袁世凱之總統觀」，一九一二年九月六日上海《民權報》。

83 三水梁燕《孫先生年譜》（上），頁一二三。鳳岡及門弟子編，出版時地名缺。編者例言撰於一九三九年。

84 張維翰編《民初文獻一束》（二），影印原件。一九五九年，臺北，自印本。

85 《國父全集》（三），頁八四—八五。

86 《梁士詒年譜》（上），頁一三一。

87 鄒魯《回顧錄》（一），頁五九。

88 《國父全集》（五），頁一九九。

89 見《國父全集》（四），頁二二九，頁四九七。

90 《國父全集》（五），頁一九三，又見「陳英士致黃克強書」，《國父全集》（二），頁六八－六九。

91 《國父全集》（四），頁二三〇。

（二）

讓袁的失敗，也就是民初仿行西方式立憲、政黨制度和議會政治的失敗。檢查民初革命黨人的言論文字，極少再見他們提及同盟會的革命方略和建國程序，遑論實行。此其原因，一部分由於當時當事者的思想信仰，一部分由於讓袁之議的早定，一部分也由於同盟會本身的弱點，已如上述。自然，民黨人士事先也不是完全未見及此。辛亥中山先生歸國，過港時，黨人便曾擬留他在廣東，認為「今先生遽然至滬，各省必舉先生為總統，如無一兵一卒以供指揮，徒擁一虛名，於事奚濟？」[1] 但他們的主張並未生效。在國民黨時期，宋教仁的「大政見」書和王寵惠的中華民國憲法芻議，乃為國民黨而撰，而他們的理論乃完全蹈襲西方，也如上述。另一篇有代表性的文字，是天仇發表在《民誼》月刊上的「民國政治論」，這篇文字討論國民黨的政綱政策而引伸之。它的主張的要點，歸納起來，不外（一）正式提出於國會的憲法，應以民元臨時約法為基礎；（二）議會政治；（三）政黨內閣；（四）實行省與特別區域自治；（五）司法獨立，也仍不出「大政見」和中華民國憲法芻議的範圍。[2]便是中山先生自己的言論，從辛亥返國到宋案發生的一段時期，亦然。最能取為代表的是民國二年（一九一三年）一月他在上海國民黨茶話會上的一次講演。在這次講演中，他告訴在座的黨人，第一，民國的基礎在有健全的政黨，而一國的政治，「必賴有黨爭，始有進步。」第二，國民黨在國會選舉中既已獲勝，應當考慮組織政黨內閣的問題。他說：

> 本黨今既得佔優勝地位，第一應研究者，即為政黨內閣問題。……本黨將來擔任政治事業，實行本黨之黨綱，其他之在野黨，即處於監督地位。假使本黨實施之黨綱不為人民所信任，則地位必至更迭。而本黨在野，亦當盡監督責任，此政黨之用意也。互相更迭，互相監督，而後政治始有進步。[3]

第三，他要求制定一部好的憲法。他說：

> 劈頭第一步，須研究一部好憲法。中華民國必有一部好憲法，始能使國家前途發展，否則將陷國家於危險之城。[4]

他還在更多的講演中作過相似的主張，強調中國宜於兩黨政治，宜於內閣制度。關於內閣制度，他說：

至於政府之組織，有總統制度，有內閣制度之分。法國則內閣制度，美國則總統制度。……美國之所以採取總統制度，此因其政體有聯邦性質，故不得不集權於總統，以謀行政統一。現就中國情形論之，以內閣制度為佳。[5]

於此，如上所述，我們完全無意作理論上是非抑揚的討論。但我們必須指出，從辛亥返國到宋案發生，中山先生就建國程序和政府形式所發表的甚多言論，不應看作他的思想學說的完整的一部。而且，我們也沒有必要一定把他說成一個膚淺的十九世紀西方式的民主主義者。此不僅因為民初中國在制度上所作的西方試驗，結果全歸失敗，而且主要因為在中山先生思想學說的發展中，同盟會和中華革命黨兩個時期有融會貫通的大脈理可尋，而介乎這兩個時期之間的國民黨時期，卻呈現為一個異常的游離的部分。

但中山先生接受了讓袁的既定事實，接受了從事西方式民主政治試驗的既定事實。然則，在如此的情形之下，他所有的希望應該何在？我們所能說的，是他想在現狀的容許之下，把中國造成一個「福利國家」（A welfare state），以民生為培植民權的途徑，而以憲法和國會來約束袁世凱。在讓袁後他之屢次聲言他「已卸卻政治上之事業，專辦振興工藝及改良社會之大設施，」[6] 而且承受專辦鐵路事業者，因此。[7] 此在民國四年（一九一五年）陳其美致黃興的一通著名的信中，也曾言之。在該信中，陳其美說，「中山先生退職矣，欲率同志為純粹在野黨，專從事擴張教育，振興實業，以立民國國家根本大計，而盡讓政權於袁氏。」[8] 而在進行讓袁的談判時，他之所以堅持袁必須「受民國推舉，不得由清授權，」堅持袁必須「宣佈政見，絕對贊成共和主義，」並「誓守參議院所定之憲法，」堅持袁必須到南京就職者，也是因此。[9] 如上所述，民國元年孫、袁的北京之會，在袁軍事而孫實業的了解下，也確似曾備極融洽。[10]

因為民黨在接受袁任總統的事實之下，而圖以西方式的民主機構來約束他，所以在國民黨時期，我們見政治問題的爭辯，都集中於政府組織和政府權力的方面。他們爭論國權和民權的分際，究竟國權為重，還是民權為重？他們爭論總統制和內閣制的利弊，究竟中國宜於行總統制，還是宜於行內閣制？他們爭論地方行政區域的廣狹問題，究竟應該保持現行的省制，還是縮小行政區域，改一省為數道？他們爭論都督產生的方式，究竟應由人民公舉，還是逕由總統任命？關於袁世凱個人，他們爭論他的政府統治權的由來，是源於南京的革命政府，還是源於遜清的付託和讓予？他們爭論袁世凱施政的良否，「其攻擊袁氏也，在假總統之名以行惡；其攻擊袁氏之行惡也，又注重於其違法之點；」而為之辯護的，「或藉口統一，或藉口外患。」[11] 而在這一段時期的爭論中，我們尚見若干本來為中山先生乃至國民黨所主張的政策，後來因為要約束和反對袁世凱，反而舉以為攻擊的目標。總統制和內閣制主張的改變便是最顯著的一例。此外如國民黨始則強調「建單一之國，」[12] 而其後民黨人士乃主張聯邦制；國民黨始則堅持軍民分治。[13] 而其後乃攻擊袁政府的軍民分治政策為意圖奪民選都督之權；中山先生和國民黨都曾力主建立強有力之政府，[14] 而其後乃以「強有力之政府」為袁政府專制的飾辭，皆是。「籌安會」時期帝制人物詆責臨時政府組織大綱和臨時約法宗旨的反覆，固別有用心，然謂前者取總統制之為便於民黨執政，而後者取內閣制之為「束溥元首，」[15] 也不可謂全非事實。

民黨既準備以西方的民主機構，來約束袁氏，則主要自然在憲法和國會。在憲法未制定，正式國會未產生前，則為臨時約法和參議院。但國會和約法都未能約束袁氏。第一，袁世凱雖受參議院的推舉，繼中山先生而為臨時大總統，但他自始便為自己在繼統上預設受命於遜清的地步。在滿清的遜位詔書中有「袁世凱以全權組織臨時共和政府，與民軍協商統一辦法」一語，據《梁士詒年譜》的說法，便是袁的左右所增加，而此語「於後來發生不少影響，」[16] 帝制和復辟的運動都曾假口於此語。第二，在南北和議時，共和政府所堅持的條件之一，是袁世凱南來就職，其後參議院並曾正式定臨時政府的地點於南京。但袁未曾南行，而以兵變迫使參議院同意他在北京就職。[17] 他自然也未曾應中山先生之請推薦人員，受共和政府的委任，在他南下後畀以鎮守北方的全權。[18] 袁氏南來就職和民國建都南京，在中山先生之意，一則是要「勿任天下懷廟宮未改之嫌，而使官僚有城社尚存之感，」是要使民國的新政府遷地為良，便於剷鋤專制遺孽，盪滌一般瑕穢，至少也不要再為這種遺孽和瑕穢所累。[19] 其次是要藉以

「聯絡南北情感，以堅袁氏對於民黨之信用，而釋民黨對於袁氏之嫌疑。」[20] 結果革命武力既因和議而未曾北進，「革命起於南方，而北方影響尚細，故一切舊思想，未能掃除淨盡，是以北方如一本舊曆。」[21] 第三，臨時約法定國務院為責任內閣制，「國務員於臨時大總統提出法律案及發佈命令時，須副署之。」（第五章第四十四條）但袁世凱因為不欲王芝祥就任直督，不顧國務總理唐紹儀的拒絕副署，而逕以委狀派王南行遣散軍隊。這是對於約法的直接的破壞，是違憲；袁而且因此引起內閣的倒壞而不惜。[22] 至於國會所加於袁的牽掣，則在國人全無議會政治經驗，而又望治心殷的當時，竟至不理於人口。在民國五年（一九一六年）痛惜王癸之間（民國元、二年；一九一二、一三年）議員「未盡暴民之資格」的章炳麟，當時便曾大罵國會。他斥議院為「姦盜之數」，為「莠言亂政之府。」[23] 在一通和張紹曾、孫毓筠、王賡聯名致黎元洪的電文中，他說，「政府之無能力，在參議院之築室道謀，」「名曰議員，實為奸府。」他說，「大總統（袁）總攬政務，責任攸歸，……國土之保全為重，民權之發達為輕。」「宜請大總統暫以便宜行事，勿容拘牽約法，以待危亡。」[24] 而在帝制運動失敗後，嚴復也尚以袁世凱的大權獨攬，為國會的擣亂所促成。[25]

李劍農批評民初參議院的有些舉動，比喻為「小孩得了一具鉛刀，隨意亂砍，」[26] 固屬事實。但同時則也如章炳麟在民國五年（一九一六年）所說，「論者徒病壬癸之間，議員淩厲，」「嘗見登壇演說，鋒利無前，」然而「且暮之間，噤若寒蟬，」或受利誘，或受威嚇。[27] 民黨初擬用約法和國會制袁，而實際則到「二次革命」發生前夕，他們也已自知不能。當時的《國民》月刊載有「組織政府問題」一文，指出「臨時政府一年以來，政府之舉動，已漸趨向於專制，此事實無可諱者。質問之書，彈劾之法，有絲毫之效力乎？現今政府，於法律上言，總統之權力有限，於事實上言，總統之權力無限。」[28] 他們退而但求嬰守約法和國會的殘壘，要求袁世凱維持形式上的承認。此在國民黨對於大借款案所持的態度可見。在民國二年（一九一三年）六月的一道宣言中，國民黨聲明它對於大借款案所持的態度，說：

因前參議院確未通過此案，政府不交國會議決，擅行簽字，實為違背約法第十九條之規定，毫無疑義。參眾兩院，所以多數否決，絕不承認者即為此也。或謂反對政府違法簽約，即反對借款，甚至造作種種詬厲言詞，聳動聽聞。不知處今日而言整理民國財政，借款為不可逃事實，無論何人執政，不能拒絕借款。本黨目前參議院時代，關於借款交議事件，無不曲予贊同，可為明證。假如政府於此簽約之先，提交參眾兩院議決，其曲予贊同之態度，仍無間曩昔。此次反對政府之違法簽約，乃根據約法，有不得不爭之理由，非反對借款，此不能不明白宣示者一也。或謂借款已成，不必責其廢約，只可監其用途。不知政府此等擅斷行為，已目無約法，若委曲遷就，則政府將來無事不可以此為例。無論國會之事權掃地，約法亦被蹂躪，恐國會更無所依據，置喙其用途，此不能不明白宣示者二也。現今為國家計，為大局計，惟有政府速將借款合同提交院議，兩院於借款合同即一字不易，亦為議院中自主之權，本黨亦惟有力予維持，俾底於成。否則，本黨惟有竭其力之所至，根據約法，攻擊政府，但使共和制度一日尚存，則一日不能承認此違法簽約之借款。敢布區區，公諸國人。[29]

一個舊革命黨人黃鉞，在他的回憶錄中說他自己曾在「二次革命」發生前，受袁世凱的付託居間調停。當時他所建議於袁的是「宋案則令（趙）秉鈞到庭，借款由兩院承認追加，改約簽字，以保威信，銷弭無形。」[30] 也同是一種但求彌縫的主張。從民國開國，二次革命的風聲，便時有所聞，或屬民黨人士的自張聲勢，或屬反對人士的造謠中傷民黨。[31] 迨宋案、大借款案先後發生，袁世凱加於國民黨的壓迫日甚一日，到民國二年（一九一三年）七月，而真的「二次革命」起矣。

「二次革命」既敗，袁世凱以暴力脅迫國會，舉他為中華民國的首任正式大總統（民國二年十月六日）。不滿一月（十一月四日），便又以「二次革命」的罪狀為由，解散國民黨，取消國民黨籍的議員資格，使國會不足法定人數，不能開會。又二月（民國三年一月十日），終下令解散國會，停止兩院議員職務。在這兩道令文中袁世凱諄諄聲明，他的宗旨是在維護「莊嚴神聖之國會」，維護約法。[32] 在後一道令文中他而且說，「要之，我民國決不能無國會，國會組織，旦暮改立，大總統決不能不仍行召集，約法具在，無可懷疑。」[33] 然而，他的所作所為，卻是不斷破壞國會，破壞約法！繼國會的解散，而地方自治停辦（民國三年二月三日），省議會解散（二月二十八日）。民國三年三月，袁世凱組織「約法會議」，為根本更改臨時約法之計。更改臨時約法的舉措，發動於民國二年十二月中旬，袁世凱組織「政治會議」，諮詢救國大計，用意便在毀棄臨時約法。當時張東蓀曾發表一文，分析民初約法和行政權的關係，可見徒法之如何不足以為約束。張天樞則在一張袁世凱「傾覆共和之實紀表」中，統計袁世凱破壞臨時約法的行為，至民國三年五月一日事實上完全廢止該法止，計十四大項。[34]

以吾觀之，中國今日之行政權，實未受嚴格之制限。何以言之？中國法律不備，所有者一約法耳。姑勿論約法中有若干條文，已因政治權勢之變遷，而使之等於具文，即以約法全體而觀，則行政權之受拘束，亦未嘗嚴於美、法。我約法雖採取內閣制，而關乎總統之權，反有類乎總統制之美國者。進一步言，以約法與法國憲法相較，人將無不曰，我法取寬大之制限也。以此寬大之制限，動輒仍不免於違法，近且日演其違法之手段，則法律又烏可期哉！[35]

以法為言而毀法其實的最極端的一例，是以「名流內閣」見稱的進步黨內閣之受袁利用，摧毀國會。丁文江編的《梁啓超年譜》錄有「二次革命」後梁的三通上袁大總統書，[36] 為袁畫策。他說，「今最要者，乘此時機，使內閣通過，憲法制定，總統選出，然後國本始固；而欲達此目的，則以維持議員三分二以上為第一義。」[37] 他說，「古之成大事者，挾天子以令諸侯，今欲戡亂圖治，惟當挾國會以號召天下，名正言順，然後所向莫與敵也。」[38] 但迨總統選出，曾幾何時。而熊內閣便副署了取銷國民黨籍議員資格的命令，副署了袁停止國會的命令。在停止國會令下後一月，而熊內閣也便成了祭後的芻狗，被棄如敝屣。在國民黨籍議員被摒出國會後，參眾兩院曾向政府提出質問。熊希齡的覆兩院議長公函，根據約法和國會組織法的條文，指出國會兩院議員既已不足法定人數，當然已無權向政府提出質問。下面是熊覆函中的一段，讀之真令人不知尚有何法律之可言！

> 查議員法第四十條提出問質書之規定，係根於約法第十九條暨國會組織法第十四條之規定而來。質而言之，議院質問權之行使，應以約法暨國會組織法為主，議院法為從。蓋一則屬於根本法之性質，一則屬於普通法之性質。以普通法之規定，補充根本法之所無，則可；以普通法之規定，變更根本法之所本有，則不可。依約法第十九條暨國會組織法第十四條之規定，質問權為議院職權之一，非議員職權之一，其義甚明。故質問權之行使，無論議院法有如何連署之規定，雖不必經由院議公決，要不能不經由議院提出。是以議員迭次依議院法而提出質問書，均於議院有國會組織法第十五條所定總議員過半數之出席，得以開議時，由議長於開議日期報告文件之際，提出報告。此執行國會組織法暨議院法之通例，實為兩院現所行為，斷未有不經此項手續，而可濫行質問者也。茲來咨既稱兩院不足法定人數，不能開會，則議院所有之質問權，當然因不能

開會之結果而不能提出。……政府為尊重國會起見，對於不足法定人數之議員非法所提出之質問書，應不負法律上答復之義務。[39]

在上引梁啓超的上袁大總統書中，梁尚勸袁為「使內閣通過，憲法制定，總統選出，」維持國會，而不知袁的真意卻正是為阻止憲法成立，而破壞國會。在著名的民國二年十月的有（二十五日）電中，袁世凱痛詆當時即將完成三讀的「憲法草案」，說是「國民黨人破壞者，多託名政黨，為害國家。」「此次憲法起草委員會，該黨議員，居其多數，所擬草案，妨害國家者甚多。」[40] 而揆諸實際，則如王寵惠和李根源在他們各自的記載中所指出，「國民黨（籍）委員始終未及半數。」[41] 而在同電和十一月的支（四日）電中，袁並命副總統黎元洪、各省都督、民政長、各將軍都統、鎮守使等，對於「憲草」「逐條研究，共抒讜論，於電到五日內迅速條陳電復，以憑採擇。」[42] 這是示意各省軍政長官干涉制憲，於是武人官僚，羣起而鬨。國民黨既被解散，國民黨籍議員被逐，國會停止，而「憲法草案」雖完成三讀，也終未成立。康有為批評憲法起草委員會，有今此會之無濟，「亦所謂誦孝經以卻賊，讀大學以治鬼而已」之語；[43] 其後「籌安會」的論憲法和國會，則說道「憲法之條文，議員之筆舌，槍砲一鳴，概歸無效，所謂民選，變為兵選，」[44] 以言民初政治，皆頗得真象。袁世凱既破壞國會，破壞約法，並阻止憲法的成立，遂自己製造約法，製造參政機構。民國三年

（一九一四年）五月一日，「中華民國約法」公佈；二十六日，「參政院」成立。迨民三「約法」公佈，而民元臨時約法「事實上遂中止其效力矣。」

關於民三「約法」，《梁士詒年譜》有以下的批評：

按新約法之特點，在捨內閣責任制，而取大總統責任制，及擴張大總統權限，而縮小國會權限。故舊約法中「以參議院、臨時大總統、國務員、法院行使其統治權」一文，新約法第十四條改為「大總統為國之元首，總攬統治權。」又新約法中不特國會無彈劾大總統之權。反而大總統有解散立法院之權。至文武官吏之任免、宣戰、媾和等，皆可未經立法院同意，而大總統自行之。此雖云「約法會議」全體議員之意見，實本袁氏個人之主張。[45]

另一必須注意之點，是關於國家主權所屬的規定。臨時約法第二條「中華民國之主權屬於國民全體，」中山先生自稱乃他所主張，[46] 在民三「約法」中改為「中華民國主權本於國民之全體。」（第二條）此如後來一位批評者所指出，袁氏既改此條，便可以影射民意，為所欲為，「而悍然曰，民意欲共和則共和，欲君主則君主。」[47] 此在用心上殆已與帝制運動相接。

楊永泰比較國會解散前後政象的不同，作為一個當時人的直接的觀察，值得我們詳細引證。他說：

昔之懲國會及一切地方會議之叫囂凌厲，議論多而成功少也，然有國會，尚有監督政府之機關，官吏之違法失敗，得依質詞（詢）、糾舉、彈劾諸種方法，或以問其責，而為所嚴憚；即欲為之，亦必於一定之範圍內，強辯取巧，莫敢公然干天下之不韙。以視今日之生殺予奪，純屬一人自由，是非得失，不許百姓過問者，何如？昔之憤政黨之植勢營私，挾偏見而撓國政也，然政黨強盛，尚有與聞國政之機會，國民對於法律之良否，政治之得失，不欲過問則已，苟其欲之，皆可發抒意見，蒸成輿論，使採為黨議，直接以左右國會，間接以左右政府；甲黨弗善也，組織乙黨以對抗，甲乙皆弗善也，組織丙黨以對抗之。以視今日國會亡而政黨消，憧憧往來者，惟有明攘暗竊之私黨；一切國家大政，國民皆無從與聞；人民領土，盡為政府之標的物，欲割讓則割讓之，欲贈予則贈予之；若集會結社，出而干預，則加以亂黨之名，使畏罪而去，以今視昔，則又何如？昔之痛恨議員流品不齊，自墜代表國民之資格也，然議員由國民選舉，趙孟之所貴，趙孟能賤之，苟有不職，輿論得指摘交加，政府可依法檢舉，任期屆滿，且可予以永不敘用之處分，使有所懾。以視今日某某會議、某某法院之組織，盡由政府簡派，或暗中指定，一切提案議決，明為仰承一人之意旨，而偏說代表國民之公意者，則又何如？昔之鑒於化議政治之下，言論恣肆，甲攻乙駁，入主出奴，足以淆是非而亂國是也，然言論自由，無不可論之政，無不可議之人。以視兩年來一切言論機關，魚魚雅雅，舍歌功頌德外，莫敢贊助一詞者，則又何如？昔倡言法治，拘文牽義，束縛政府之行動，誠遠事實而失時機矣。今則命令文告，都成法律，而其行動為何如者？昔之行政不統一，中掣肘於內閣，外受挾於都督，左支右絀，宜乎國與民交病矣。今者障礙盡除，大權統於一尊，頤指氣使，無不如意，而國與民所受之福利又何如者？[48]

楊永泰稱國會解散後的政象為「黑暗政象」，則他自然認為國會解散前應尚有一線的光明可望。但問題乃在何以這一線光明終不能保持。楊永泰的解釋是革命成功太速，新政治人才缺乏，舊官僚用事。[49] 梁啓超的解釋是「辛亥專倚虛聲，」「倚虛聲，故墉高基弱，不能自堅，致為元凶所盜奪。」[50] 這是說共和的基礎不足。張繼的解釋也是革命成功太快，革命黨人分化，列強支持北洋軍閥。[51] 凡此，就一種意義言，都可以為同盟會時期中山先生建國程序的主張，供給理由。民國三年，中山先生在與吳稚暉討論中華革命黨黨章的一封信中，曾經為他自己的這一主張辯護。他說：

破壞之後，更須建設，而民國有如嬰孩，其在初期，惟有挾黨人立於保姆之地位，指導而提攜之；否則顛墜如往者之失敗矣。革命黨人，未必皆有政治之才能，而比較上可信為熱心愛護民國者；革命黨以外，未必無長才之士，而可信其愛護民國，必不如革命黨。則國本未甚鞏固之時期，後彼而先此，其庶幾無反覆擣亂之虞。至於憲政既成，則舉而還之齊民。蓋當尊君主義至盛時代，有阿衡（伊尹）之志，則遂可以放太甲於桐，吾人亦本所素懷，抱平等自由之主義，行權於建設之初期，為公乎？為私乎？以待天下後世之論定可耳。[52]

自然，中山先生的這段議論，同時也是針對辛亥開國後「人才主義」的論調而發，而其效力，也尚須依於一個前提——革命黨本身的力量和意志。但如果前提滿足，則在中山先生的全部學說中，這無疑是一個完全合理的部分。反之，以「人民程度不足，不能行直接民權」為言，而又不欲訓練之以行其權，則是「何異謂小孩曰，『孩子不識字，不可以入校讀書也。』」[53] 至於與舊勢力妥協，而圖襲西方民主制度的若干形式，一蹴而躋於共和，則其無成，已是既明的事實。在將近半個世紀後，蔣夢麟回憶民初立憲的失敗，說：

中國成文憲法的觀念是從美國介紹來的，美國的憲法是美國人民思想信仰的具體表現，而且是根據人民的生活發展而來的。中國的憲法祇是抄襲外國的觀念，起草憲法的人隨意取捨，根本沒有考慮到中國人民的生活習慣或思想觀念。

中國人愛好自由，但是對有組織的民主政治，也就是對憲政，卻無經驗，也不懂組織對民主的重要。中西國情不同，想使中國遵循西洋的憲政規模，無異趕東方之車，朝向西方的一夥星走着。憲政試驗的失敗，實在毫不足奇。[54]

這是一位曾受西方思想和文化生活的充分薰陶，身預革命，而畢生為中國的命運用其心智的教育家，在他老年所作的評論。

1 見《國父全集》（四），頁四五四。又《胡漢民自傳》，《革命文獻》（三），總頁四二五—四二六。

2 天仇「民國政治論」，《民誼》第五號，文頁碼一—四八。一九一三年三月，廣州。

3 《國父全集》（三），頁一〇九。

4 同上，頁一一〇。

5 一九一三年三月十三日在神戶國民黨交通部歡迎會講演，《國父全集》（三），頁一三〇。

6 如一九一二年五月與士蔑西報記者談話，《國父全集》（四），頁四六八。

7 述作「同盟會之沿革與性質」：「自國民黨成立後，表面雖純為革命黨機關，實則乃合各政黨而成者，分子之雜，不待言矣。且黨中因分配各黨人才起見，同盟會中人幾無插足餘地。然同盟會所以仍竭力維持之者，實以民生主義尚未貫徹，不得不留一線之希望。」《憲法公言》旬刊第一期，附錄，頁六。一九一六年十月，北京。

8 見《國父全集》（二），頁六八。

9 見一九一二年一月十八日致伍廷芳一電，二十日致伍哿一電，二十二日致伍禡電，二月十五日致黎元洪及各省都督電，《國父全集》（四），頁一五七—一五八、一五九—一六〇、一六二—一六三、一八四。

10 《梁士詒年譜》（上），頁一二二—一二三。

11 參閱黃如棟來稿，一九一二年五月九、十日《上海民權報》。又壽彭「咄！咄！！咄！！！民國之欽定憲法」，《國民雜誌》第一年第一號，頁九〇—九四，一九一三年四月，日本東京。又副島義一「中華民國憲法論」，一九一二年第三號，頁一五一—一五八，第六號，頁八一—九〇，一九一四年六月、十二月，日本東京。

12 見「國民黨組黨宣言」，《國父全集》（四），頁七二；宋教仁「大政見」：一、對於政體之主張—（一）主張單一國制。

13 如一九一二年八月二十九日中山先生與北京各報記者談話，《國父全集》（四），頁四八二。又宋教仁「大政見」：二、對於政策之主張—（一）主張整理軍政。

14 如一九一二年九月中山先生在北京迎賓館與某君談話，《國父全集》（四），頁四九三。

15 楊纘緒、王建忠、楊增炳，致「籌安會」書，《最近國體風雲錄》下編，函件，頁十一。又楊度「君憲救國論」：「予於一九一二、一三年間，每遇革命黨人，與之論政，亦多謂非用專制，不能統一者，是明知中國程度決不能行極端之民權，乃所議約法，輒又相反，是明知之，而故違之也。」同上，甲説，頁二一。

16 《梁士詒年譜》（上），頁一〇七。

17 「外傳是役（兵變）實某（袁）所指使，疑莫能明。惟變兵實有圍嚇南來諸使住所情事，當不無政治意味。先是清廷久不決定大計，袁乃召曹錕之第三師入京，以資控制，至是乃有一部分兵變，而袁之衛隊亦加入焉。姜桂題之毅軍則為彈壓兵變者，旋其駐通州之一部亦變。是役也，先生（梁）及唐少川（紹儀）先生均極憂悶，蓋一則慮南北新舊因此生隙，二則慮軍紀從此敗壞也。」《梁士詒年譜》（上），頁一一三—一一四。

18 「中山先生於一九一二年二月十四日、十七日曾分電伍廷芳、唐紹儀、袁世凱，促袁南來就職，並推薦人員，由臨時政府畀以鎮守北方全權」，《國父全集》（四），頁一八三、一八六—一八七。

19 「一九一二年中山先生勸袁世凱南來就職書」，《國父全集》（五），頁一四七。

20 「陳英士致黃克強書」，《國父全集》（二），頁六七。

21 一九一二年十月五日中山先生在上海國民黨歡迎會講演，《國父全集》（三），頁八四。

22 國務總理唐紹儀因副署事離職出京，梁士詒奉命赴津慰留。唐曰，「觀察今日國家大勢，統一中國，非項城莫辦；而欲治理中國，非項城誠心與國民黨合作不可。然三月以來，審機度勢，恐將終於事與願違，故不如及早為計也。」《梁士詒年譜》（上），頁一二一—一二二。

23 「章太炎之暴徒解」，一九一六年七月十四日上海《民國日報》，中國國民黨中央委員會黨史史料編纂委員會藏鈔稿。

24 李劍農《中國近百年政治史》（下），頁三七八引。

25 「與熊純如書札節鈔」第十八，王蘧常嚴幾道年譜，頁一〇〇—一〇一引，一九三六年，上海。

26 《中國近百年政治史》（下），頁三七九。

27 同註23。

28 樸庵「組織政府問題」，《國民》第一卷第一號，頁碼三。

29 《國父全集》（四），頁八三—八四。

30 黃鉞「革命回憶錄」，中國國民黨中央委員會黨史史料編纂委員會藏鈔件。

31 一九一三年八月二十八日上海《民權報》載有海鳴「我亦闢二次革命之謬說」一文，謂二次革命之說，起自湖北，孫武假為口實，以罪舊同明盟會人。又一九一三年三月上海《平論》月刊（第一年第一期）時評，有「吾政府待遇二次革命之叛逆，往往對於強者則縱之，對於弱者則懲之」之語。宋案發生，黃興電袁責問，袁覆電謂，「如欲憑應（桂馨）洪（述祖）往來函電，遽指為主謀暗殺之要犯，實非法理之平。近一年來，凡謀二、三次革命者，無不假託偉人。若遽憑為嫁禍之媒，則人人自危，何待今日。」（《震旦月刊》，第三期，公牘，頁九三。一九一三年四月，北京。）凡此，皆見於「二次革命」前，二次革命的風聲，已經早騰人口。

32 見《革命文獻》（六）附錄，頁總八二二—八二三。

33 同上，頁總八二五。

34 張天樞《共和與帝政論》第一卷，頁三一—四九。一九一五年，出版地名缺，民德學社印行。

35 見《上海正誼月刊》第一卷第一期，文頁碼十，一九一四年一月。

36 見丁文江編《梁任公先生年譜長編》初稿（中），頁四二二—四二四。

37 同上，頁四二三。

38 同上，頁四二四。

39 李根源《中華民國憲法史案》，頁一五四—一五六。一九一四年，日本東京。

40 同上，頁三三—三六。

41 同上，頁三六—三七。又王寵惠「憲法卮言」，《憲法公言旬刊》第一期，「專件」，頁一一四—一一五。

42 同註40，又頁三八—四一。

43 岑樓「駁康有為中國以何方救亡論」引康語，《國民雜誌》第一年第二號，頁十九。一九一三年五月，日本東京。

44 「籌安會」主張君主立憲電，《梁士詒年譜》（上），頁二七八引。

45 同上，頁一八六。

46 一九二一年七月「五權憲法」講演，《國父全集》（六），頁一〇九。

47 田解「異哉憲法草案不襲主權之規定」，《憲法公言》旬刊第一期，著論，頁十四。

48 見《正誼》月刊第一卷第七期，文頁碼四—六。一九一五年二月，上海。

49 同上，文頁碼七。

50 一九一六年一月二十一日，致蔡松坡（鍔）第四書，丁文江編《梁任公先生年譜長編》初稿（中），頁四六七。

51 一九四三年十一月九日在重慶中央訓練團講演，《張溥泉先生全集》，第一編，頁二九—三二。

52 《國父全集》（五），頁一八七。

53 中山先生「三民主義」親撰篇，《國父全集》（六），頁二七七。

54 蔣夢麟《西潮》自譯本，頁一〇三。一九五九年，臺北。

（三）

臨時約法和國會雖產生不久，便遭毀棄，但它們卻從此成了民國的一種「正統」。洪憲帝制的顛覆，丁巳（民國六年；一九一七年）復辟的撲滅，以至其後的護法運動，都曾揭約法和國會以為號召。洪憲帝制的失敗，自然原因甚多。它受到舊宗社黨勢力的反對，[1]也受到北洋內部的反對；[2]它受到立憲黨人的反對，[3]自然也更受到民黨人士的反對。但洪憲的失敗，復辟的無成，還有一個重要的原因，便是經辛亥的鼎革，君主的尊嚴既已掃地以盡，而共和成了一種新的「正統」的事實。此在帝制運動當時，便已有人明白道出此理。當時一位署名蜀難所發表的「皇帝問題」一文說，「凡事不可打通後壁，俗語所謂說破不值半文錢者，打通後壁之謂也。中國君主，如神如聖，數千餘年，莫之敢侮。自人道主義出，而後壁通矣；辛亥革命，而大通矣。共和荏苒，於今四年，舉凡人人心理中儲備障礙，一掃而空之，蓋不僅打通後壁一端而已。」[4]在中國人心理上使帝政失卻尊嚴，這是辛亥革命的真正的成就，與清季排滿心理的普遍相若。但此自不必意謂中國人民自此即已具有鞏固和建設共和的能力。

事實是袁的當政和帝制運動，在中國政治社會上留下了十分惡劣的影響。最顯著的一端便是開武人跋扈恣睢之局。袁世凱以各省文武長官「對於國家根本大法，利害與共，亦未便知而不言」為由，[5]要他們對於憲法草案，「共抒讜論。」於是「舉國向風，」對憲草「詆譭備至。」這是民國武人公然干涉政制之始。其後「波譎雲詭，遂釀成國會凌夷澌滅之大變。」[6]嚴復論民初武人，尤可見當時武人跋扈的為害國家之巨。他說：

溯自項城懷抱野心，阻兵安忍，而我國遂釀成武人世界。夫吾國武人，固與歐美大異，身列行伍，大抵皆下流社會之民，真老泉（蘇洵）所謂以不義之徒，執殺人之器者。……以盜賊無賴之人，處崇大優厚之地，操殺伐驅除之柄，而且兵、餉之權不分，精械美衣，費帑無藝，則由是窮奢極欲，豪暴恣睢，分土據權，寧肯相讓。[7]

其中張勳便是一個彰著的實例。他的跋扈、恣睢、自私，袁世凱且也身嚐其果。護國軍既起，袁數請張勳出兵相助，而「張不得已，允酌撥一、二營，點綴第二軍之組織。」[8]迨袁身故後，張勳以團結北洋派，對付西南為由，於民國五年（一九一六年）夏、秋間，在徐州召開了兩次各省區代表會議。第二次會議為各省區聯合訂立章程十二款，聲明他們的團體乃「為防止暴動分子私攬政權而設」，「國會開會後，如有藉故擾亂，與各省區為難者，」他們「得開會集議，為一致之行動，聯合討論之。」[9] 當時國會重開，而張勳通電對議員的資格和俸給，大放厥辭。其強暴橫蠻，至今讀之，猶令人深惡痛絕。他說，今日「附和帝制，既為有罪」，則「癸丑贛寧之役（二次革命），無故稱兵，……自非概予罷除，不足以昭公允。」他說，「此次旅滬議員等，……避去法定地點，在滬招集開會，」「雖其違法事實，尚未成立，而其違法行為，則已顯明，」「應請速付所司，詳加釐別。」關於議員薪給，他說：「竊謂議員等既作人民代表，事非牟利，而際此財政艱難，更不應斤斤計較，似宜暫盡義務，藉釋前嫌。」他說：「第欲人人枵腹從公，未免不情太甚，擬請政府酌定夫馬之費，每月各數十元。在議員體會時艱，自應勉循公理；在政府顧全大局，亦宜曲體人情！」[10]

其次是政治道德的陵夷。《梁士詒年譜》論袁世凱用人，說他「用人行政，好弄權術，以使貪使詐，為不二法門，故可以用小人，而不能用君子，結果養成婞阿詭隨之習，至今未已。」[11] 同樣的評論尚在甚多當時的出版物中出現。當袁的勢力方如日中天時，我們已經在一個刊物上讀到以下的警語。「昔曹孟德下令求才，雖不孝不弟，而但有富國強兵之術者，皆在側席旁求之例。論者謂東漢節義之風，一變而為正始（魏廢帝年號，二四〇—二四八年），中原陸沈，兆始於此。蒙未敢舉魏武以比我總統，然今日政府用人之方針，實有類於許都，此固無可諱飾者。即得才之盛，無過於曹魏，猶無補於亂亡，矧又每況而愈下乎？」[12]其結果是「官場敗壞，道德陵夷」。民國三年（一九一四年）初，上海《大共和日報》，一張舊共和黨的報紙，至於謂清季情狀，「以視今之官常敗壞，道德陵夷，教育益趨於消極，議會形同於解散，司法將屆於推翻者，誠不可以道里計，」認為「苟髯彼時之狀況以為的，尚不知何年乃可幾及！」[13]帝制運動既起，「無恥者攀龍附鳳，霞蔚雲蒸。」[14]迨既敗，袁世凱在他的宣佈帝制案始末的通電中，也不禁慨乎言之。他說：「在當時（勸進時）惟見情詞懇摯，眾口同詞，」「即今日之反對帝制者，當日亦多在贊成之列。」[15]洪憲帝制如此，丁巳（民國六年，一九一七年）復辟亦然。《梁士詒年譜》記復辟陰謀，說：「是役也，起滅不過旬日，然秘密醞釀，業已多時，內有各派政客之運籌，外有國際陰謀之牽線，中有各軍閥之佈局與投機，遂成此局。扮演固為張勳，其後臺尚有無數人在也。馮（國璋）段（祺瑞）登臺，表示脅從罔治，乃政略所應爾，實亦不能窮究也。」[16]

袁世凱當政和洪憲帝制的另一種惡劣影響，是民初蓬勃奮發的民氣，為之消蝕腐化。梁啓超在民國六年（一九一七年）論報界風氣的改變，曰：

報界中之言龐事雜，無可諱言。然回想民國元、二年，不啻若唐虞三代之盛。兩派各有極端之主張，爭論不已，固相若也，然彼時為憲法問題、借款問題、財政問題，無論其意見何若，尚各有一番之研究。今則此等含有研究性質之文章，幾於鳳毛麟角，不可概見。偶或有之，亦屬聊充篇幅，置之無關緊要之地位，閱者亦絕不注意及之。以問題最多之國家，在報紙上觀之，幾若毫無問題之國家；有之，則人的問題而已，未有及於事理者也。[17]

同樣的風氣的改變並見於一般的學術文化事業。下面所引的是民國八年（一九一九年）一篇在《東方雜誌》轉載的論文「新舊文學之衝突」的片段：

七年以來，學術之衰落甚矣。政象不寧，亂離迭見；行省學校，半皆廢弛。如湘、如陝，直無教育可言；校舍多為軍隊所據，教員生徒，被驅四散，逃死不遑，何暇論學！沿海諸省，雖尚維舊觀，而精神萎靡，遠遜於昔。清之末世，學者頗思振作，或歸從海外，灌輸新知；或建學鄉間，化被田野。雖純駁不一，猶多可嗤，而邁往之精神，實足振聾發聵。故辛亥大業，不百日而告成，同時會使然，而教育無形之力，不容湮沒。以昔例今，革命以後，學術宜有猛進，豈意奄奄無生氣，竟至於此！他且勿論，但就坊肆所售之書籍言之，向者出版冊籍，日新月異，雖漫無統系，徒以稗販為能，顧別類分門，尚能各有進步。今則猥褻淫靡之書，盈目皆是，……以此論之，則增一新書，即多一誘惑青年、陷溺社會之蟊賊，尚有何學術之足云！……蓋自革命以還，篤舊之士，但知憂怨牢騷，不復為社會盡力；而新學者則十之五六，捲入政治漩渦，日奔走於達官武夫之內側，暇且放浪形骸，縱情歌舞，視嚮之所學，如曩昔科舉時代之八股，束之高閣，不復檢視，更何論疏瀹新知，啓迪後進！其有志節堅立，硜硜自守者，則所如輒阻，踽踽無所投，何能與頹風相抗！舉世鮮有論學之人，則放僻邪侈之作，烏得不恣肆！間嘗聞有識之士，相聚嗟歎，謂循是以往，必且學絕道喪，促國於亡！[18]

民氣的消沉也可於國人對於政黨活動的畏忌見之。唐繼堯論政黨政治，至於謂「五年以來，國中多數人之心理，對於政黨政治之前途，幾於灰心絕望。」[19] 袁死以後，國會重開，而政治團體都「力避黨名，寖成風氣。」[20] 出版物亦然。下面是三個刊物的例子。

長沙《民聲》月刊——本刊「以準據國情，討究適宜制度及政策為宗旨，不牽涉黨派，不掊擊時政。」（封裏簡章）

上海《民鐸》季刊——本刊「以促進民智，培養民德，發揚民力為宗旨，論理平實，無黨無偏。」（封裏簡章）

北京《新中國》月刊——「本刊應新世界潮流而起，毫無黨見」。（封裏特別啓事）[21]

袁的當政和「二次革命」的失敗，還引起了民黨人士的分裂。民國四年（一九一五年）陳其美致黃興書，謂自中華革命黨成立以來，「舊日同志，頗滋訾議，以為多事變更，予人罅隙，計之左者。」[22]「二次革命」敗後，中山先生在日本組織中華革命黨，並未獲得所有反袁的舊國民黨員的支持。一部分散在日本的舊國民黨員，包括黃興，迄未加入。迨日本「二十一條」要求的交涉發生，他們並曾通電主張停止革命行動，一致對外。當時黃興已經去美，譚人鳳在寄他的一函中報道歐事研究會的組織，說，「印泉（李根源）等別有懷抱，□□（缺二字）士官生，而有歐事研究會之組織，謬言外禍迫切，宜有救國□□（缺二字）提出，宣示民黨暫不革命，庶政府得以全力對外，而國不至於亡；而嗾使一般無識學生，發起愛國團，欲發表中山罪狀，莠言亂政。亡命客多入其彀中，我公司所信任程潛、程子楷、陳強等，猶大有意興。」[23] 在另一致他人的函中他道及當時留日黨人的派別，說，「此次歐風緊急，人鳳頗認為吾黨最好時機，於前月中旬來東京，與各同志磋商，冀齊一人心。……不謂延宕至今，茫無條緒。孫派則猶是盲從瞎鬧，大言欺人，致黨人離心離德；非孫派又各分門別戶，意見分歧。就現在以測將來，敢決海外同人，必無革命成功之一日。」[24] 凡此皆見當時民黨人士內部立場的分歧。部分舊民黨人士對於中華革命黨的攜貳，也可於吳稚暉的自述見之。他說，他於民國三年時，「與蔡（元培）、汪（精衛）諸人，皆以為文治派比中華革命黨有望。」[25]

讓袁的結果所貽於民國的禍害者如是。「二次革命」敗後，中山先生在國內政治運動中的地位，一直困難重重。自討袁（民國五年）、討逆（民國六年）、而護法（民國六年），中山先生始由國會非常會議推舉，在廣州組織軍政府。但「艱難支撐一年之久，孑然無功，」仍「終至於解職以去。」[26] 護法運動既起，夏壽華致書中山先生，論組織軍政府之事，曰：

先生主張先成立軍政府，以謀統一，自是至當不移之理。但不先謀兵力，何軍政之可言？不先執財政，何兵力之可集？試問空空洞洞一軍政府之名義，豈可以號召天下耶？去年肇慶之軍務院，尚有滇、黔、湘、桂以相維持，猶不克濟，今乃欲以孤立無與之身，藉聯絡手握財權兵權之驕將而統一之，直理想而已。[27]

民國七年（一九一八年）五月，譚人鳳至廣州，時軍政府在桂系和政學系武人政客的策動下，已瀕於改組；中山先生也已向國會非常會議辭大元帥職。當時譚人鳳所見的中山先生和軍政府的處境，在他的日記中留有如下的記載：

四月初二日（五月十一日）上午入帥府，勸中山取放任主義；且須誡飭部下，毋逞意氣相爭。中山頷之。返赴海珠，晤伍秩庸（廷芳）先生，……有議員數人來，與伍老議改組事，對於軍政府頗多微辭。……及議員去後，乃謂伍老曰，中山對於改組事，業已通電辭職，並無固執己見之心。惟張開儒（軍政府陸軍部長）反對之電，本屬荒謬，……聞昨日督軍署（莫榮新）將陸軍部委任各機關，勒逼解散，似嫌操刻過甚。

四月初三日（五月十二日）（陸軍部次崔文藻宴譚，席間，督軍署捕崔去，譚趨會莫榮新，拒不見。）

四月初四日（五月十三日）（知崔被搶斃。）晚間以心灰意冷之故，書信告競存（陳炯明），蓋無間南北，均成為強寇世界，尚何法律之足言哉？[28]

武人姿睢，「南北如一邱之貉。」夏壽華為被莫榮新捕殺的崔文藻作傳，論西南武人，便曾說，「孫氏率海軍艦隊來粵，雖得大元帥，……豈西南誠意哉！第欲假護法以抗北，則不妨任民黨首領居其名，所以不明示反對也。而其實，大雲南主義，大廣西主義，其牢不可破之主旨，未嘗須臾忘。」[29]民國七年（一九一八年）八月，中山先生既已離粵至滬，在一件通告海外同志書中，也說滇桂武人，「其所以治兵西南者，迹彼用心，祇欲分中央專制全國之權，俾彼得專制於二、三行省。故自獨立而後，亂法營私，稗政百出，甚且縱賭以饜其欲，濫殺以示其威，以言護法，不知視中央之毀法者何若！」[30]中山先生乃在如此困難重重的環境中，聯合實力派系，為反抗北洋軍閥官僚的勢力，繼續奮鬥。在如此的環境中，一個明白確定而比較最容易為各方接受的理由，祇有恢復舊約法、舊國會——中華民國的法理的正統。

民元（一九一二年）臨時約法和民二國會之為民國的法理的正統，馮自由在民國九年（一九二〇年）曾加闡釋如下：

拿民國歷史的組織的順序來說，（最初）由各省革命政府，派委代表至南京組織代表團；（再）由代表團選舉臨時總統及改組參議院；（三）由參議院議決中華民國（臨時）約法及改選臨時總統；（四）參議院遷於北京，議員由各省議會選派；（五）臨時參議院解散，正式國會成立，並選舉正式總統；（六）總統袁世凱叛法，解散國會，國會制憲因此中斷；（七）袁世凱稱帝失敗，國會恢復；（八）督軍團叛變，（張勳）迫黎元洪叛法，再解散國會；（九）西南各省護法，國會恢復於廣州，繼續制憲。照上述的事實看來，民國歷史上唯一的組織，就是這個一脈相傳的臨時約法和正式國會。[31]

事實是不獨民黨，自倒袁以來，凡與北洋武人官僚對抗的運動，幾莫不揭約法和國會以為號召。民國五年（一九一六年）三月，岑春煊宣言倒袁，謂「倒袁之後，孰則當負天下之大難者，吾不具言，請讀約法。天下之一致憤袁者，憤其（所為）……無一而不背約法也。然則扶植已倒之約法，與推倒蔑棄約法之袁世凱，蓋同時而並急。」[32] 此可以為例。袁死黎繼，因倒袁而組織的西南軍務院撫軍長唐繼堯電北京政府，要求四大條件，其首二條為「（一）恢復民國元年公佈之舊約法；（二）召集民國二；（三）年解散之舊國會。」[33] 當時國務總理段祺瑞不以恢復舊約法為然，通電徵求各省意見。唐紹儀、梁啓超等復電力爭，略謂，「三年『約法』，絕對不能視為法律；此次宣言恢復，絕對不能視為變更。今大總統（黎元洪）之繼任，及國務院之成立，均根據於元年約法。一法不能兩容，三年『約法』若為法，則元年約法為非法。然三年『約法』不特國人均不認為法，即今大總統及國務院之地位，皆必先不認為法，而始能存在。」[34] 海軍繼之宣佈獨立，要求恢復約法。總司令李鼎新通電曰，「今率海軍將士……加入護國軍，以擁護今大總統，保障共和為目的，非俟恪遵元年約法，國會開會，正式內閣成立後，北京海軍部之命令，概不承受。」[35]

民國五年（一九一六年）八月，國會重開。逾年，而參戰案起，府（總統）院（國務）交惡，院（國務）會（國會）水火，總理段祺瑞免職，督軍團叛變。張勳應黎元洪召北上調解，迫黎解散國會，實行復辟。迨復辟之亂既平，段再任總理，梁啓超、湯化龍等又為段畫策，比附臨時約法，召集臨時參議院，改造國會。[36] 當時姚雨平致書於梁，責他主張召集臨時參議院之不當，曰，「法律本義，在於固定。前『籌安會』發生時，執事曾以賢者不得逾法律而為善，責楊晳子（度），今如報載，執事意在改良約法與國會組織法、議員選舉法種種，故有此舉，豈今日則賢者可逾法律而為善乎？言猶在耳，寧不令晳子笑人？」[37] 此時中山先生已去粵號召護法。而在中山先生因護法失望，離粵赴滬後，廣州的軍政府也尚聲聲以護法為言。民國七年十月九日，軍政府通電否認徐世昌為總統，宣佈自行國務院職權。其發凡起例，也仍是「護法之職志，惟在完全恢復約法之效力，取消解散國會之亂命，以求真正之共和，為根本之解決。」[38]

在同時期的中山先生的言論著作中，我們幾乎連篇累牘的讀到同樣的我們可以稱之為「正統」的主張。在民國五年的一次討袁宣言中，他說，「袁氏破壞民國，自破壞約法始，」因此「義軍維持民國，固當自維持約法始。」[39] 他說，「約法與國會，共和國之命脈也。」[40] 袁死黎繼，中山先生電黎致賀，希望他「去亂圖治」，「力反前人所為，有如規復約法，尊重國會，尤不容緩。」[41] 在他同時致黃興的電中，也以同樣的主張，詢黃意見。他說，「南軍舉義，多數揭去袁、復約法、召國會為目的。袁死，黎能復約法，召國會，當息紛爭，事建設，以昭信義，固國本。」[42] 民國六年，張勳復辟，中山先生通電粵、滇、黔、川、桂、湘各省都督省長，促他們出師討逆，謂「國會為立國中心，憲法為立國大本，公等既忠誠愛國，擁護中央，即應以擁護國會與憲法為唯一任務。」[43] 護法時期，日本會黨首領頭山滿，犬養毅曾函邀中山先生東渡會談。在覆他們的信中，中山先生解釋他進行護法的目的，強調「解決今日時局，以恢復國會為唯一之根本」的主張。下面是引自該函的一段，最足以見此時期中他的公開的主張。

謹略將此次護法戰爭之目的，為故人陳之。文奔走革命，……以二十餘年來慘澹經營，所得者新建之共和國體耳。為國體之保障者為約法，而約法之命脈，則在第一次國會之唯一職權，即為制定憲法。憲法一日不布，則政本一日不立。然一般官僚武人輩，所以必欲解散國會者，實即欲自根本上推翻共和國體耳。故第一次憲法甫成，而袁世凱解散之，第二次憲法草案方通過二讀會，而段氏又解散之。當國會第二次被解散也，參議院之第一次改選已畢，距眾議院之總選舉僅不過百餘日，而大總統改選期，亦不過一年矣。若官僚武人輩，能為正正堂堂之政治競爭，則應由選舉中圖擴充其勢力，不應訴諸武力，以蹂躪國會，破壞約法。蓋國會既被解散，則數十年革命事業之成績，固全被推翻，而將來國家之根本憲法，亦無從制定。國本動搖，大亂無已。故以擁護約法之故，訴諸武力，蓋不得已耳。文之淡於私人權利，執事所深知，苟共和之國體能鞏固，則拋政權可也，共和國體若危，文視之為唯一之生命，必盡其所能以擁護之。故解決今日時局，以恢復國會為唯一之根本。只此一事，倘北方當局能毅然斷行，則文已十分滿足，不求其他條件也。背乎此者，則無論示以何種條件，文必不甘承認之。何也？為圖中國之長治久安，實舍鞏固國體外，無他道耳。世人紛紛以南北之分限為言，文甚鄙棄之。蓋為此言者，不過欲利用南北之惡感，以自營其私而已。以上所陳，文之本懷，懇賜明察。[44]

但在此同一時期內，中山先生卻先後組織中華革命黨和中國國民黨，重訂「革命方略」，確定訓政和以黨治國的綱領，重揭五權憲法和直接民權。這是這時期的中山先生言論著作中十分強著的「雙重主張」，曾令有的討論他的思想的學者，困惑不解。我們的解釋是，中山先生在此時期的表彰約法和國會，和他在辛亥返國後的接受中部同盟會人士的主張和讓袁的事實一般，是他為適應當時的情勢而取的立場。第一，如上所述，約法和國會現在既成了民國法理的「正統」，則對於破壞約法和國會的北洋武人官僚，要求恢復「正統」自然是一個最容易結合各方勢力的理由。中山先生自己便曾在他民國十二年（一九二三年）初所撰的

「中國革命史」中，明白作過類似的解釋。他說：

夫余對於臨時約法之不滿，已如前述，則余對於此與「革命方略」相背馳之約法，又何為起而擁護之？此必讀者所亟欲問者也。余請鄭重以說明之，辛亥之役，余格於羣議，不獲執「革命方略」而見之實行，而北方將士，以袁世凱為首領，與余議和。夫北方將士與革命軍相距於漢陽，明明為反對民國者，今雖曰服從民國，安能保其心之無他。故余奉臨時約法而使之服從，蓋以服從臨時約法為服從民國之證據。余猶慮其不足信，故必令袁世凱宣誓遵守約法，矢忠不貳，然後許其和議。故臨時約法者，南北統一之條件，而民國所由構成也。袁世凱毀棄臨時約法，即為違背誓言，取消其服從民國之證據，不必待其帝制自為，已為民國所必不容。袁世凱死，而其所部將士，襲其故智，以取消其服從民國之證據，則其罪與袁世凱等，亦為民國所必不容。故擁護約法，即所以擁護民國，使國人對於民國，無有異志也。余為民國前途計，一方面甚望有更進步更適宜之憲法，以代臨時約法，一方面則務擁護臨時約法之尊嚴，俾國本不因以搖撼。故余自六年至今，奮然以一身荷護法之大任而不少撓。[45]

第二，民國開國以來，擾攘未已，民心厭亂。民黨為收復民心，也不能不表示適可而止，及早恢復國家的和平和秩序。在倒袁後對從軍華僑的一次講演中，中山先生說，「當帝制之初發生，吾人均謂此為打倒舊習，造成真正共和之好機，然在今日，事實與本願相違，且此時更有假共和之說。然而國民實際已希望和平，政府已標贊成共和、消滅帝制之幟以為政，則吾人自不能不收束。蓋真假之辨，端待將來之證據，現在不能懸揣以決之。」[46] 便是正對此種情勢而發。

第三，民生主義的建設祇能實現於一個民主社會之中，所以任何政府形式，凡有裨於民主政治的，都值得扶持。此層理由，在上引民國九年馮自由的文中，曾經道及。馮文說：

平民主義和社會主義是互相關連，平行不悖的，從前同盟會主張民權主義和民生主義同時舉行，也是這個意思。……因此我們若要在中國宣傳社會主義，首先要使平民政治一天一天的發達，才可以減少反對黨的抵抗力，而進行無礙。卻是擴張平民政治的基礎，就祇有維持現狀之一法。因為民國歷史上一脈相傳的國會，如果不能保存，便失了發展平民政治的一個正式機關。……故民國能否維持現狀，與社會主義的實行問題，真有密切的關繫。[47]

第四，也可能當時中山先生曾經感覺，完全實現他的理想的時機未至，所以他一面強化他的黨的組織，而對外則揭最合乎法理和最可能收眾望的宗旨，以為號召。關於這一層，鄒魯在他的回顧錄中曾有如下的記載：

《民國》月刊將出版時（民國三年春），中山先生告鄒魯曰，）我先要告訴你關於目前本黨宣傳的方針。現在本黨宣傳的對象，要去推倒袁世凱。你在北京的時間較久，對於袁世凱倒行逆施的情形比較熟悉，應該把它儘量揭發出。……至於黨義的宣傳，可以從緩，因為國賊未除，甚麼主義都行不通。[48]

而當民國七年（一九一八年）中山先生自粵返滬之初，汪精衛和江海關監督薩福懋曾有電致梁士詒，討論收拾時局之方。電文中引中山先生之語，則曰，「據年來經驗，知實現理想中之政治，斷非其時，故擬取消極態度，將來從著述方面，啓發國民。」[49]

但歷次由妥協而成的共和，其非真的共和，中山先生自然知之最審。民國六年（一九一七年）他在廣東號召護法，在一次歡迎會的講演中，他說，「中國共和垂六年，國民未有享過共和幸福，非共和之罪也。執共和國政之人，以假共和之面孔，行真專制之手段也。故今日變亂，非帝政與民政之爭，非新潮流之爭，非南北意見之爭，實真共和與假共和之爭。」[50] 雖帝制、復辟，先後敗衄，然「前之倡亂壞法者，又假借……擁護共和之名，以圖自固。」所以他以為今日之患，非患真帝制復辟者之眾，而「正患偽共和（者）之多。」[51] 此所以他一方面要務擁護為民國之正統的臨時約法的尊嚴，而同時又要務鞏固革命的力量，以為有日實行他的主義的準備。

1　「宣統」十六年二月（一九二四年三月）金梁奏，說他於「丙辰年（一九一六年）奉天之首抗『洪憲』，內蒙之獨舉義旗，」與有力也。見《甲子清室密謀復辟文證》，頁二五—二六。清室善後委員會刊行，《故宮叢》刊之二，一九二五年，北京。

2　《梁士詒年譜》，一九一六年三月十七日，「先生（梁）奉袁電召入府，袁氏以形勢日蹙，頓萌悔意，因召先生商撤銷帝制。既見，袁以案上文電交先生閱看，其一為康有為勸袁撤銷帝制，世所謂『慰庭總統老弟大鑒』之詳函；其二為徐世昌函，有『及今尚可轉圜，失此將無餘地』之語；其三江蘇將軍馮國璋、山東將軍靳雲鵬、江西將軍李純、浙江將軍朱瑞、長江巡閱使張勳五將軍聯電請速取銷帝制，以安人心電文；其四駐日本公使陸興宗電，大隈首相與各大臣及元老，以宮宴之便，開御前會議，專為對華問題，認為時機已至，有自由行動，派兵進駐中國要地，以免妨害亞東和平之報告。……又有各省反帝制電文一束。」（上），頁三一九—三二〇。

3　一九一五年九月，雲間鶴戾生編《最近國體風雲錄》一書，「國體類」分甲、乙二說，甲說主張變更國體，以籌安會發起宣言為首篇；乙說反對變更國體，以梁啓超「異哉所謂國體問題者」一文為首篇。

4　蜀難「皇帝問題」，《最近國體風雲錄》上編，「國體類」，乙說，頁八〇。

5　《梁士詒年譜》（上），頁一五九。

6　谷鍾秀「中華民國憲法草案釋義」，正誼，第一卷第二期，文頁碼一。一九一四年二月，上海。

7　與熊純如書札節鈔第四十六，王蘧常《嚴幾道年譜》頁一一九引，一九一七年條下。

8　一九一六年三月二十日北京電，見次日上海《民國日報》，中國國民黨中央委員會黨史史料編纂委員會藏鈔稿。

9 「張勳私開會議記」，護國軍紀事第五期，「紀事」頁一〇四。一九一六年十二月，上海。

10 一九一六年八月四日上海《民國日報》載張勳通電。中國國民黨中央委員會黨史史料編纂委員會藏鈔稿。

11 《梁士詒年譜》(上)，頁三四五。

12 大浣「官僚道德論」，雅言半月刊第一期，文頁碼三。一九一三年十二月，上海。

13 一九一四年二月二十五日，上海《大共和日報》，「時評」。

14 《梁士詒年譜》(上)，頁二六七。

15 同上，頁三四三引。

16 同上，頁三七九。

17 「梁任公對報界之演說」，《東方雜誌》第十四卷第三號，頁一八四。一九一七年三月，上海。

18 李浩然「新舊文學之衝突」，原載北京《新中國》雜誌，《東方雜誌》第十六卷第九號轉載，頁一五九—一六二。一九一九年九月，上海。

19 唐繼堯《會澤首義公牘》(上)，電報，頁八五—八九。一九一七年，雲南昆明。

20 「政學會宣言」，政學會宣言書，頁一，出版時地名缺。案宣言文中有「顧國會重開（一九一六年八月一日），瞬及四月，政府改組，將及半載」等語，則宣言之發表，應在一九一六年年終。

21 分見《民聲》月刊第一卷第三號，一九一六年十二月；《民鐸》季刊第四期，一九一八年五月；《新中國》雜誌第一卷第四號，一九一九年八月。

22 見《國父全集》（二），頁七一。

23 「譚人鳳函牘原稿鈔件」（乙），中國國民黨中央委員會黨史史料編纂委員會藏。

24 同上，覆邱伯衡函。

25 吳稚暉「致章士釗書」，時希聖編《吳稚暉言行錄》（上），頁一七三。一九二九年，上海。

26 一九一八年中山先生覆港商陳賡如函，《國父全集》（五），頁三二三—三二四。

27 「夏思痛先生遺著」，鈔件第一號，年月日缺。中國國民黨中央委員會黨史史料編纂委員會藏。

28 「譚人鳳日記」，毛筆原件，中國國民黨中央委員會黨史史料編纂委員會藏。譚人鳳於扉頁自題「此一九一七年之日記」然案其所記之事及農曆公曆月日對照，應屬一九一八年，非六年。

29 「夏思痛先生遺著」，鈔件第二號，「崔戟勳傳」。中國國民黨中央委員會黨史史料編纂委員會藏。

30 《國父全集》（五），頁二九三—二九四。

31 馮自由「從社會主義解決中國之政治問題」，香港《大光報》「庚申增刊」，頁十四。

32 「岑春煊之宣言」，一九一六年三月二十六日上海《民國日報》，中國國民黨中央委員會黨史史料編纂委員會藏鈔稿。

33 《梁士詒年譜》（上），頁三四六—三四七引。

34 同上引。

35 《革命文獻》（七），總頁九三七，定此電日期為一九一七年七月，應誤，案電文中有「今黎大總統雖已就職，北京政府仍根據袁氏擅改之約法，以遺令宣佈」之語，則其發表應在一九一六年袁死後，不應在一九一七年復辟敗後。

36 見一九一七年七月二十五日上海《申報》「梁任公之國會談」，又同月二十八日申報北京電。丁文江編《梁任公先生年譜長編》初稿（下）頁五二三—五二四引。
37 同上，頁五二五引。
38 《梁士詒年譜》（上），頁四三四引。
39 《國父全集》（四），頁十八。
40 一九一六年五月，中山先生在東京與某君談話。《國父全集》（四），頁四九九。
41 《國父全集》（四），頁二六一。
42 《國父全集》（四），頁二六三。
43 《國父全集》（四），頁二七八。
44 《國父全集》（五），頁二八四—二八六。
45 《國父全集》（六），頁一五八—一五九。
46 《國父全集》（三），頁一五六—一五七。
47 同註31，頁十五。
48 《鄒魯回顧錄》（一），頁七一—七二。
49 《梁士詒年譜》（上），頁四二九，原件照相。
50 《國父全集》（三），頁一六一。
51 一九一七年七月十九日中山先生致國會議員電，《國父全集》（四），頁二八四—二八五。

（四）

中山先生在晚年追述他民初讓袁後的鼓吹民生主義，曰：「余於袁世凱之繼任為臨時大總統也，固嘗以小康期之，乃倡率同志，退為在野黨，並自任經營鐵路事業。蓋以為但使國無大故，則社會進步，亦足以間接使政治基礎，臻於完固。如此，則民國之建設，雖稍遲滯，猶無礙也。」[1] 這確是當時中山先生思想的忠實的寫照。陳其美在民國四年（一九一五年）致黃興的著名的函件中，便曾言之。[2] 中山先生的目的，是在想在現狀容許之下，盡力於社會的培養開化，先把中國造成一個「福利國家」，以充實民國的基礎。所以民初他屢次聲言：「中國民族、民權兩層已達到，祗民生還未做到。」[3]（民生主義既祗能實現於一個民主的社會，則維持民國政府，即中山先生所謂的「小康」之局，自然也應該是計之得者。[4] 便是在洪憲帝制敗後，他也尚未完全放棄這一思想。[5] 但民生主義在民初既未列入國民黨的政綱，[6] 所以中山先生便自己奔走宣傳，為民生主義號召。辛亥和民國元、二年間，反而成了中山先生提倡民生主義最力的時期。[7] 他所集注的具體主張是鐵路計畫和平均地權；他所舉以和民生主義互稱的用語，是「國家社會主義」。

甲辰（清光緒三十年；一九〇四年），中山先生在美國，撰「中國問題之真解決」（*The True Solution of The Chinese Question*）一文，宣稱中國在倒滿以後，「社會主義、經濟主義之理想世界，亦將實現於實際。」[8] 在他認為，社會主義之必行，一個正當的理由便是為大多數人的幸福。[9] 他的思想中的一個特別值得注意之點，便是他的完全接受西方工業制度（industrialism）的事實，承認它是社會進步之必然的結果和必需的基礎，而民生主義——社會主義——是使工業制度達到大多數幸福的一條康莊大道。此在中國為尤然。在民國元年（一九一二年），他說：「夫中國亦將自行投入實業漩渦之中，蓋實業主義（industrialism）為中國所必需，文明進步，必頓乎此，非人力所能阻遏。故實業主義之行於吾國也必矣。吾人今日務必開發富源。其法維何？……民生主義是也。」[10] 而他的民生主義，「並非如反動派所言，將產業重行分配之荒謬絕倫。但欲行一方策，使物產之供給，得按公理而互蒙利益耳。」他說，這便是他「所主張之民生主義之定義。」他要使「將來中國之實業，建設於合作的基礎之上，政治與實業皆民主化，每一階級皆依賴其他階級，而共同生活於互信互愛的情形之下。」這樣，「生產將日益增加，以最少限度之窮困與奴役現象，以達到最高限度之生產。」這樣，人人皆得「享受其勞力結果之全部，獲得較優良之工作狀態，並有餘暇之機會，可以思及其他工作以外之事件。」這樣，「勞工必能知識日進，獲得充分之娛樂與幸福。」[11]

正視歷史的事實，而持之以一貫的樂觀精神，這是在同時代的人物中，中山先生所表現的特別過人之處。他充分見到在近代工業制度下生產力的無限的擴張。他說：「處今日而言社會經濟，不患生之者不眾，而患食之者不眾。」[12]即就當時的中國而言，他相信「若興農礦製造，則十年之間，可以自養其民。」[13]而民生主義，則足以防杜因生產力發達而引起社會革命的危機。以一次有計畫的和平的社會革命，來防止猝發的暴亂的社會革命，是中山先生民生主義思想中的另一個特別值得注意之點，我們可以字之曰「社會革命之防患未然說」。就可見的記載看來，從丙午（清光緒三十二年；一九〇六年）《民報》紀元節的講演始，這一理論時時出現在他的言論著作之中。就在民報紀元節講演中，他說：

凡有識見的人，皆知道社會革命，歐美是決不能免的，這真是前車可鑒。將來中國要到這步田地，纔去講民生主義，已經晚了。這種現象，中國現在雖還沒有，但我們雖看不見，或者我們子孫總可以看得見的。[14]

民國開國，在許多次講演中，他都提到「當此民族、民權革命成功之時，」要為社會革命「思想預防。」[15]他說：「今日我輩講社會主義，須按民國草創之情形，循序漸進，以和平手段，以國家為本位，則吾人所希望之幸福，方不致徒託空言。」[16]他分析西方社會主義思想的演進，斥「均產派」和無政府主義都是社會主義初期粗淺激烈、虛無飄渺的思想，[17] 而接受亨利・喬治（Henry George）的「土地歸為公有」和馬克斯（Karl Marx）的「資本歸為公有」的學說。但他所持的理由之一，卻是認為依照後二者的學說，國家可以藉分配平均，求社會問題的「根本和平之解決，」「以免激烈派之實行均產主義，而蒙攘奪變亂之禍。」[18]

在中山先生，社會主義不僅是進步的、樂觀的、和平的，而且也是人道主義的。社會達爾文主義（Social Darwinism）之曾廣泛影響民國開國前的中國思想界，作者在「同盟會時期孫中山先生革命思想之分析研究」一文中，已曾約略論及。中山先生在丁酉（清光緒二十三年；一八九七年）便曾說他自己「於西學則雅癖達爾文之道。」[19] 但作為一個革命家，中山先生殆自始即強調要以「人事的變更，」來代替「天演的變更。」[20] 而在民國元年（一九一二年）的多次講演中，他更反覆推明社會主義者所以反對社會達爾文主義，和社會主義的實行將消滅社會弱肉強食的道理。從下面的一段引文中，我們最能見他此說的精義：

社會主義不獨為國家政策之一種，其影響於人類世界者，既重且大。循進化之理，由天演而至人為，社會主義實為之關鍵。動物之強弱，植物之榮衰，皆歸之於物競天擇，優勝劣敗，進化學者遂舉此例，以例人類國家，凡國家強弱之戰爭，人民貧富之懸殊，皆視為天演淘汰之公例。故達爾文之主張，謂世界僅有強權而無公理，後起學者隨聲附和，絕對以強權為世界唯一之真理。我人訴諸良知，自覺未敢贊同，誠以強權雖合於天演之進化，而公理實難泯於天賦之良知。故天演淘汰，為野蠻物質之進化；公理良知，實道德文明之進化也。社會組織之不善，雖限於天演，而改良社會之組織，或者人為之力，尚可及乎？社會主義，所以盡人所能，以挽救天演界之缺憾也。其所主張，原欲推翻弱肉強食，優勝劣敗之學說，而以和平慈善，消滅貧富之階級於無形。[21]

他批評馬爾薩斯（Thomas Robert Malthus）人口論的悲觀主義。強權者藉人多地少，生眾食寡為辭，「於是國家殖民政策，緣此發生。弱肉強食，劣敗優勝，死於刀兵者，固屬甚多，其受強族之蹂躪，淪落以至於種族滅絕者，又比比皆是也。」[22] 社會主義之反對馬爾薩斯學說，一則是因為它不合事實，再則是因為它不合公理。社會主義者認為社會疾苦的由來，不在人多地少或生眾食寡，而在財富分配的不均。土地公有和資本公有的學說，都是要從「經濟學的分配問題，」來求根本解決社會疾苦的問題。[23] 所以他說：「社會主義者，人道主義也」，[24] 不重相爭而重相助。「有道德始有國家，有道德始成世界，」[25] 由此乃可以期望有進於世界大同的一日。而在中山先生看來，因為中國有古代的井田制度和累世同居的傳統，所以特別適於實行社會主義。[26]

中山先生分社會主義的派別為（一）共產社會主義，（二）集產社會主義，（三）國家社會主義，（四）無政府社會主義。國家社會主義原屬於集產社會主義，而無政府社會主義屬於共產社會主義，所以實際祇有二派。中山先生承認共產主義為「社會主義之上乘，」因為「共產云者，即人在社會之中，各盡所能，各取所需，如父子昆弟同處一家，各盡其生利之能，各取其衣食所需，不相妨害，不相競爭，郅治之極，政府遂處於無為之地位，而歸於消滅之一途。」但他指出，各盡所能，各取所需，「說者謂可行於道德知識完美之後，」然則，那時人民，「道德知識既較我人為高，自有實行之力，何必我人窮思竭慮，籌畫於數千年之前乎？」[27] 這樣，他以共產主義置諸不可知的遙遠的未來，從而便也揚棄了共產主義。[28] 他說：「我人既為今日之人民，則對於今日有應負之責任。」「我人處今日之社會，即應改良今日社會之組織，以盡我人之本分。」[29] 他的主張是行集產社會主義，也便是他所稱的國家社會主義。他說：「民生主義者，即國家社會主義也。」[30]「凡屬於生利之土地、鐵路，收歸國有，不為一、二資本家所壟斷漁利，而失業小民，務使各得其所，自食其力，既可補天演之缺憾，又深合於公理之平允。斯則社會主義之精神，而和平解決貧富之激戰矣。」[31]

中山先生的民生主義，在辛亥前的同盟會時期，雖已論到資本家的為患，但主要還祇揭平均地權一義。中山先生尚說：「同盟會從前主義，有平均地權一層，若能將平均地權做到，那麼社會主義已成七、八分了。」[32] 民國元年（一九一二年）六月，上海同盟會舉行夏季常會，黃興代表中山先生致辭，也說：「本黨成立，與他黨異。中山先生倡三大主義，其特注重者，則平均地權一語。」他說：「民生主義，繁博廣大，而要之，則平均地權。反而言之，即是土地國有。」[33]入民國後，中山先生開始努力為大資本國有鼓吹，而以發達國家資本為達於大資本國有的途徑。在民國元年（一九一二年）十二月的一次講演中，他並已揭「節制資本」和「平均地權」各為民生主義的四大綱之一。[34]但中山先生之以「節制資本」和「平均地權」相提並論，大抵要遲到民國八年（一九一九年）以後。在民國八年他所親撰的「三民主義」一文中，中山先生重述中國之行民生主義，在求消弭社會革命未然。消弭之法，在防止少數人的壟斷土地和資本。但在中國，因為中國資本未發達，所以首要之圖，還在整頓土地。他說，及今整頓土地，則社會問題已解決過半。反之，他說，「歐美資本發達後，其為患於社會如此其大者，以歐美土地問題，未能於資本發達之前而先為之解決，故地主與資本家二者，合而為一，如虎加翼，其橫暴遂不可制止矣。」他說：「今各國政治家之解決社會問題者，亦必先從土地問題着手。雷・佐治（Lloyd George）之於英國施行土地照價抽稅之法是也。」[35]

同盟會時期中山先生平均地權的學說，在理論上求以「照價徵稅」和「照價收買」（土地國有）互用的辦法，以達於土地自然增價歸公和以土地稅代替各種苛捐雜稅（土地單一稅）的目的，作者在上文（「同盟會時期孫中山先生革命思想之分析研究」）都曾約略論及。上文並曾指出，一直到民初，中山先生所稱的「照價徵稅」，在實行上其實祇是主張「一種以值百抽一（或值二百抽一）為準的地價稅；」而他所稱的「土地國有」，祇是國家「有按徵稅地價收買任何土地之權，」以防杜人民以貴報賤的流弊，和當國家有建設需用土地時可以給價徵用。他所計畫的地價稅祇施於素地，沒有累進性，也不加增值稅。「他顯然未嘗欲以現有的地租歸公，以稅去地主；」乃至「未嘗欲以未來的地租歸公，而使未來的土地自然增價歸公。」在丙午的民報紀元節講演中，他說土地的自然增價「當歸國家，」[36] 在民元的歷次言論中，他說土地的自然增價「應歸社會公有，」[37] 說「應使土地不勞增益，歸之社會，」[38] 凡此，當皆就將來的應然而言。其後，在民國九年（一九二〇年）的「地方自治開始實行法」和在民國十三年（一九二四年）的「建國大綱」中，中山先生曾明白開列土地自然增價歸公為各自的實施程序中應行的一目。後者的第十條規定「報價之後，若土地因政治之改良、社會之進步而增價者，則其利益當為全縣人民所共享，而原主不得私之。」[39] 但在民國十三年（一九二四年）的「民生主義」講演中，他卻又說：「這種把以後漲高的地價收歸眾人公有的辦法，才是國民黨所主張的平均地權，才是民生主義。這種民生主義，就是共產主義。」他說：「三民主義中的民生主義，其目的就是要眾人能夠共產，不過我們所主張的共產，是共將來，不是共現在。」[40] 自然，這裏的「將來」，可以作土地漲價以後解釋，而不必作如上引的遙遠的未來解釋。但至少中山先生從未為土地自然增價歸公一事提出具體的辦法；[41] 而至少在本文所討論的一段時期內，他的平均地權的主張，其重心一直仍在上述的「照價徵稅」和「照價收買」二義。不過，配合他在民初所號召的建國方策，當然也並非全無新義。

第一，中山先生認為，地價稅的起徵和稅契的實行，將成為國家的一大財源。新國家的主要財政收入，照他所預將計分三種，即地價稅、鐵路收入、和礦業收入。[42]他說：「實行就地抽稅，則國家即變成一大業主，何等富厚？」[43]

第二，以地稅收入供地方自治的經費，明白規定於「建國大綱」的第十和第十一兩條。但早在民國元年（一九一二年），中山先生已經提到測繪全省詳圖和調查全省人口等地方自治的基礎工作，其所需的巨額經費可以出自稅契項下。[44]此義以後他時加發揮，[45]而詳見於民國九年（一九二〇年）三月發表的「地方自治開始實行法」。該文所擬地方自治實行次序的第三「定地價」項下，說：

定地價之法，何以為便乎？……予以為當由地主自定之為便。其法：以地價之百分抽一，為地方自治之經費；如每畝值十元者，抽其一角之稅，值百元者抽其一元之稅，值千元者抽十元之稅等是也。此為抽稅之一方面，隨地主報多報少；所報之價，則永以為定，此後凡公家收買土地，悉照此價，不得增減。而此後所有土地之買賣，亦由公家經手，不能私相授受。原主無論何時，祇能收回此項所定之價；而將來所增之價，悉歸於地方團體之公有。如此則社會發達，地價愈增，則公家愈富。由眾人所用之勞力以發達之結果，其利益亦眾人享有之。[46]

第三，按以上規定，如行之有效，則於地籍移轉時，可以收土地自然增價歸公之效。此尤以國家照價收購土地時為然。國家的照價收購土地，依中山先生的主張，當在兩種情形下行之。他說：「地不必盡歸國有，收取其需要之地，斯亦可矣。」[47]第一是國家「可因將來交通之便利，於其集中繁盛之區，一一收土地為國有，則將來市場發達，地租增高，皆國家共有之利，可免少數地棍所把持。」[48]這是為防杜土地增價的利益為少數私人壟斷，而要使國家公共受其利益。第二是「若修道路，若闢市場，其所必經之田園廬墓，或所必需之地畝，即按照業戶稅契時之價格，國家給價而收用之。」[49]此則更欲以為國家物質建設之一重要基礎矣。中山先生之欲以平均地權為國家物資建設的基礎，在「實業計畫」中隨處可以找到示例。下面我們擇舉一例：

乍浦澉浦間及其附近土地之價，每畝當不過五十元至一百元，國家當劃取數百方英里之地於其鄰近，以供吾等將來市街發展之計劃所用。假如劃定為二百方英里，每畝價值百元，每六畝當一英畝，而六百四十英畝當一英方里，故二百英方里地價，當費七千六百萬元。以一計劃論，此誠為鉅額。但政府可以先將地價照現時之額限定，而僅買取所須用之地。其餘之地，則作為國有地未給價者，留於原主手中，任其使用，但不許轉賣耳。如此，國家但於發展計劃中需用若干地，即隨時取若干地；而其取之，則有永遠不變之定價；而其支付地價，可以徐徐，國家將來即能以其地所增之利益，還付地價。如此，惟第一次所用地區之價，須以資本金支付之，其餘則可以其本身將來價值付之而已足。至港面第一段完成以後，此港（東方大港計劃港）發達，斯時地價急速騰貴，十年之內，在其市街界內，地價將起自千元一畝至十萬元一畝之高價，故土地自體已發生利益矣，而又益之以計劃本來之港面及市街之利益。因其所挾卓越之地位，此港實有種種與紐約媲美之可能。而在揚子江流域，控有倍於美國之二萬萬人口之一地區，想當以此為唯一之深水海港也。此種都市長進之率，將與實行此發展計劃全部之率，為正比例。[50]

同時，地價稅和稅契的收入，也將有裨於發達國家資本，為國家資本的一個來源。中山先生論稅契，謂「擴而充之，則水力、發電、墾荒、開礦，均可由此進行。」[51]

第四，平均地權的實施，也可以促使本來束縛於土地之上的資本和人力，解放出來。這是中山先生民生主義思想的另一極其值得注意之點。中國資本未發達，一點貧乏的資本和未發達的生產力，又被束縛於土地之上。土地私有的結果，一方面是獨佔居奇，壟斷和把持土地的利益；而同時農民則貧困不堪，喪其樂生之心，缺乏改進生產的能力和興趣。他說：「中國十八省之土地，現乃無以養四萬萬人。」救濟之道，第一是「將廣地耕種，」第二是「將己耕之地，依近世機器及科學方法改良。」但兩者都需要改善土地制度。前者需要禁止土地的居奇投機，而後者需要一種「保護獎勵農民，使其獲得己力之結果」的土地法。[52] 生產力進步，過剩的農民遂可以去而之他，以從事工商路礦的勞動。反之，生產力未發達，則我們一方面固見極大部分人力被束縛於土地，同時卻也見社會有過剩的人力，不能獲得工作。所以振興農礦製造，同是當務之急。[53] 而平均地權的實施，既使圖不勞而獲的土地投機無利可圖，則資本將「盡投之於工商，」是為資本的解放。[54] 下面是民國元年（一九一二年）中山先生在廣州的一次講演中所說：

> 世界有一公例，凡工商發達之地，其租值必日增，若香港，若上海，前一畝值百十元者，今已漲至百十萬有奇。及今不平均地權，則將來實業發達之後，大資本家必爭先恐後，投資於土地投機業，十年間，舉國一致，經濟界必生大恐慌。雖其間價有漲落，地有廣狹，資本家或因而虧折，然土地有限，投機者無限，勢必至有與平民以失業之痛苦之一日。……當此過渡時代，投機業愈盛者，其工商業必為阻滯。若實行稅價法、及土地收用法，則大資本家不為此項投機業，將以資本盡投之於工商。然後謀大多數之幸福之目的乃可達。……蓋土地之面積有限，工商之出息無限，由是而製造事業日繁，世界用途日廣，國利民福，莫大乎是。[55]

中山先生在民初雖已列節制資本為他的民生主義的四大綱之一，「以免貧民受富豪之挾制。」[56] 但他屢屢聲明，他之「所以持民生主義者，非反對資本，反對資本家耳，反對少數人佔經濟之勢力，壟斷社會富源耳。」[57] 中國資本未發達，民國建設初期，節制私人資本尚不若發達國家資本為尤急要。所以他宣言，「民生主義並非均貧富主義，乃以國家之力，發達天然實利，防資本家之專制。」[58] 在有的場合，他毋寧承認在他的理想的新國家中仍將有「富翁」和「不幸者」；[59] 他也要求民族資本家「合全國之資與力，」以共同建設國家。[60] 尤其在民初，他的資本政策，主要乃要取法俾士麥（Otto Von Bismarck）在德國所行的國家社會主義，「一面圖國家富強，一面防資本家壟斷之流弊。」[61] 民元同盟會總章中「採用國家社會政策」一條，據中山先生自己的解釋，便是「採用國家社會主義政策」之謂。他說：「現今德國即用此等政策，國家一切大實業，如鐵路、電氣、水道等務，皆歸國有，不使一私人獨享其利。」[62] 而在一切大實業中，鐵路國有尤居首要。他說，他「欲辦鐵路，主張鐵路國有，是即國家社會主義，為民國富強之基。」[63]

中山先生在讓袁後的專心致志於鐵路實業，在他於民國元年（一九一二年）八月間致宋教仁的一封信中，說得十分明白。現在我們把這封信摘引在下面：

民國大局，此時無論何人執政，皆不能大有設施，蓋內力日竭，外患日逼，斷非一時所能解決。若只從政治方面下藥，必至日弄日紛，每況愈下而已。必先從根本下手，發展物力，使民生充裕，國勢不搖，至政治乃能活動。弟刻欲捨政事，而專心致志於鐵路之建築，於十年之中，築二十萬里之線，縱橫於五大洲之間，計劃已將就緒，而資本一途，亦有成說。……今日所待者，只要參議院之贊同，政府之特許，便可從事。[64]

在民國的開國偉人中，中山先生在解臨時大總統職後曾受任督辦全國鐵路之職；譚人鳳和黃興也曾先後受任督辦粵漢川鐵路之職。而在民國元、二年間（一九一二、一三年）中山先生的言論著作中，鐵路為最常被提到的題目之一。關於鐵路在國家一切建設專業中的重要性，民國元年（一九一二年）中山先生在為英文《大陸報》（*China Press*）所撰的「中國之鐵路計畫與民生主義」一文，言之最為透徹。國家的統一進步、國力的強盛、物產的流通、自然蘊藏的開發，都有待鐵路建築來促進。「交通為實業之母，鐵道又為交通之母。」[65] 以下是引自這篇文字中的片段：

中國亦與各大國發展之情形相同，所急切需要者，乃交通之便利。故目前關係吾國前途之最大者，莫如鐵路之建築。因鐵路能使人民交接日密，袪除省見，消弭一切地方觀念之相嫉妬與反對，使不復阻礙吾人之共同進步，以達到吾人之最終目的。且路線敷設以後，則物產之價值勢必增漲數倍。因此種路線，不啻將昔日市場與生產者遙遠之距離，縮短於咫尺之間也。至地下蘊藏採掘，金屬物產之開發，其利益之豐厚，乃顯而易見者，固不待贅言者也。

余現擬進行之計劃，規定於今後十年之內，敷設二十萬里之鐵路，……以橫貫全國各極端。使伊犂與山東恍如毗鄰，瀋陽與廣州言語相通，雲南視太原將親如兄弟焉。迨中國同胞發生強烈之民族意識，並民族能力之自信，則中國之前途，可永久適存於世界。蓋省區之異見既除，各省不復時常發生隔閡與衝突，則國人之交際日益密切，各處方言將歸消滅，而中國形成民族共同自覺之統一的國語必將出現矣。

完成目前之鐵路計劃，即所以促進商業之繁盛，增加國富，市場因以改良而擴大，生產得藉獎勵而激增。尤其重要者，則為保障統一之真實，蓋中國統一方能自存也。一旦統一興盛，則中國將列於世界大國之林，不復受各國之欺侮與宰割，今時機已至，中國將能自立以抵禦外來之侵略。[66]

但中國資本既不發達，建築鐵路的資本將何自而來？於此，中山先生提出他的龐大的運用外資的計畫，其後發展而成他的一整套為國家謀物質建設的「實業計畫」。中山先生指出，利用外資造路，可以取三種不同的方式，一是借款修路，一是招股修路，一是批給外人承辦。[67] 此三者中，他認為最合宜的一種是批給外人承辦。[68] 但有時他也主張三種方式同時並用，借款修路可施於邊境一帶，而其餘的兩種方式可「施於戶口稠密之處。」[69] 中山先生對於運用外資所舉的若干技術上的理由，我們毋需在此討論。我們首先應該指出的，是中山先生在這事上所表示的他的對於時間的觀念——一種極其進步的近代精神的表現。在一次討論批造鐵路時，他說：

若謂鐵路事業，獲利甚大，即如京張鐵路，五年即可歸本，若全國鐵路皆批給外人辦理，則四十年（假定的承辦年限）內應得之利，皆為外人所賺，不吃虧太大乎？此又不然者。我等若不先行存此貪心，儘可由他賺去。因倘使此路不能修成，即千萬年我亦無利可賺。今讓他先賺四十年，以後完全歸我所有，合計尚是便宜。[70]

在另一個機會中，他批評清季造路的遲滯，說：

西人所謂時間即金錢，吾國人不知顧惜，殊為可歎！昔張之洞議築蘆漢鐵道，不特畏借外債，且畏購用外國材料，所以設立漢陽鐵廠，想自造鐵軌的。孰知漢陽鐵廠屢經失敗，又賠了許多錢，終歸盛宣懷手裏，鐵道又造不成功，遲了二十餘年，仍由比國造成，一切材料，仍是在外國買的。即使漢陽鐵廠成功，已遲二十餘年，所失不知幾何。[71]

此所以他說「中國人知金錢而不知時間，顧小失大，大都如是。」

其次，借債造路，牽連到運用外資的問題，也牽連到門戶開放的問題。運用外資，在同盟會時期便已是論爭的題目之一，作者在上文也已曾述及。中山先生在民初的理論，尤其簡單明瞭。要之，國家「能開發其生產力則富，不能開發其生產力則貧。」國家既欲興大實業，而苦無資本，「則不能不借外債。」「借外債以營不生產之事則有害，借外債以營生產之事則有利。」[72]就批造鐵路一事而言，他說：

吾人須屏除一種錯誤之見解，勿以為外人一旦圖辦此種事業，則必破壞國家之主權，妨害吾人之自由。蓋實際上並不如是也。此同一之辦法，曾在各處施行，固皆不曾妨害其國家之主權。譬如美國連貫其國疆極端之鐵路系統，大部皆由外資敷設。在美國之富源未開發以前，事實上亦不得不利用外資也。[73]

民國元年（一九一二年），中山先生曾倡「我無資本，利用外資；」「我無人才，利用外國人才；」「我無良好方法，利用外人方法」之說。[74]到民國六年（一九一七年），在他的一封覆李村農論借外資書中，他指出為求富源的開發利用，如何必需利用外資，以節省人力，縮短時間。他說：「欲謀實業之發達者，非謀其一端之可成效也，必也萬般齊發，始能收效。然要其萬般齊發，非一、二銀行所能為力，亦非一、二工廠所能為功，必也廣借外債，……以開發種種之利源，互相挹注，互相為用，乃能日進千里。」在「廣借外債」句下，他自注「即多賒機器。」機器，自然應兼具資本和技術的成分。他指責李村農說：「若君之一意排外資，真義和團之思想耳。」[75]

民國元年（一九一二年）五月，袁世凱政府與英美德法四國銀行團（Four Power Consortium）談判大借款。民黨報紙因見銀行團條件苛刻，羣起叫囂，有殺袁世凱、唐紹儀

（國務總理）、熊希齡（財政總長）的呼聲。為抵制外債，民黨人士有倡國民捐者（黃興），有倡國民集資者（戴季陶），有倡各省自籌者（譚人鳳），[76]皆不若中山先生對於運用外資的性質和宗旨之持有明確的定見。自然，在中山先生臨時總統任內，他也曾因庫藏枯竭，財政拮据，進行借債以供政費。[77]而在他卸任後，他的擬籌六十萬萬外資，修二十萬里鐵路的計畫，也終成泡影。但凡此，都無礙於他在原則上所表現的遠大的眼光和抱負。

與運用外資的政策並進，中山先生更主張中國「變向來閉關自守主義，而為門戶開放主義。」他不僅主張利用外資修造鐵路，而且也主張利用外資開採礦山，經營工商。他所揭的理由，第一是求中國進步，非易傳統的排外主義而為開放主義不為功。他說：

中國人向富於排外性質，與今之世界甚不相。但數千年之專制政體，既可推倒，則昔日之政策、之心理、之習慣，亦何嘗不可推翻？以前事業不能進步，均由排外自大之故，今欲急求發達，則不得不持開放主義，利用外資，利用外人。此皆急求發達我國之故，有不得不然者。[78]

第二是開放門戶可以增加社會的流動資本，使國民經濟趨於活潑。他說：

利用外資，可以得外資之益，故余主張開放門户，吸收外國資本，以修築鐵路，開發礦山。吾國今日，若以外資築鐵路，反對者尚少，若以外資開礦山，則舉國無一不持反對之議者，以為利權為外人所奪。若細思之，尚不盡然。譬如外人以一千萬資本開掘一礦，則必以五百萬購買機器及其他器具，其餘五百萬，必盡分配於工人，則是採礦之成敗未可知，而已散其資本之半於中國之工人矣。就令外人開礦，竟至獲利，然經種種消費，已復不貲，資本家所淨得之贏餘，為數未必過鉅。若每礦以一千萬資本為標準，則十礦即有一萬萬，而中國工人得佔其五千萬之巨額。社會上有此五千萬之流動資本，金融機關必形活潑，直接有利於民，間接有利於國，此蓋較之借款為善者。故今人猶持昔日之閉關主義，實於時勢不合。[79]

第三個理由是開放門戶，足以杜絕外人的繼續覬覦利權，並為收回既失利權的一條有效的途徑。他說：「今人多以為外交問題無從解決，其實不然。我若改變閉關主義而為開放主義，各國對於我國有種種之希望，必不能再肆無理之要求。」他說：

從前我國之受害，即因凡事自己不能辦，又不准外人來辦，然一旦外人向我政府要求，我又無力拒絕，終久仍歸外人之手。如滿洲之鐵路，全歸日俄之手，即其例也。路權一失，主權領土，隨與俱盡，此大可痛心者也。因保全小事而失大事，何若開放小事以保全大事之為愈。故今日欲救外交上之困難，惟有歡迎外資，一變向來閉關自守主義，而為門戶開放主義。[80]

他說，現今世界趨於大同，斷非閉關所能自守。「但開放門戶，仍須保持主權。」[81] 他舉暹羅為例，「暹羅，亞洲之貧弱國耳，近數十年亦因開放門戶，遂得獨立，收回領事裁判權。」[82] 他的計畫是擬以開放門戶，要求列強放棄領事裁判權和裁去通商口岸的租界。[83]

「二次革命」失敗，中山先生又一次離國，寄居日本。逾年，而歐戰爆發。歐戰，使中山先生見到一個發展中國經濟，實現民生主義的無上的機會。當歐戰繼續時，他反對中國參戰，主張保守中立。從經濟的觀點言，交戰國以至歐洲的中立諸國，所有生產、貿易既皆受戰爭的妨害，則中國「若欲求利益，保持此中立態度，以經濟上發展，補從前虧損，開日後盛大之機，」[84] 寧非千載一時的機會。這真是一個中國振興農工業的極好機會，一個中國實業爭取世界銷場的機會，一個中國發軔海運業的機會。[85] 歐戰時期，中國民族資本之未能及時奠定堅實的基礎，固然原因甚多。先天條件的不足——資本的貧乏、生產的落後、企業精神的薄弱——當也是重要原因之一。但際此「千載一時之會」，而中國內部先有洪憲帝制之亂，繼有張勳復辟之亂，迨復辟亂平，又因毀法護法之爭而南北分裂，終不能充分利用此機會以事國家的經濟建設，在今日看來，究竟令人不勝惋惜！

迨歐戰結束，中山先生又計畫利用歐戰剩餘的大量機器和人工，以助長中國實業的發展。這次計畫，以後彙成「實業計畫」一書，原稿為英文，陸續發表。其開篇總論，以「國際共同發展中國實業計畫書」為題，在民國八年（一九一八年）先發表於中外各報，[86] 並分寄各國政府、名士、和歐洲和會。[87] 第一計畫發表於民國八年（一九一九年）六月的上海

《遠東時報》(*Far Eastern Review*)，[88] 以後和以次的各計畫陸續譯成中文，在上海建設雜誌刊載。其著述經過，據蔣夢麟的報導，中山先生在「仔細研究工業建設的有關問題和解決辦法以後，他就用英文寫下來。打字工作全部歸孫夫人（宋慶齡）負責。校閱原稿的工作，則由余日章和我（蔣自稱）負責。」[89] 從英文翻譯成中文的工作，則據中山先生的自序，「其篇首及第二、第三計畫，及第四之大部分，為朱執信所譯；其第一計畫為廖仲愷所譯；其第四之一部分及第六計畫及結論，為林雲陔所譯；其第五計畫為馬君武所譯。」[90] 中山先生的自序撰於民國十年十月十日，應該便是中文本「實業計畫」成書的日期。

完成的「實業計畫」計分六計畫，從事十項建設，即（一）開發交通，（二）開闢商港，（三）興建都市，（四）發展水力，（五）振興工業，（六）發展礦業，（七）發展農業，（八）興水利，（九）造森林，和（十）移民實邊。[91] 第一至第三計畫各以一世界港的開築或改良為中心；第四計畫為鐵路；第五計畫為食、衣、住、行、印刷工業；第六計畫為礦業。所有關於實業計畫的技術的問題，我們都無意在此加以討論。事實是，對於一個革命領袖所作的如此技術性的設計工作，恐亦不能求其毫無瑕疵。我們所需要注意的，應該是其中所含孕的思想和概念。自然，從「實業計畫」中，我們首先便看到中山先生所表現的一種非凡的把握知識的能力——使複雜繁殊的知識體系化的能力。但尤其值得提出的，應尚在以下數端：

第一是他對於戰後問題的一種深識遠見的表示。就中國言，「實業計畫」固然擬「利用戰時宏大規模之機器及完全組織之人工，以助長中國實業之發達，」[92]促成中國的現代化，但就交戰國而言，則此計畫也將同樣幫助銷納因戰爭終止而過剩的人工、生產力，和生產物，[93]幫助消弭戰後的經濟危機。中山先生有見於戰時生產力的亢進，如果戰後的市場仍與戰前無殊，則市場將迅即飽和，不能再事銷納。中山先生當時雖尚未使用今日我們所習聞的用語，如「開發落後地區，」但他顯然視開發落後地區為世界經濟的一條正當的出路。他說：

> 凡商業國，無不覓中國市場，以為消納各國餘貨之地。然戰前貿易狀態，太不利於中國，輸入超過輸出，年逾美金一萬萬。循此以往，中國市場不久將不復能銷容大宗外貨，以其金錢貨物，俱已枯竭，無復可持與外國市易也。所幸中國天然財源極富，如能有相當開發，則可成為世界中無盡藏之市場。[94]

第二，中國的現代化，中國固蒙其益，但世界亦然。國際間，唯其因有的國家不能自保，成為列強逐鹿的目標，乃造成利害的衝突，而引起國際戰爭。無論武力戰爭或貿易戰爭皆然。他說：「威爾遜總統（President Wilson）今既以國際同盟（League of Nations），防止將來之武力戰爭；吾更欲以國際共助中國之發展，以免將來之貿易戰爭，」以消滅「將來戰爭之最大原因。」他說：

如使上述規劃果能逐漸舉行，則中國不特可為各國餘貨銷納之地，實可為吸收經濟之大洋海，凡諸工業國，其資本有餘者，中國能盡數吸收之。不論在中國，抑在全世界，所謂競爭，所謂商戰書，可永不復見矣。……自美國工商發達以來，世界已大受其益。此四萬萬人之中國，一旦發達工商，以經濟的眼光視之，何啻新闢一世界！而參與於此開發之役者，亦必獲超越尋常之利益，可無疑也。且此種國際協助，可使人類博愛之情，益加鞏固，而國際同盟，亦得藉此以鞏固其基礎，此又予所確信者也。[95]

第三，如中山先生在另一文中所說，他的計畫同樣也代表他所主張的「民生主義之實業政策。」[96]當中山先生草擬「實業計畫」時，正在他對廣州軍政府失望，從廣州移居上海之後。在當時的情形下，假如他的計畫真能實行，將由何種政府為計畫的主持者，並與外國交涉，都尚在不可知之數。為求計畫的容易為各方接受，中山先生在表示他的理想上，自然需要有甚多考慮。但發展國家資本的根本目標顯然構成全部計畫的基礎。第一計畫開頭便說：

中國實業之開發，應分兩路進行：（一）個人企業，（二）國家經營是也。凡夫事物之可以委諸個人，或其較國家經營為適宜者，應任個人為之，由國家獎勵，而以法律保護之。今欲利便個人企業之發達於中國，則從來所行之自殺的稅制，應即廢止，紊亂之貨幣，立需改良，而各種官吏的障礙，必當排去，尤須輔之以利便交通。至其不能委諸個人及有獨佔性質者，應由國家經營之。今茲所論，後者之事屬焉。此類國家經營之事業，必待外資之吸集，外人之熟練而有組織才具者之傭傭，宏大計劃之建設，然後能舉。以其財產，屬之國有，而為全國人民利益計，以經理之。[97]

此其命意，重心自然在發達國家資本。我們不必為其中有關保護私人資本的部分，過加強調。在上引的另一討論實業計畫的文中，我們當更可明白有見於此。以下是該文的結論：

吾國既具有天然之富源，無量之工人，極大之市場，儻能藉此時會，而引用歐美戰後之機器與人才，則數年之後，吾國實業之發達，必能並駕歐美矣。

惟所防者，則私人之壟斷，漸變成資本之專制，致生社會之階級，貧富之不均耳。防之之道為何？即凡天然之富源，如煤、鐵、水力、礦油等，及社會之恩惠，如城市之土地，交通之要點等，與夫一切壟斷性質之事業，悉當歸國家經營，以所獲利益，歸之國家公用。如是，則凡現今之種種苛捐雜稅，概當免除，而實業陸續發達，收益日多，則教育、養老、救災、治病、及夫改良社會，勵進文明，皆由實業發展之利益舉辦，以國家實業所獲之利，歸之國民所享，庶不致再蹈歐美今日之覆轍，甫經實業發達，即孕育社會革命也。此即吾黨所主張民生主義之實業政策也。凡欲真正國利民福之目的者，非行此不可也。[98]

最後我們應該提及的是這計畫所表現的科學的精神。蔣夢麟稱中山先生為「中國第一位有過現代科學訓練的政治家，」說「他的科學知識和精確的計算實在驚人，」確非虛語。作者在上文（「同盟會時期孫中山先生革命思想之分析研究」）也曾試作相似的證明。關於「實業計畫」的擬訂，蔣並說中山先生「為了計畫中國的工業發展，親自繪製地圖和表格，並收集資料，詳加核對。『實業計畫』中所包括的河床和港灣的深度和層次等細節，他無不瞭如指掌。」[99] 在今日中山先生的遺集中，至少尚收有一通短柬，要他的一位同志調查「下首塘，即澉浦、海鹽、乍浦間之海塘，是石塘，抑是土塘？」[100] 自然，中山先生有意以「實業計畫」為中國的物質建設提供藍圖，但他卻告誡他的讀者：

> 此書為實業計劃之大方針，為國家經濟之大政策而已。至其實施之細密計劃，必當再經一度專門名家之調查，科學實驗之審定，乃可從事。故所舉之計劃，當有種種之變更改良，讀者幸毋以此書為一成不易之論，庶乎可。[101]

討論中山先生的一切計畫，如果我們忽其大者，而必欲求其各部分知識正確無誤，我們將有失正鵠。但他的政敵、他的黨人，乃至今天他的批評者，每有以他的知識之不能免於疏誤，而懷疑他的學識見解，[102] 字他以「空論家」、「理想家」、「大言欺人」之人。「二次革命」發生前，統一黨的機關刊物震旦便曾著論，說他「富有世界政治潮流之理想，而無真確知識者也；」說他「於本國政治上之狀態，及其治理之經驗，則尤其所短也。」對於中山先生民初的主張，該文說，「使孫而為大總統也，則必借債六十萬萬，實行其建築二十萬里之鐵道，訓練五百萬眾之精兵，其他如紙幣革命、民生主義、女子參政等，皆在列舉之中。」因問，「今日之國勢民情，果須如此之政策乎？」[103]但一個真正的現實主義者梁士詒，卻能賞識中山先生的此種主張的真義。中山先生民初的鐵路計畫，梁實有以助成之。梁年譜載此事的經過，說：

> 溯自去年（民元）八月，孫袁會晤時，中山先生提倡築二十萬里鐵路，人多訕之。惟先生（梁）獨以為然。九月九日，政府授中山先生以籌辦鐵路全權，實先生有以成之。先生嘗於鐵路協會席上告人曰：「孫中山擬築二十萬里鐵路，國人皆訾為誇大，其實以地域論，我國土地較大於美，而美國有鐵路百十餘萬里，則我國二十萬里鐵路，決不為多。即以時間論之，美於一八八〇年至一八九〇年十年間，築路四十餘萬里，定期亦似不為促。要在運用之能否得法，主權之是否能保全耳。」復於鐵路協會中，召集大會研究，助中山先生籌辦鐵路大計。……（一切大計）由中山先生與先生商洽。復由交通部次長葉恭綽來往京滬，與中山先生磋商鐵路總公司與交通部之權限。孰意因政治變動，此交通大計，於以中輟，惜哉！[104]

即如中山先生在民元所發的「錢幣革命」通電，主張廢金錢，行鈔券，當我們讀到文中

「（錢幣革命成功後，）金銀既貶為貨物，則金銀出口毫無影響於經濟界，……縱全國無金銀，我之經濟事業亦能如常活動」[105]時，我們也會為他的視事天真簡易失笑。中山先生後曾說，當時「聞者譁然，以為必不可能之事。」[106]梁士詒當時也認為「終恐形隔勢禁，未易奉行。」[107]但曾幾何時，而廢金錢，行鈔券，成為必行之勢。梁士詒在民國五年（一九一六年）先建議於段祺瑞內閣，行之而未有大效。[108]到民國二十四年（一九三五年），國民政府乃行法幣政策，中國財政終賴以渡過對日抗戰時期的艱難的歲月。

在民初的數年間，我們見有各式各樣的「社會主義」，出現於報章雜誌。單就上海天鐸報所附發的《社會黨》日刊而言，便觸目可見「無政府社會主義」、「共產社會主義」、「世界社會主義」、「國家社會主義」、「社會民主主義」等各式名詞。此外尚有為「貫徹民主主義之精神」的「社會主義」，[109]有與「表面上為奮鬥的個人主義」相對待的「精神上為和平的社會主義」。[110]形形色色，不一而足。我們甚至尚見各式各樣的「民生主義」。「資本家開了一個工廠，僱了幾千名工人做工，每人每日發給很少的工錢」，「說是實行民生主義」；[111]而在徐世昌的通電中，也時常用到「民生主義」一語。[112]但凡此，或文不對題，或朝生暮死，至民國八年（一九一九年）止，中國還沒有一種力量，足以當社會主義之稱，與中山先生的民生主義分庭抗禮。

1 「中國革命史」，《國父全集》（六），頁一五七。

2 《國父全集》（二），頁六八。

3 《國父全集》（三），頁二一。

4 參閱第二章註7引述作「同盟會之沿革與性質」，「同盟會所以仍竭力維持之（國民黨）者，實以民生主義尚未貫徹，不得不留一線之希望。」

5 如一九一六年中山先生通告國內外同志書、一九一八年致段祺瑞書、一九一八年三月十五日致鄧澤如書，皆可見中山先生於袁世凱倒後，一度曾擬再「專意開發實業」。以上三書，分見《國父全集》（五），頁二四一—二四五、二五九、二八三。

6 國民黨黨綱之略去民生主義，參閱本文第一章引一九一二年八月十三日、十八日上海《民立報》。此尚可於以下二文見之：（一）天仇「國民、國家、與國民黨」：「（民國開國），主張君主專制者，同化於主張君主立憲者，而成一無形之大黨；而主張純粹社會主義者，以其説之不易實現於中國今日也，亦同意於主張政治革命者，而成一有形之大黨。」（一九一二年八月二十九日上海《民權報》）（二）海鳴「社會黨與國民黨」：「國民黨者，即英之自由黨（Liberals）、法政黨中之左進派（Radicals）也，其政綱中表同情於社會政國策，故於社會黨有感情之聯絡。」（一九一二年十月二十一日《同報》）

7 崔書琴《三民主義新論統計總理遺教》（中國國民黨中央宣傳部出版）「演講」和「談話」兩編中所見中山先生在民初討論民生主義的次數，謂「辛亥與民國元、二年間，他的五十八次演講中，有三十三次是全部的或部分的講民生主義；在同上期間，他在國內十六個城市，在日本兩個城市，發表過演説或談話，祇在六個城市，他未談民生問題。」（頁二四七，一九五五年三次修訂臺北三版）

8 譯文見《國父全集》（六），頁二二六。

9 一九一二年四月十日在湖北軍政界代表歡迎會講演，《國父全集》（三），頁二七。

10 「中國之鐵路計劃與民生主義」，一九一二年十月十日為英文《大陸報》（*China Press*）撰文，譯文見《國父全集》（六），頁一〇—一一。

11 同上。

12 一九一二年十月十五日至十七日在上海中國社會黨講演，《國父全集》（六），頁二三。

13 一九一二年五月在香港與新聞記者談話，《國父全集》（四），頁四七一。

14 《國父全集》（三），頁十二。

15 如一九一二年四月一日辭臨時大總統職後在南京同盟會會員餞別會上講演，《國父全集》（三），頁二二。

16 見上引在中國社會黨講演之另一紀錄，一九一二年十月十六、十八日上海《民權報》，殷人庵記。

17 同註12，頁十二—十三。

18 同上，頁二七。

19 應英國劍橋大學教授翟爾斯（Herbert Allen Giles）之請所撰「自傳」，《國父全集》（六），頁二一一。

20 乙巳（清光緒三十一年；一九〇五年）在日本東京對中國留學生講演，《國父全集》（三），頁六。

21 同註12，《國父全集》（六），頁十四。又上引另一紀錄：「社會主義者由良知良能而生，必社會主義昌明，而後公理可明於天下。」

22 同註12，頁二〇。

23 同上。

24 同上，頁十六。

25 一九一三年二月二十三日在日本東京對中國留學生講演，《國父全集》（三），頁一一八。

26 同註12，《國父全集》（六），頁十三。關於中國古代傳說的井田制度，一九一九、二〇年曾有一番論爭，參加者有胡適、廖仲愷、胡漢民、朱執信、季融五、呂思勉諸人，他們的通信文字發表在《建設》雜誌第二卷第一、二、五、六等號，一九三〇年，上海華通書局有單印本。論爭由胡漢民發表在《建設》第一卷第三、四號的「中國哲學史之惟物的研究」一文引起，他們所論爭的是中國古代井田制度之有無的問題。至於中山先生之引述「井田之制」和「累世同居」的習慣，則作者認為，其命意不過在表示中國社會「久蘊蓄社會主義之精神，」所以特別適於實行社會主義。因此，井田制度有無問題的究明，對於中山先生民生主義思想的根本，不關重要。

27 同註12，頁十五。

28 參閱一九一九年六月二十二日中山先生在上海與戴季陶談話。戴指出，有些「做煽動工夫的人，拿了一知半解、系統不清的社會共產主義，傳佈在無知識的兵士和工人裏面。」中山先生答，「中國在社會思想和生活還沒有發達，人民知識還沒有普及，國家的民主的建設還沒有基礎的時候，這種不健全的思想，的確是危險。」《國父全集》（四），頁五〇九—五一〇。）

29 同註12，頁十五—十六。

30 一九一二年四月在上海同盟會機關講演，《國父全集》（三），頁三三一。

31 同註29。
32 同註15，頁二二。
33 見一九一二年七月一日上海《太平洋日報》。
34 一九一二年十二月九日在杭州歡迎會上講演，《國父全集》（三），頁一〇四—一〇六。
35 《國父全集》（六），頁二七八—二八三。
36 《國父全集》（三），頁三六。
37 同註12，《國父全集》（六），頁二九。
38 一九一二年撰「中國之第二步」（*China's Next Step*）譯文，《國父全集》（六），頁二五八。
39 《國父全集》（一），影印中山先生遺墨。
40 《國父全集》（一），頁二一一。
41 迨一九四七年國民大會制定中華民國憲法時，關於土地自然增價的部分，規定「土地價值非因施以勞力資本而增加者，應由國家徵收土地增值稅，歸人民共享之。」（第十三章「基本國策」，第一四三條）
42 同註10，《國父全集》（六），頁十二。
43 一九一二年六月九日在廣東行轅對議員記者談話，《國父全集》（三），頁四八。
44 一九一二年五月四日在廣州新聞界歡迎會上講演，《國父全集》（三），頁四〇。
45 如一九一六年八月二十日在杭州省議會講演：建設真正的共和國家，政府有政府之責任，人民有人民之責任。「人民所當引為責任者，當先以辦理地方自治着手。不論任何一縣，任何一地方，面積有大小，戶口有多寡，人民有貧富，俱應量地方之財力，盡力建設。」但中國「人民既貧，則地方自治事業即難舉辦，宜先開放土地，使地價日增，」然後照價抽稅，以供地方自治經費。（《國父全集》（三），頁一四九—一五〇。

46 《國父全集》（六），頁一六二。

47 同註43，《國父全集》（三），頁四七。

48 一九一二年十月十二日在上海報界公會講演，《國父全集》（三），頁九四。

49 同註44，《國父全集》（三），頁三九。

50 「實業計劃」第二計劃第一部「東方大港」（甲）計劃港，《建設》雜誌第一卷第二號，頁二一二—二一三。一九一九年九月，上海。

51 同註44，《國父全集》（三），頁四〇。

52 「實業計劃」第五計劃第一部「糧食工業」（甲）食物之生產。《國父全集》（二），頁二四三。

53 一九一二年五月中山先生在香港與新聞記者談話，《國父全集》（四），頁四七一。

54 作者此項觀點，深受徐芸書（高阮）先生切磋討論之益，敬此誌謝。案此猶有人才解放的意義，存乎其間。一九一二年六月二十五日中山先生對上海《民立報》記者談話，云：「中國有本領人，所以意見紛歧，有才莫展者，為經濟問題所窘。我國一般之輿論，能作務本之談者，皆以為振興中國唯一之方，止賴實業。」（《國父全集》（四），頁四七七。）

55 同註44，《國父全集》（三），頁三八—三九。

56 同註34，《國父全集》（三），頁一〇五。

57 同註20，《國父全集》（三），頁三一。

58 一九一二年九月四日在北京共和黨本部歡迎會上講演，《國父全集》（三），頁六九。

59 同註15，《國父全集》（三），頁二五—二六。

60 一九一二年四月十七日在上海實業聯合會歡迎會上講演，《國父全集》（三），頁三〇。

61 同註15，《國父全集》（三），頁二五。

62 一九一二年「同盟會總章」第三條「政綱」（三）採用國家社會政策。鄒魯《中國國民黨史稿》，頁七九。又同註15。

63 同註58，《國父全集》（三），頁六九。

64 《國父全集》（五），頁一五五。

65 一九一二年六月二十五日中山先生在上海對《民立報》記者談話，《國父全集》（四），頁四七八。

66 《國父全集》（六），頁七—一〇。

67 一九一二年九月十四日在北京報界招待會上講演，《國父全集》（三），頁七六。

68 同註48，《國父全集》（三），頁九二。

69 一九一二年九月在北京與各報記者談話，《國父全集》（四），頁四九一。

70 同註67，《國父全集》（三），頁七五。

71 同註15，《國父全集》（三），頁二四。

72 同註15，《國父全集》（三），頁二四—二五。

73 同註10，《國父全集》（六），頁九。

74 一九一二年九月十四日在北京與各報記者談話，《國父全集》（四），頁四八九。

75 《國父全集》（五），頁二七六。

76 分見漢遺「讀黃留守勸辦國民捐文書後」，一九一二年五月六日上海《民權報》；天仇「資力集合論」，同月二十五日—二十七日同報；霹生「論我國小企業家當速着手於產業組合」，同月二十九日—三十日同報；譚人鳳「借債主權問題解決論」，同月三十日同報。

77 分見一九一二年一月二十六日致陳炯明並轉廣東省會暨鐵路公司望贊同粵漢鐵路借款電，同年二月致甘作培等解釋以招商局產業抵押借款電，覆黎元洪告與漢冶萍公司借款經過電，致黎元洪望贊成招商局借款電，《國父全集》（四），頁一六五、一九八、二〇〇、二〇一。南京臨時政府初任張謇為實業總長，張因反對漢冶萍借款事辭職。見張謇《嗇翁自訂年譜》卷下，頁三二，出版時地名缺，有「自序」，撰於一九二五年。

78 一九一二年九月二十七日在濟南五十二團體歡迎會上講演，《國父全集》（三），頁八二—八三。

79 同註48，《國父全集》（三），頁九〇。

80 一九一二年九月五日在北京迎賓館答禮會致辭，《國父全集》（三），頁七一—七二。

81 一九一二年十月二十二日在南京國民黨及各界歡迎會上講演，《國父全集》（三），頁一〇〇。

82 同上。

83 同註69；又註53，《國父全集》（四），頁四七〇。

84 一九一七年撰「中國存亡問題」，《國父全集》（六），頁四三—四四。

85 同上，頁四四—四五。

86 孫文「建國方略之一—發展實業計劃」，篇首記者誌，上海《建設》雜誌第一卷第一號，一九一九年八月。案一九一九年四月十五日中山先生覆唐繼堯書，有「頃誦惠書，對於鄙見實業計劃書，表示贊同，甚佩遠識」之語，又一九一九年六月十五日出版之成都《戊午周報》卷末「雜纂」已附有「國際共同發展中國實業計劃書」全文，是則該計劃書的發表，最遲當不過一九一九年春。《國父全集》（六），頁二九三，定該計劃書之日期為一九二〇年，應誤。

87 上海《建設》雜誌第一卷第一號，頁七；又「實業計劃」——結論，《國父全集》（二），頁二六二。

88 朱執信「覆南洋公學許貫三函」，上海《建設》雜誌第二卷第二號，頁三七一。一九二〇年三月。

89 蔣夢麟《西潮》，頁八三。據英文本「實業計劃」自序，校閱稿本者當有朱友漁、顧子仁、李耀邦等三人。見《國父全集》（六），頁三〇三。

90 「實業計劃」自序，《國父全集》（二），頁一〇〇。

91 「建國方略之一——發展實業計劃」，上海《建設》雜誌第一卷第一號，頁三—五。

92 同註90，《國父全集》（二），頁九九。

93 同上，頁一〇一—一〇二。

94 同註91，上海《建設》雜誌第一卷第一號，頁二。

95 同上，頁五—六。

96 「中國實業應如何發展」（一九二〇年），《國父全集》（六），頁三〇一。

97 同註91，上海《建設》雜誌第一卷第一號，頁九。

98 同註96。

99 同註89，頁八三。

100 一九一八年致邵元沖函，《國父全集》（五），頁三一七。

101 「實業計劃」自序，《國父全集》（二），頁九九—一〇〇。

102 如 Robert A. Scalapino and Harold Schiffrin, "Early Socialist Currents in the Chinese Revolutionary Movement," *The Journal of Asian Studies*, Vol. XV III, No. 3, P. 323 之批評。May. 1959, Ann Arbor, Michigan.

103 「余之四政論」，《震旦》第三期，「論著」頁九。一九一三年四月，北京。

104 《梁士詒年譜》（上），頁一五二。

105 《國父全集》（六），頁四。

106 「孫文學說」，《國父全集》（二），頁二二。

107 同註104，頁一二三—一二四。

108 同上，頁三三八—三三九。

109 南陔「社會主義之真詮」，《東方雜誌》第十六卷第七號，頁二〇三－二〇六，轉載《時事新報》。一九一九年七月，上海。

110 傖父「新舊思想之折衷」，《東方雜誌》第十六卷第九號，頁一－九。一九一九年九月，上海。

111 一九二一年六月中山先生在廣州中國國民黨特設辦事處講演，《國父全集》（三），頁一九三。

112 如一九一八年徐世昌就任大總統通電，又同年尊重和平令，皆是。《梁士詒年譜》（上），頁四三五、頁四三八－四三九引。

（五）

中山先生在「孫文學說」中，對於民初「革命方略」的不行，慨乎言之。[1] 但他所歸咎，並非完全事後思得之言。因為「革命方略」之不行，他在民國元年時實已言之。此在上引的「錢幣革命」通電的文中可見：

> 財政問題之當解決，……文於謀革命時，即已注意於此，定為革命首要之圖。乃至武昌起義，各省不約而同，寖而北軍贊和，清帝退位，進行之順適，迴出意表，故所定「方略」，百未施一。民國大定後，財政雖困，以為皆可以習慣之常理常法以解決之，便不欲以非常之事而驚國人也。[2]

事實是，民國開國，中山先生的黨人似已完全忘記同盟會的「革命方略」。他們似乎都以為凡事「皆可以習慣之常理常法以解決之，」「不欲以非常之事而驚國人。」在民初汪精衛、胡漢民、乃至其後以著名的致黃興書責備黨人不知實行中山先生理想的陳其美的言論中，都不復有「革命方略」一語出現。革命的歸於失敗由於讓袁，讓袁由於「革命方略」不行，革命黨人以求諸己的立場言之，自是應有之論。此所以中山先生在「二次革命」敗後，要重新組織革命黨，而且要為他自己和他的黨人，在領導國家庭設的工作中要求一個特殊的地位。

同盟會「革命方略」的主旨，在求革命黨繼「革命的破壞」之後，繼續擔負「革命的建設」的責任。易言之，革命黨應該在革命成功後，繼續代替人民行使政權，訓練人民運用權力，並在制度上奠定憲政——民主的實行——的基礎。中國人民的需要輔導，革命黨人言之，立憲派人也言之。辛亥前的立憲保皇黨人至於曾說「中國人無自由民權之性質。」[3] 民國三年（一九一四年）七月中華革命黨在日本成立，公佈總章，因內有「革命時期之內，首義黨員悉隸為元勳公民，得一切參政執政之優先權利」的規定，[4] 受到不少舊民黨人士的反對。因為他們認為「革命不宜提倡權利。」在上引與吳稚暉的一封信中，中山先生為中華革命黨的此項規定辯護。他所舉的理由，第一是為稽勳酬勞。他說：「今日救中國，不能不言政治；言政治，即不能不言權利。」「若曰心雖欲之，而不可以明言，是則中國數千年僞善者之習慣，吾輩當力矯而正之。」第二是為革命黨人的保障。他說：「自弟倡言革命以來，同志之流血者多矣。然先殺於敵，一死成仁，亦或可以瞑目；所最奇者，則革命成功，而革命黨乃紛紛見殺於附和革命、贊成革命之人。……他日第三次革命，自不能不稍謀保障此輩人之方法。前車已覆，吾輩寧犯私於黨人之謗，不欲廣大教主之名矣。」但尤其重要的，乃在第三，便是見於「中華革命黨總章」中的訓政。他說：「民國有如嬰孩，其在初期，惟有挾黨人立於保姆之地位，指導而提攜之。」因此革命黨人雖「抱平等自由之主義，」但不得不「行權於建設之初期。」[5] 本所素懷，中山先生乃可以責備民初黨人，而謂「以國民程度太低，不能行直接民權為言，而又不欲訓練之以行其權，是真可怪之甚也。」[6]

但我們試一考察舊立憲派人的主張。清季君憲派的憲友會，入民國後改稱共和建設討論會。民國元年（一九一二年）四月，該會發表「中國立國大方針商榷書」，主張（一）世界的國家，（二）保育政策，（三）強有力之政府，和（四）政黨內閣。其論保育政策曰，本會「以使中國進成世界的國家為最大目的，而保育政策，則期成世界的國家之一手段也；強有力之政府，則實行保育政策之一手段也；政黨內閣，則求強有力之一手段也。……夫以茲事泛責諸全體國民，殆茫然無下手之方，倀倀乎若不得要領也。雖然，民之為性也，其多數平善者，恆受少數秀異者所指導，而與為推移。故無論何時，無論何國，其宰制一國之氣運，而禍福之者，恆在極少數人士。此極少數人士果能以國家為前提，具備政治家之資格，而常根據極強毅的政治責任心，與極濃摯的政治興趣，黽勉進行，則雖至危之局，未有不能維持；雖至遠之塗，未有不能至止者也。」[7] 此則其所謂「保育政策」者，也便是一種輔導政策。再如，民國四年（一九一五年）年初，代表舊國會議員的上海《正誼》月刊發表張東蓀撰「根本救國論」一文，批評民國開國之「無革命的施設以隨其後，」曰：

夫當前清之際，有心之士，無不知救國之途唯在革命。夫以革命救國，誠不謬也，然須知革命所以能救國者，不在革命而止，乃在革命後之施設。若革命而無善良之施設，則不過多一次擾亂與破壞而已。……吾以為以革命為救亡，誠是也，惜乎無革命之施設以隨其後，不然者，又安有今日耶？

張文主張革命後的施設應分三期：第一期為「去不良之消極施設；」第二期為「建設良之積極活動；」第三期為「完成時期。」[8] 於此，除非我們相信張東蓀對於中國革命具有和中山先生同樣的認識和見解，我們將要認為他乃在重述中山先生的主張。[9] 又如，民國七年（一九一八年）上海《東方雜誌》發表「傖父」一文，討論「政治上紛擾之原因」。其所舉出的原因之一，為「國民之無能力，」「即謂多數國民，無知識以發表政治上之意見，無實力以抵抗少數人之暴亂與壓制，故官僚、民黨、政客、軍人，各得佔權利，逞意氣，以擾多數人共有之國家。」[10] 此雖兼責民黨，但謂多數人無知識無能力以事政治，則可以為中山先生的「革命方略」注腳。因此，無論就理論或就當時人所見的事實言，訓政應皆不失為一種合乎實際需要的主張。

中山先生組織中華革命黨，在民國三年（一九一四年）。但我們必須指出，民國三年中華革命黨的組織，一方面固屬對於民初黨事的一個強烈的反動，而就一種意義言，也是民國前二年（清宣統二年；一九一〇年）中山先生的一種思想的繼承。當時中山先生擬改組南洋和美洲的同盟會，目的即在嚴密黨的組織，並修改誓詞中的「平均地權」一語，為「實行民生主義，」而定名曰「中華革命黨。」[11] 民國三年的「中華革命黨總章」，[12] 以「實行民權、民生兩主義」為宗旨（二），以「掃除專制政治，建設完全民國」為目的（三），分進行程序為軍政、訓政、憲政三時期：軍政時期「以積極武力，掃除一切障礙，而奠定民國基礎；」訓政時期「以文明治理，督率軍民，建設地方自治；」第三時期「俟地方自治完備之後，乃由國民選舉代表，組織憲政委員會，創制憲法；憲法頒佈之日，即為革命成功之時」（四）。自革命軍起義之日至憲法頒佈之時，名曰「革命時期，」在此時期之內，「一切軍國庶政，」悉歸中華革命黨員「負完全責任」（五）。黨員分「首義黨員」、「協助黨員」、「普通黨員」三種。在革命時期之內，首義黨員「悉隸為元勳公民，得一切參政執政之優先權利。」凡於革命軍起義之後，革命政府成立以前入黨者，為協助黨員，在革命時期之內「有選舉及被選舉之權利。」凡於革命政府成立之後入黨者，為普通黨員，在革命時期之內「享有選舉權利」（十二）。凡非黨員，在革命時期之內「不得有公民資格，」必須憲法頒佈之後，「始能從憲法而獲得之；」「憲法頒佈以後，國民一律平等」（十三）。黨公舉總理一人（十五），「有全權組織本部」（十六），任命本部各部長職員（十七），為革命軍之策源。黨員全體構成「協贊會」分「立法」、「司法」、「監督」、「考試」四院，與本部並立為五，「使人人得以資其經驗，備為五權憲法之張本」（二六）。

與「同盟會總章」及「革命方略」比較觀之，「中華革命黨總章」所特著的，第一是宗旨未提民族主義。此與東京同盟會時期的總章異，而與其公開時期的相同。[13] 此見民國開國之初，革命黨人的民族主義目標既在排滿，滿清政權的傾覆，確使他們相信民族主義已經完成。

第二、此次總章易同盟會「革命方略」的「約法之治」而為「訓政」，並予革命黨員以在軍政和訓政時期的特殊地位。[14] 凡此皆旨在提高並保障革命黨和革命黨員領導國家建設的權力，與同盟會「革命方略」的但舉軍政府有殊。

第三、在黨內，總理統一黨務的權力加強。此在「總章」內既列有「總理有全權組織本部為革命軍策源地」一條，而同盟會總理與全體黨員用同一盟約，在中華革命黨也易以兩種盟約，明白以領導和服從相對待。總理盟約內「統率同志，再舉革命」和「慎施命令」等語，在黨員盟約內易以「附從孫先生，再舉革命」和「服從命令。」[15]

第四，同盟會東京總部初於總理之外設執行、評議、司法三部，[16] 顯係取行政、立法、司法三權分立之義。在同盟會「會務進行之秩序表」中，始在「憲法之治」項下列「行政」、「議政」、「審判」、「考試」、「監察」五目，見中山先生五權憲法思想的輪廓。而在「中華革命黨總章」中，則「五權並立」明列為黨的組織的一部，且明言欲「使人人得以資其經驗，備為五權憲法之張本；」明言「若成立政府時，……成為五權並立，是之謂五權憲法。」

中華革命黨成立時，部分舊民黨人士，包括黃興、張繼、譚人鳳、李烈鈞、陳炯明、熊克武諸人，表示反對，拒不加入。他們反對的理由，如梅培在民國三年十月從美國寄中山先生書中所說，便是「一為誓章中『附從』二字，二為定章中之『某勳公民等級』。」[17] 幾乎同時，宮崎民藏也有一信，批評中山先生所要求於黨員者為「不可能」與「不得策」。他說：「於率天下之大眾欲為革命的大舉之時，以精緻之規則律之整之，殆為不可能之事也。對主執自由平等之共和主義者，以絕對命令權計統合，又為不可能之事也。對多數無宗教信仰之人，以宣誓捺印保證其心術，殆為無效之手段也。」他說，由此方法，中山先生「必失多數之好同志與多數之有力人物也，而且有舉事之大準備難成之意也。」他說：「是故，弟所切望於先生者，先生斷然破棄現結黨組織，撤棄命令權。」[18] 但在民國三、四年（一九一四—一五年）間，中山先生顯然不為所有此種反對的意見和批評所動。便在宮崎的原信上，他批示「不復。」民國四年八月，在覆楊漢孫的一信中，中山先生解釋統一黨權和服從命令的必要，最足以見他當時的思想。下面便是引自該信的一段：

自第二次革命失敗後，弟鑒於黨事之不統一，負責之無人，至以全盛之民黨，據有數省之財力兵力，而內潰逃亡，敵不攻而自破，懲前毖後，故有中華革命黨之改組，立誓約，訂新章，一切皆有鑒於前車，而以統一事權，服從命令為主要。……察（反對者）之言，大抵謂以黨魁統一事權，則近於專制；以黨員服從命令，則為喪失自由。夫一國三公，衹足敗事，政治上專制之名詞，乃政府對於一般人民而後有之，若於其所屬之官吏，則惟有使服從命令而已，不聞自由意思也。故有言某國政府行專制於其官吏者，此直不成名詞，而政權統一，與所謂專制政體，實截然兩事，不可同日而語。吾人立黨，即為未來國家之雛形，而在秘密時期，軍事進行時期，黨魁持權，統一壹切，黨員各就其職務能力，服從命令，此安得妄以專制為訴病，以不自由為屈辱者。[19]

但宮崎民藏所謂「其規則精緻」的結黨方式，其理由雖正大，在實行上似乎究有違於人情，妨礙黨勢的擴展。邵元沖在民國十八年（一九二九年）追述中華革命黨的歷史，謂中華革命黨「章程既定得非常嚴格，紀律又定得非常嚴厲，一定要服從總理，一定要填具誓約，一舉一動還要受黨的約束。」他以「只有極少數的真革命分子才來加入，其他的分子就逐漸離開了」的理由，來解釋中華革命黨的「摒斥官僚，」「淘汰偽革命黨。」[20]但我們自然記得，同時則中山先生方以恢復民國正統——臨時約法和國會——對外號召倒袁。和中山先生覆楊漢孫函相先後，民黨的一個新的擴大合作的運動，正在進行，馮自由記他自己參預這運動的一段經過如下：

是歲（民國四年）五月，袁世凱果簽訂日人要求之二十一條款，全國激昂，主張暫停革命之一部黨員，亦豁然大悟。於是鈕惕生（永建）決意東歸，途經舊金山時，嘗與余詳談調解黨內兩派同志意見，以期一致對外及對內方法。余深然之。未幾，子超（林森）先生亦從紐約來，謂曾與鈕君細商，以當此國勢危殆，吾黨仍分緩急兩派，各自為謀，實於國家大大不利，宜設法早日團結一致，共謀國是，庶不致為內奸外患所乘。在紐約各老友皆欲余赴日本，以此意請示總理（中山先生），及聯絡別派同志，共商合作，請余剋日東渡，務其有成云云。……余於七月間舟抵橫濱，總理預派蕭萱、蘇無涯、嚴華生三同志在碼頭迎接。旋赴東京謁總理，備述旅美同志主張本黨各派大團結，以推翻袁世凱、擁護共和之意見。總理深為嘉許，謂本人始終如是主張，無奈舊黨員中惑於緩進穩健及暫停革命之說者，頗不乏人，殊堪扼腕。近岑君雲階（春煊）已派周孝懷、章行嚴（士釗）二君來東，商榷合作辦法，正在合談之中，余本人絕無成見云云。數日後，總理復招宴周、朱（章）二君於靈南坂寓所，余及胡漢民、戴季陶、居覺生（正）、廖仲愷、謝持、鄧鑑諸君與焉，席間歡談甚洽。事後，余復約會李根源君一次。旋至神戶訪鈕惕生君於須磨，略談經過各事。[21]

因此，迨討袁軍既動，中山先生要他的黨人「一切事宜，務求與討袁各派協同進行；」[22]而在袁既死之後，他又命令他的黨和他的武力停止革命活動。[23]

馮自由記他參預調和的運動，乃在民國四年（一九一五年）七月。當年，洪憲帝制運動發生，討袁軍起；逾年，而帝制取消，六月，袁死，黎元洪以副總統繼任總統，臨時約法恢復。在今日我們可見的記載中，至遲到民國五年十月，中山先生已有恢復國民黨組織的擬議，並開始以「國民黨」名義，招收黨員。[24] 民國七年四月，中山先生在寄他黨人的一封信中，解釋入黨的手續，並見誓約的形式，此時也已取消。[25] 民國八年中國國民黨的組織，乃在中山先生對護法失望，離粵至滬之後，又一次作重振黨勢的努力。但在當年十月十日公佈施行的「中國國民黨規約」[26] 中，沒有革命進行時期的規定，沒有黨員等級的規定，也沒有黨員必須宣誓服從領袖的規定。民國九年十一月「中國國民黨總章」[27] 頒佈，革命進行時期和宣誓的規定，雖經恢復，但宣誓的目的為遵守黨的「信條」（「總章」第六條），而非如中華革命黨的服從中山先生。凡此，皆見中華革命黨的若干組織方式的揚棄。

如上所述，中華革命黨的組織和對於統一黨權的堅持，乃中山先生對於民初黨事和共和試驗失敗的一個強烈的反動；而其改組，則顯示如此「組織極精緻」的約束，事實上不能求得大多數人士的順從。中華革命黨的最後「取消」組織，其理由，據中山先生自己所述，為「約法恢復，國會招集。」然案諸其組織的目的，此自然不是正當的理由。因為中華革命黨的組織，「懲前毖後，」乃要矯正民初的過失，而不是恢復民初的舊觀。就一種意義言，中華革命黨組織之初，黃興認為「袁派勢力日加擴張，吾黨似不必過事取締，而收容各派以為獎助與發展之計，」[28] 似也並非完全無見。因為其後的討袁、護法，中山先生皆曾取調和各派的政策。而民國八年（一九一九年）中國國民黨的組織，也終未採取中華革命黨的絕對嚴格主義。我們毋寧可說，中國國民黨殆自始即維持一條開展的寬舒的陣線（front），「收容各派以為獎助與發展之計。」但自中華革命黨時期始，中山先生對於黨權的維持，則一直十分謹慎。當他對外以民國的正統相號召，而黨的陣線也重趨開展寬舒時，一種「幹部」的觀念逐漸形成。舊時忠誠的信徒和人數日眾的新進「英俊」，[29]在黨內構成一個協助領袖執行黨權的堅強的核心——幹部。自然，「幹部」一語，在辛亥開國前早見於革命黨人的言論文字。辛亥起義前夕，黃興致同盟會中部總會列公函，便有「欣悉列公……組織幹部，力圖進取」之語。[30]但自中華革命黨時期始，在中山先生的言論著作中，「幹部」的觀念和「幹部」一語的使用，時時出現。[31]這是中華革命黨思想的繼續。因此中山先生政治理想的表達，也以對幹部、對黨、和對一般環境的不同，而顯然分出不同的層次——我們曾字之曰「雙重主張」。這是我們了解民國時期中山先生革命思想的一個極其重要的關鍵。有懲於民初同盟會組織被取消的錯誤，民國九年（一九二〇年）的「中國國民黨總章」既已重作革命時期的規定，而中山先生更時時強調革命黨為民國根本之所存的重要。在民國九年的一次演講中，他說：

現在的中華民國，只有一塊假招牌，以後應再有一番大革命，才能夠做成一個真正中華民國。但是我以為無論何時，革命軍起了，革命黨總萬不可消，必將反對黨完全消滅，使全國的人都化為革命黨，然後始有真中華民國。所以我們的責任，以後就在造成一個真中華民國。

真中華民國自何發生？就是要以革命黨為根本，根本永遠存在，纔能希望無窮的發展。譬如一棵大樹，只要根本存在，哪怕秋冬時它的枝葉凋落，一到第二年春天，它就會發生新的枝葉。還要一年茂盛一年。我們中華民國算是一棵大樹，我們革命黨就是這樹的根本，所以我們要格外留意，將根本好好培植。……諸君須知黨事為革命原起事業，革命尚未成功時，要以黨為生命；成功後，仍要黨來維持。[32]

※ ※ ※ ※

中華革命黨的總理和黨員誓約，都有「創制五權憲法」一語。「中華革命黨總章」以黨員全體為協贊會，分為立法、司法、監督、考試四院，使與黨的本部並立，「備為五權憲法之張本；」而民國九年（一九二〇年）的「中國國民黨總章」，並以「創立五權憲法」定為黨的目的。中山先生五權憲法理論的由來，作者在「同盟會時期孫中山先生革命思想之分析研究」一文中，已曾論及。民國元年，參議院在南京集會時，中山先生提臨時政府組織法草案，也已主張「於立法、行政、司法之外，設典試、監吏兩院，實行五權分立。」[33]但在本文我們要特別指出的，中山先生之明白以「權」「能」相對待，闡發他的權能區分的學說，雖可能要遲到民國十一年（一九二二年）時，然他之視五權為政府之權，亦即政府之「能」的思想，則在「中華革命黨總章」中應已明白可見。因為案諸中華革命黨組織的目的，中山先生所欲使他的黨人「經驗」的，應該是「能」的經驗，而非「權」的經驗。再就考試一事言，中山先生所計畫的考試制度，顯然同樣適用於議員。在民國五年的一次講演中，他說：「今若實行考試制度，則一省之內，應取得高等文官資格者幾人，普通文官資格者幾人，議員資格者幾人，就此資格中，再加以選舉，則被選舉之資格，限制甚嚴，自能真才輩出。」[34] 此唯有作為「能」的條件乃得而行之，而決不能施之於中山先生所說的權能區分之權——直接民權。

中山先生的五權憲法學說，在民初南京臨時政府時期，因為民黨人士的反對，未能實行。王寵惠便是當時主要的反對者之一，已如上述。但在不同的場合，則曾經反對中山先生學說的人士，卻不少作過相似的主張。章炳麟便是其中的一例。袁世凱既敗，在一篇「與章行嚴論改革國會書」中，章炳麟強調代議制度之不適合於中國，強調取決於多數之其勢有不可行之處；他主張設立監察制度，仿前代的給事中和御史，主張以考試作科道官初選，然後互選之。[35] 這正是一種監察制度和考試制度的主張。民初國會選舉的失敗，不待贅言。民國六年，上海東方雜誌載有「選舉與考試」短文一則，曰：

吾人二十年來，厭棄考試，信仰選舉，以為選舉者，西洋之新法則，至公普之法則也，立憲國家之流行品也；考試者，吾國之舊法則也，至腐敗之法則也，科舉時代之老廢物也。……

今廢考試而行選舉，所謂選舉者固如何？民國二年之選舉，吾人曾目擊之，吾不暇詳言，一言以蔽之曰，科舉而已。……（其目的之卑陋，狀態之齷齪，尤且過之。）吾人今後，當一改其信仰選舉、厭棄考試之心理，而公平以審處之。選舉而腐敗也，則嫉惡之當與曩日之科舉無異，視為國家及民族之一種毒害物，必絕其腐敗之根株，達其公普之目的而後已。至於登進官吏，當用考試。」[36]

這也是一種欲以考試濟選舉之窮的主張。

討論中山先生的民權思想，作者在「同盟會時期孫中山先生革命思想之分析研究」一文中曾強調指出，必須注意其學說中目的和方法互為保障的部分。此如中山先生自己所說：「或又疑訓政六年，得毋同於曲學者所倡之開明專制耶？曰，開明專制者，即以專制為目的，而訓政者，乃以共和為目的，此所以有天壤之別也。」[37] 而在方法上為目的的一種基本保障者，即地方自治。[38] 地方自治之始見於立憲的綱領——同盟會的「革命方略」和「會務進行之秩序表」，也已略見於作者上文所述。其後地方自治又見於民國元年的「同盟會總章」、同年的「國民黨規約」、三年的「中華革命黨黨章」、九年的「中國國民黨總章」、和十三年的「國民政府建國大綱」。民元國民黨組黨宣言，於黨綱部分揭櫫五事，其二為「發展地方自治，」「將以練國民之能力，養共和之基礎，補中央之所未逮也。」[39] 但宋教仁為國民黨所草擬的「大政見」書，則純從中央與地方之權的分配立言，而未着眼於民權的建設。以下我們把同盟會「革命方略」和宋教仁「大政見」中關於地方自治的部分，並舉而比觀之：

同盟會「革命方略」——

（革命治國措施之序，則分三期：第一期為軍法之治。……）第二期為約法之治。每縣既解軍法之後，軍政府以地方自治權歸之其地之人民，地方議會議員及地方行政官皆由人民選舉。凡軍政府對於人民之權利義務，及人民對於政府之權利義務，悉規定於約法，軍政府與地方議會及人民皆循守之，有違法者負其責任。以天下定後六年為限，始解約法，布憲法。第三期為憲法之治。全國行約法六年後，制定憲法，軍政府解兵權行政權，國民公舉大總統，及公舉議員，以組織國會。一國之政事，依憲法而行之。此三期，第一期為軍政府督率國民掃除舊污之時代。第二期為軍政府授地方自治權於人民，而自總攬國事之時代。第三期為軍政府解除權柄，憲法上國家機關分掌國事之時代。俾我國民循序以進，養成自由平等之資格，中華民國之根本，胥於是乎在焉。[40]

宋教仁「大政見」——

（政體）（四）主張省為自治團體有列舉之立法權　在單一國制，立法權固當屬諸中央，然中國地方遼闊，各省情形各異，不能不稍事變通。故各省除省長所掌之官治行政之外，當有若干行政，必須以地方自治團體掌之，以為地方自治行政。此自治團體，對於此等行政有立法權，惟不得與中央立法相抵觸。至於自治行政之範圍，則當以與地方關係密切之積極行政為限，其目有六：（甲）地方財政，（乙）地方實業，（丙）地方工程，（丁）地方交通，（戊）地方學校，（已）慈善公業事業。皆明定法律，列舉無遺，庶地方之權，得所保障。[41]

兩者所不同的，是在前者以地方自治為進於憲政的準備，為民權建設的基礎，而後者則但言官治和民治、中央和地方的分權。再者，同盟會「革命方略」和「會務進行之秩序表」，皆定縣為地方自治的單位，而「大政見」主張省為自治團體。[42]中山先生之主張定縣為地方自治單位，而視之為建國的礎石一層，在他於民國五年（一九一六年）七月十七日在上海對國會兩院議員的一次演講中，更加灼然可見，他說：

今假定民權以縣為單位，吾國今不止二千縣，如蒙藏亦能漸進，則至少可為三千縣。三千縣之民權猶三千塊之石礎，礎堅，則五十層之崇樓，不難建立。建屋不能猝就，建國亦然，當有極堅毅之精神，而以極忍耐之力量行之。竭五年十年之力為民國築此三千之石礎，必可有成。彼時更可發揮特殊之能力，令此三千縣者，各舉一代表。此代表完全為國民代表，即用以開國民大會，得選舉大總統。其對於中央之立法亦得行使其修正之權，即為全國之直接民權。而國民教育發達之故，每縣各得有國民軍。於是國本立，國防固，而民權制度亦大定矣。[43]

如是，以訓政完成地方自治，由地方自治進而實施憲政，[44]而以直接民權、國民教育、國民軍鞏固憲政，是其所設的保障，自不可謂不縝密。此所以中山先生說：「吾人如不能實行（憲法），則憲法猶廢紙耳。欲實行，則必先辦自治。自治者，民國之礎也，礎堅而國固。」[45]

在中山先生的民權學說中，中央和地方政權的運用，可作如下解釋。他「把整個政權的運用，分為中央和地方兩個方式：地方的方式是直接的，中央的方式是間接的。但方式雖有兩個，運用卻是關連的。行於中央的間接民權，必須以行於地方的直接民權做基礎；而行於地方的直接民權，其目的（又）在於實現全民政治，建立萬能政府。內外相維，首尾連貫，成為整個有機的體系。」[46] 因之，中山先生之欲由地方自治培養的，根本自然在直接民權，即選舉、罷免、複決、創制四權。中山先生提倡直接民權之始，今天我們從他的言論著作中可以見到的，為民國五年（一九一六年）七月十五日他在駐滬粵籍國會議員歡迎會中的一次講演。[47] 在該次講演中，他說，美國現已有十四省樹直接民權之規模，瑞士且已完全行直接民權制度。所以「今後國民當奮振全神於世界，發現一光芒萬丈之奇彩，俾更進而底於直接民權之域。代議政體旗幟之下，吾民所享者，祇一種代議（選舉）權。若底於直接民權，則有創制權，廢止（複決）權，退官（罷免）權。但此種民權，不宜以廣漠之省境施行之，故當以縣為單位。」[48] 兩天後，他對在滬的兩院議員講演，乃暢論直接民權的四權。他舉美國最新的地方自治機關為例，作圖如下：

美國最新之地方自治機關

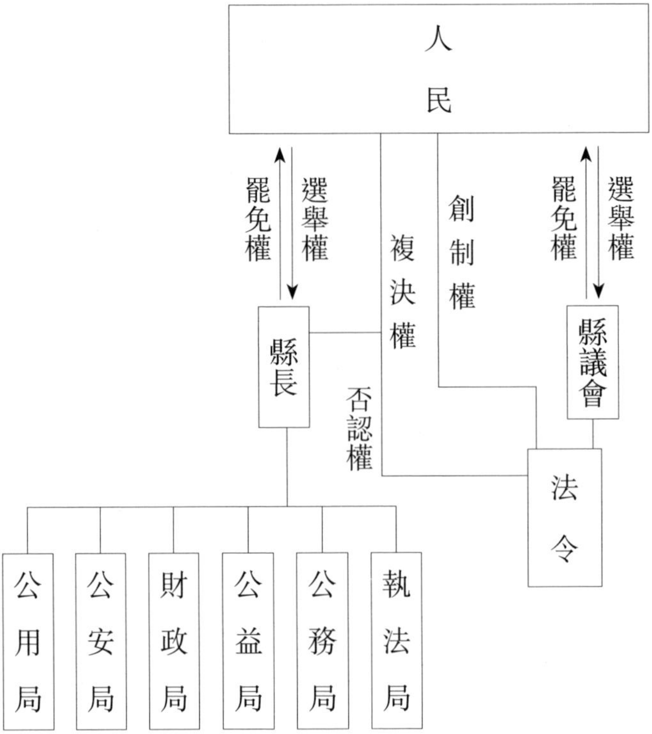

他解釋該圖說：

圖中最高者為人民，見人民之實行其主權也。其下一為縣議會，人民舉議員，……行使其立法權，而該（縣之人民）共守之。一為縣長，亦由民選舉，根據議會所定之法令，以支配六局。執法局，黨依法捕人，及提起公訴等事。公務局，綜理庶務。公益局，黨地方公益之不以利益收入為目的者。（如道路、教育、教養、醫院等是。）財政局，掌收支一切。公安局，司警察衛生事項。公用局，則掌地方公業之有利益收入者。（如電車、電燈、煤氣、自來水公司等是。）而民權特張之點，則以前人民僅有選舉權，今並有罷免權。以前議會立法，雖違反人民意志，人民無法取消；或得資本家賄賂，將有益公眾之事，寢置不議，此皆異常危險。今則（全縣人民）中，苟有（十分之一）贊成署名，可開國民大會。有人民（二分之一）以上之贊成，即可成為法律。反是者，違反人民意思之法，亦可以是法取消之。議會所定法律有疑點，亦可以是法複決之。至縣長對於立法，備有否認權。否認者，交議會複議，以更多之數取決之。本以過半數取決者，今則須三分之二，或至四分之三表決之。我國約法規定，統治權屬於全體，必如是，而後可言「主權在民」也。[49]

以直接民權和五權憲法互用，我們就可做到人民有權，而政府有能。這便是中山先生權能區分學說的要義。

中山先生之欲以地方自治為民權建設的基礎，其用意之深和用心之誠，我們尚可於以下的三事見之：

第一、在上引民國五年七月十七日的講演中，他曾提出設立「地方自治學校」的主張和一種極其具體的實行步驟的擬議。他說：

欲行此制（地方自治），須先定規模。首立地方自治學校，由各縣選人入學，一、二年學成後，歸為地方任事。次定自治制度：一、調查人口；二、清理地畝；三、平治道路；四、廣興學校。其他諸政，以次舉行。至自治已有基礎，乃可行直接民權之制矣。[50]

第二，民國六年（一九一七年），他撰「民權初步」告成，這是一冊譯自「西國議學之書」的「會議通則」，而中山先生以之列為「建國方略」的一部分，與「孫文學說」和「實業計劃」鼎足而三。他要由此教人民集會的方法。他說：「倘此第一步能行，行之能穩，則逐步前進，民權之發達，必有登峰造極之一日。」他說：「一社會中，其會員人人有言論表決權於大小各事，則知識能力必日加，而結合日固，其發達進步，實不可限量也。」[51]

第三，在「民權初步」中，他所假設為會議示範的，特命名曰「地方自治勵行會」；而同書附錄「章程並規則之模範」，為「地方自治勵行會」的章程和規則。[52]

自然，中山先生所定的地方自治建設的弘模，他也未能及身見諸實行。但從他的言論著作中，我們尚能窺見他無時無地不以之諄諄教說的情景。[53]

袁世凱政府時期，袁的僚屬也曾以地方自治之說進，他們的理由是「在使人民朝出一錢，暮觀其效；」他們的辦法是「令人民推舉村正、甲長，遇有國家政令，知事傳知區董，區董傳知村正，村正傳知甲長，甲長傳知各住戶；」他們認為，如是則「何人梗令，不難查究，斯令如流水，不難實現矣。」[54]這是官僚政客的「地方自治」。同時張謇則在江蘇的南通海門一帶，興實業，廣農務，立教育，辦救濟，沈恩孚、黃炎培等從而推廣之，欲「策進各縣量力自治。」[55]這是地方士紳的「地方自治」。袁死，政局擾攘，護法不成，軍閥割據，於是又有「聯省自治」的運動。聯省自治，目擊亂象環生的政局，在理論上自也有其理想。[56]舊進步黨人如熊希齡、梁啓超，舊官僚如梁士詒，乃至舊民黨人士如章炳麟、曹亞伯、張繼[57]都曾為聯省自治奔走。但嚴復在民國六年已謂當時羣督之擁兵，「如唐五代之藩鎮。」「藩鎮聯邦，實不過連橫合縱而已。」[58]聯省自治，上也者，保地方粗安，如趙恆惕之在湖南；其餘則真不過藩鎮及其連橫合縱而已。」凡此，自然都不足以擬中山先生所設想的地方自治於萬一。當聯省自治運動方盛時，湖南省長林支宇曾上書中山先生，促他推行聯省自治。中山先生在林的原函上批示他的僚屬代答，曰：「先生（自稱）以分縣自治為立國，聯省只能成官治，不能達自治，」[59]當是正對聯省自治的實際情況而言。

1 《國父全集》（二），頁五五—五六。

2 《國父全集》（六），頁一。

3 甲辰（清光緒三十年；一九〇四年）中山先生撰「駁保皇報」一文引，《國父全集》（六），頁二二九。

4 《革命文獻》（五），總頁五七二。一九五四年，臺北。

5 《國父全集》（五），頁一八六—一八七。

6 一九一九年「三民主義」親撰篇，《國父全集》（六），頁二七七。

7 中國立國大方針商榷書，頁七二—七三。共和建設討論會發佈，一九一二年四月，上海。

8 《正誼》第一卷第七期，文頁碼二—五。一九一五年二月，上海。

9 但在同一期《正誼》中，張東蓀另有「中國之將來與近世文明立國之原則」一文，主張「中國國運之興也，不在有萬能之政府，而在有健全自由之社會。」而健全自由之社會，「惟由人民之人格優秀以成之。」此優秀人格，「苟政府去其壓制，使社會得以自由競爭，因而自然淘汰，則可養成之也。」（文頁碼一六）自然，此文當可解釋為對袁世凱政府而發，然與上引文相校，則不能免於主張的分歧。

10 《東方雜誌》第十五卷第二號，頁七。一九一八年二月，上海。

11 見當年八月二十四日致鄧澤如函，十一月十日覆王月洲函，《國父全集》（五），頁一一〇、一一七。

12 《革命文獻》（五），總頁五七二—五七八。

13 丙午（清光緒三十二年；一九〇六年）改訂「中國同盟會總章」第二條，「本會以驅除韃虜，恢復中華、創立民國，平均地權為宗旨。」一九一二年「中國同盟會總章」第二條，「本會以鞏固中華民國，實行民生主義為宗旨。」丙午總章見鄒魯《中國國民黨史稿》，頁三七一四〇；民元總章見同書，頁七八一八二。

14 中華革命黨「革命方略」，中國國民黨中央委員會黨史史料編纂委員會藏有鉛印原本，鄒魯《中國國民黨史稿》亦收有全文（頁一七五一二九五），盡屬軍政時期革命軍與軍政府之組織規制，服制勳記、軍律軍法、糧食徵發、與文告格式之規定。

15 《革命文獻》（五），卷首影印原件。萱野長知中華民國革命秘笈，卷末附有中華革命黨初期黨員誓約影印原件六四〇幅。昭和十六年（一九四一年），日本東京。

16 此據田桐、馮自由說，見田桐「同盟會成立記」、馮自由「記中國同盟會」二文，《革命文獻》（二），總頁一四三一一四四、一四九一一五〇。丙午與民元同盟會總章，皆無司法一部。

17 梅培上中山先生書，一九一四年十月五日，中國國民黨中央委員會黨史史料編纂委員會藏毛筆原件。

18 宮崎民藏上中山先生書，十一月初一日，年代缺，當同屬一九一四年（中華革命黨成立之年）時物，中國國民黨中央委員會黨史史料編纂委員會藏毛筆原件。

19 《國父全集》（五），頁二〇三。

20 邵元沖口述「中華革命黨略史」，許師慎筆記，原載一九一九年六月《建國》月刊第一卷第二期，收入《革命文獻》（五），引文見總頁六七三一六七四。

21 馮自由「林故主席與美洲國民黨」，《革命文獻》（五），總頁六四一一六四二。

22 見一九一六年五月二十三日致田桐、居正、朱執信等電，《國父全集》（四），頁二五九。

23 同年八月三十一日、九月三日致陳中孚電、同年九月五日致居正電，《國父全集》（四），頁二六八—二六九。又國父批牘墨跡第九，批某君函，有「中華革命黨自袁氏一死之後，約法恢復，國會招集，即行取消矣」之語。《國父批牘墨跡》，羅家倫主編，一九五五年，臺北。

24 中華革命黨成立後，海外舊國民黨支部雖奉中山先生命令改組，然多沿用國民黨名義。袁世凱解散國民黨後，美洲支部修正規約，且已以「中國」與國民黨連用，稱中國國民黨（Chinese Nationalist League）。見馮上引文，《革命文獻》（五），總頁六三一；鄒魯《中國國民黨史稿》，頁一四九。至於中山先生恢復國民黨組織的擬議與開始以「國民黨」名義招收黨員，見一九一六年十月二十五日覆郭標書、同年通告國內外同志書、一九一七年中華革命黨總務部通訊第二號。總務部通訊，見中國國民黨中央委員會黨史史料編纂委員會藏鉛印原件；餘見《國父全集》（五），頁二三八、二四一。

25 一九一八年四月二十一日致曾允明等函，《國父全集》（五），頁二八九。

26 《革命文獻》（八），總頁一〇〇九—一〇一三，一九一五年，臺北。

27 同上，頁一〇二二—一〇二四。

28 《黃興傳記》，第十章，葉三(上)，著者名缺，中國國民黨中央委員會黨史史料編纂委員會藏油印本。

29 上引中山先生覆楊漢孫書：「足下謂並以收羅天下之英俊，弟意亦重視天下未來之英俊，而不敢謂可與言大事者，祇前茲曾有資格地位之人。」《國父全集》（五），頁二〇四。

30 《革命文獻》叢刊，第七期，頁六，一九四七年九月，南京。

31 如一九一四年二月四日致南洋同志書、同年六月十五日致陳新政及南洋同志書，皆稱東京本部為幹部。《國父全集》（五），頁一六九—一七〇、一七五—一七六。

32 一九二〇年五月十六日在上海國民黨本部考績訓詞，《國父全集》（三），頁一七三。

33 王寵惠「五權憲法之理論與實施」，《困學齋文存》，頁一二四。一九五七年，臺北。

34 一九一六年八月二十日在杭州陸軍同袍社講演，《國父全集》（三），頁一五〇—一五一。

35 章炳麟「與章行嚴論改革國會書」，中國國民黨中央委員會黨史史料編纂委員會藏鈔件。

36 傖父「選舉與考試」，《東方雜誌》第十四卷第二號，頁十五—十六。一九一七年二月，上海。

37 「孫文學說」，《國父全集》（二），頁六〇。

38 自然，以地方自治立憲政基礎的思想，清季已鼓吹有年，下面的例子可見當時此種思想的普遍。癸卯（清光緒二十九年；一九〇三年）五月二十日（六月五日）上海《蘇報》載「山西崞縣崞陽學堂綱領」，謂「欲立憲政，必先使全國之中人人有政治能力；欲人人有政治能力，必先使人人有政治思想。地方自治者，所以誘掖化導，使人人於政治上發抒其能力思想者也。根本所在，基於教育，而設施之始，則起於地方議會。」至於本文之所以特別重視中山先生的地方自治主張者，因為他的全部民權學說，實尤以地方自治為其基本保障之故。

39 《國父全集》（四），頁七二。

40 《國父全集》（四），頁六一。

41 「六政見」：一、對於政體之主張——（四）主張省為自治團體有列舉之立法權。

42 宋教仁於「代草國民黨之大政見」一文外，尚有在上海尚賢堂講演稿一篇，自題「中央行政與地方行政之分劃」，其親筆原件亦經徐血兒影印發表於其所編之宋漁父第一集後編（一九一三年，上海）。該文於省治外，並道及縣、府、鄉、鎮自治，原文如下：「鄙意謂中國今日宜縮小省域，實行二級制，省下即直承以縣。省縣皆設地方官，掌官治行政；並同時設為自治團體，置議會、參事會，掌自治行政。縣之外，大都市設府，當外國之市，直接於省、縣之下；設鎮、鄉，皆直接於縣，皆為純然之自治團體。」（「寫真」（二））然此所謂省、縣、府、鄉、鎮設為地方自治團體者，乃以省包縣、府，以縣包鄉鎮之自治，而該文全文所討論者並如講題所示，實在「中央行政與地方行政之分劃」（分權）。此與中山先生之地方自治主張，定縣為地方自治單位，而以地方自治為進於憲政之準備與建設民權之基礎者，迥異。宋教仁殆迄主張省為完全之地方自治團體，而縣、鄉、鎮之屬承之。宋漁父第一集後編尚收有宋被害前在上海國民黨歡迎會上之演說辭一篇，言之綦詳。以下即該演說辭中之一段：「吾人主張高級地方自治團體當畀以自治權力，使地方自治發達，而為政治之中心。夫自治權力，本應完全授之下級地方自治團體，而在中國習慣，則下級地方自治團體，如縣、鄉、鎮之屬，與國家政治關係甚淺，故順中國向來之習慣，而畀高級地方自治團體以自治權，與國情甚吻合，而政治亦得賴以完全發達也。」（「宋漁父先生演說辭」頁三—四）

43 《國父全集》（三），頁一四三—一四四。

44 中山先生比較美國和法國政治發展的殊異，認為法國之所以未能由革命一躍而幾於共和憲政之治者，主要因為無自治之基礎。他說：「我中國缺憾之點，悉與法同。吾人民之知識、政治之能力，更遠不如法國，而予猶欲由革命一躍而幾於共和憲政之治者，其道何由？」此予所以創一過渡時期為之補救也。在此時期，行約法之治，以訓導人民，實行地方自治。」（「孫文學說」，《國父全集》（二），頁五八—五九）。

45 同註42，《國父全集》（三），頁一四四。

46 陳克文「論四權之行使及其步驟與方式」，民權建設中的世界與中國（中山文化教育館民權政治集刊第二輯），頁七八。一九四七年，上海。

47 《國父全集》（三），頁一三五—一三八。

48 但鄒魯回顧錄所説「那天總理所講的是直接民權，聽眾們咸訝為得未曾有，」（（一），頁八〇）則非的語。此次聽衆主要為議員，而至少一九一三年六月的《國會叢報》第一期（頁一一—一五）載太一「議會之後勁」一文，已論及發案（創制）權與公決（複決）權，且曾引瑞士為例。

49 《國父全集》（三），頁一四〇—一四二。

50 同上，頁一四四。

51 「民權初步」，《國父全集》（二），頁二八一、三六九。

52 同上，《國父全集》（二），頁二八七、三〇一、三〇七、三〇九、三一四、三二七、三四一、三六二、三七一—三七四。

53 如一九一七年五月二十三日覆李宗黃函，寄「會議通則」百冊；（《國父全集》（五），頁二六三）一九一八年五月二十一日留別粵中父老昆弟電，勸行地方自治；（《國父全集》（四），頁三六三）同年十一月二十五日致廖香芸告湘西各軍書，命於實力所及區域，「恢復各縣會並各自治機關。」（《國父全集》（五），頁二九八）

54 林長民、徐佛蘇、伍朝樞、方樞、曾彝進等為修正京兆官制上袁世凱書，中國國民黨中央委員會黨史史料編纂委員會藏原件。

55 張賽《嗇翁自訂年譜》，頁四六（上）。

56 一九二四年四月七日梁士詒在倫敦答路透社通信部長安密（Frederick W‧Emett）及各報社主筆談話：中國之革命政制，主張猶未一致。「然最有勢力而為輿論所共趨者，即聯省自治之說也。余亦主張聯省自治最力之一人，因余在中央執政甚久，深感中央集權之不易施方，非速行地方分權之制，不能求政局之調和，及地方人民之發達。」「試一觀目前之局勢，軍事上已成羣雄割據之形，政治上已行省人治省之實，……苟非分權自治，恐亦不能長治久安。」（梁士詒年譜（下），頁二九七—二九八）。

57 據章炳麟自定年譜，「聯省自治」之稱，且即張繼所定。（頁三六，一九二〇年條下）

58 《與熊純如書札節鈔》第五十二，王蘧常《嚴幾道年譜》，頁一二二引。

59 《國父批牘墨跡》第八七。

（六）

辛亥革命既起，中山先生對於中國國際地位的前途，懷着十分樂觀的希望。國家過去的屈辱既因滿清的腐敗積弱，自招其禍，則一個進步自由的新中國，自然「得與世界各邦，敦平等之睦誼。」[1] 他宣稱他將要求各國同意重訂海關稅則，取消治外法權，收回租界；[2] 而他所允許各國的，則他將立即進行各項改革。在他既辭臨時大總統職後，他極力主張開放全國各地通商：對外，以此為酬償各國取消對中國的不平等待遇；[3] 而對中國自身，則開放門戶正所以杜強鄰的覬覦，為收回法權地步，[4] 並利用外資「以開放中國原有之大財源。」[5] 他的樂觀希望最見於他對於外資的期望。他辛亥返國，過香港時與胡漢民等談話，關於財政問題便曾說，「一俟共和政府成立，則財政無憂不繼，因有外債可借。」他說，「就現時情形論之，必須借外債。因滿清弊竇，第一則喪失主權，第二浪用無度，第三必須抵押。若新政府借外債，則一不失主權，二不用抵押，三利息甚輕。」[6] 關於借債築路的擬議，他也已在這次談話中提出。

但凡此希望，都未實現。南京臨時政府時期，列強既都未承認民國；在清帝退位後，它們也仍祇承認與袁世凱發生事實上的外交關係。中山先生所預計的借款和取消不平等待遇的談判，自然多無法進行。[7] 最後連借款築路一事，也因「二次革命」的發生，不及實現。迨「二次革命」既敗，中山先生又一次出國流亡，寄寓日本，而列強即於此時正式承認中華民國！但在民初，列強中最先使中山先生深具戒心的，則一是俄國，一是英國。我們應該記得，抗俄之與清季的革命運動，原有密切的關係。庚子（清光緒二十六年；一九〇〇年）拳匪之亂，俄國出兵中國東北，在事平後拒不撤退。癸卯（清光緒二十九年；一九〇三年）中國留日學生就有拒俄義勇隊的組織，向清政府請願赴滿抗俄；在上海也有拒俄大會的舉行，和《俄事警聞》的創刊。拒俄義勇隊被日本政府解散，旋改組為軍國民教育會，派人回國運動革命，為光復會的前身；乙巳（清光緒三十一年；一九〇五年），東京同盟會成立，他們又都加入同盟會為會員。所以在清季的革命運動中，抗俄曾是革命的重要策源之一。從丁未（清光緒三十三年；一九〇七年）至辛亥（清宣統三年；一九一一年），俄國和日本成立了三次密約，劃分兩國在滿蒙的勢力範圍，作瓜分中國的準備。武昌起義的次日，在俄國的策動下，外蒙庫倫宣佈獨立。俄蒙問題，遂與中華民國同時發生。

考察中山先生民初的言論，防俄是他外交主張中的一個主要的着力之點。民國元年一月，在致北京蒙古王公的一通電文中，他說，「俄人野心勃勃，乘機待發，蒙古情形，尤為艱險，非羣策羣力，奚以圖存？[8] 同年春，他在南京對報館記者發表談話，關於蒙古問題，他說，「中國方今自顧不暇，一時無力控制蒙古，惟俟數年後，中國已臻強盛，爾時自能恢復故土。」他說，「中國有四萬萬人，如數年以後，尚無能力以恢復已失之疆土，則亦無能立國於六地之上。」[9] 他顯然有意以新中國的民族主義的力量，先一試暴俄。他的鐵道計畫即明白兼有國防的意義。民國元年九月，在北京報界歡迎會上的一次講演中，中山先生說：

> 現在以國防不固，致令俄在北滿及蒙古橫行，日本在南滿洲橫行，英國在西藏橫行。若我國兵力能保護邊圉，斷無此等事實。然我國果無兵乎？則何汲汲於籌借外債，遣散軍隊。既須遣散，其額必多，然用兵之時，則併一兵而無之。此故何哉？此即交通不便之故。又如俄國議由恰克圖修至張家口一條鐵路，籌議已久，轉眼即見事實。試問俄國向我政府提議之後，我政府將何以應付？將拒之乎？抑承認之乎？我若及早自修，俄政府即無所藉口，而可以保全我之領土。……東三省非我之完全領土乎？現在何以入於日，入於俄？此無他，即因俄有東清鐵路，日有南滿鐵路故也。[10]

對於民初他擬設的南、中、北三條鐵路幹線，關於其中北路一條，他說：

北路起點於秦皇島，繞遼東，折入於蒙古，直穿外蒙古，以達於烏梁海。論者必對於北路尤有難色，且謂張家口至庫倫之直線為更要。余則以為北路更急。北路乃固圉之要道，亦破荒之急務，殖邊移民，開源濬利，皆為天然之尾閭。張庫直線，雖亦當竝作，但彼不過連續俄路，依人籬下而已。11

凡此，皆見中山先生防俄的用心。尤其是他的錢幣革命的計畫，則更完全是對俄而發。他說：

竊聞遇非常之變，當出非常之方以應之。今者俄人乘我建設未定，金融恐慌，而攫我蒙古，以常情論之，我萬無能抵抗之理，在俄人固知之素，而審之熟，故甘冒不韙行之。我國人皆知蒙亡國亡，與其不抗俄屈辱而亡，孰若抗俄而為壯烈之亡，故舉國一致，矢死非他也。以文觀之，民氣如此，實足救亡，惟必出非常之策，事乃有濟。非常之策維何？請為我政府國民言之：第一行錢幣革命，以解決財政之困難。……第二謀不敗之戰略以抗強鄰，而保領土。語曰能戰而後能和，惟我今日不能戰，故俄敢公然侵我領土，若徒然與辦交涉，與之言仲裁，悉歸無效。必也，照第一策先行解決財政問題，然後乃能言戰，而戰必期於不敗，乃能言和。不敗之道若何？必備屢戰屢敗而氣卒不撓，及能求最終之一勝。12

他說，「當此民氣正盛，國體方新，戰有必勝之道，不戰為必亡之階，孰利孰害，不待智者之決也。」[13] 所謂不戰為必亡之階，他舉滿清的親俄政策為例。他說，「一經親俄，天山以西帕米爾（Pamirs）高原一帶，已非我有。延至今日，蒙古又將不見。」「今日親俄，壞了蒙古；再要親俄，內地十八省恐怕都不穩了。」[14]

中山先生的防俄政策未行。民國二年（一九一三年）十一月五日，亦即袁世凱解散國民黨，取消國民黨籍的國會議員資格的次日，袁政府和俄國就蒙古問題成立協約。依此協約，「俄僅承認中國對外蒙古之宗主權，而中國既不能干涉外蒙之內政，又無監督外蒙外交上之專權。」[15] 外蒙之為中國領土，蓋已名存實亡。[16]

辛壬（一九一一—一二年）南北和談期間，英國雖守中立，實際則頗右袁而抑南。迨「二次革命」失敗，上海的領事團應袁之請，迫令民黨首要遷出租界。[17] 香港英政府也同時採取排斥黨人的措施。[18] 其後袁的帝制運動，也曾受到英國駐北京公使朱爾典（Sir John Jordan）的鼓勵。[19] 迨參戰問題發生，府與院、院與會交鬨。在民黨人士中，主張參戰者也不乏人。如譚人鳳在致他友人的一封信中所說，「書生之見，嫉德強權，不量自己勢力，主張人道正誼，張溥泉（繼）、汪精衛之贊成（參戰）是也。」[20] 但中山先生則自始反對中國參戰。他所持的理由，對外言之，第一，中國共和基礎薄弱，參戰則容易助長黷武勢力；第二，參戰問題將在國內引起意見的衝突，從而釀成內亂。[21] 對內言之，第一，歐戰純係外國的利害之爭，中國不必介入；第二，如因中國參戰，而敵人在中國國內有所行動，發生爭端，將有引起新的排外盲動之虞；第三，中國若參加協約國，與同盟國作戰，因回教的土耳其為同盟國家之一，中國國內將有發生回亂之虞；第四，協約列強將以與中國共同作戰為理由，更加在中國擅權；第五，運糧出口，將使國內糧價飛漲，影響小民生計。[22]因為中國後來的參戰並未直接以武力加入，所以中山先生所預見的種種困難，有的並未發生。但因參戰之爭而武人跋扈，法統掃地，則仍為他所料中。其次，是他就參戰一事所作的對於外交形勢的分析。在民國六年為參戰問題覆段祺瑞的一封信中，他說：

> 譬之中國，向守中立，本未有困難可言。自從提出（對德）抗議，即覺困難，而避此困難，遂曰非絕交不可。既絕交矣，而困難又較絕交之前為甚，今日乃有非宣戰不可之言。宣戰之後，困難之劇，將又出於意想之外者，此時何以處之？萬一竟有一種困難發生，致非外人代我管理財權軍權不可，則將何如？[23]

而他認為，在外人中，挾自私之心，為中國參戰問題作祟的，又是英國。

中山先生認為，協約國勸告中國參戰者「七國」，其中義、比、葡三國「可謂初不相關；」法、俄兩國所欲求助於中國的無非勞工和糧食，「即不開戰何嘗不可滿足法、俄之欲望。」美國「欲中國採同一態度，」英國援美抑日，日本為抵制美國，「不得已而迫中國加入」

入。」所以在七國之中，「真望中國加入者，」英國一國而已。中國參戰之所以最為英國所願者，是因為英國「欲挾中國為附庸，」此一政策自洪憲帝制時期即已開始。英國過去的外交，為抑強扶弱，維持一種對自己有利的勢力平衡。但此番戰後，英國獨強的地位將不能繼續維持，所以勢須與另一強妥協，成為兩強並峙之局。而此另一強，將非德即俄。因為英國是一個世界帝國，所以德、俄擴張，都將威脅它的利益。英國所最欲保全的是印度，而德、俄所最欲覬覦的也是印度。英國如欲與任一強妥協，以保全其印度，「必當以中國為為餌。」他的結論是：

> 中國惟不袒於一國以害他國之利益，任之各國自由競爭，各國皆有享其利益之機會，而不必致力於佔有，如能中立不變，各國皆覺瓜分中國不如存置之利為多。必至中國自示其偏趨一方之意，然後他人有亡我之心。……故曰中國加入惟英國有利，中國既加入，則英國可以中國為犧牲。故加入者召亡之道，中立者求存之術也。[24]

自然，即令中國仍守中立，也「不保無以我為犧牲之事。」但中山先生説，「加入協商（約國，則犧牲中國為二國（英德或英俄）之利；而仍守中立，則犧牲中國僅為一國（德或俄）之利。加入協商，則此後必以中國之利益，補強而未有充足領土者之缺憾；仍守中立，則尚可希冀他國不爭我而爭印度，徐謀補救。」[25]「而察俄、德數年之經營，與此次戰爭之發起，苟非中國自投漩渦，惹起亂調，則戰亂結後，俄、德之所求，必為東歐、中亞之勢力，即以埃及、印度為目標。」[26]

以上所述，皆見中山先生在民國六年（一九一七年）夏所撰的「中國存亡問題」一文。要之，中山先生認為，英國的遠東政策一向唯以犧牲中國是圖，而自民國開國以來，更無時不以破壞中國革命為務。他預料大英帝國到戰後將不能維持其傳統的世界優勢的地位。中國參加了協約國，如果協約國失敗，中國既與德國為敵國，則英國正好犧牲中國，以與德國妥協。反之，即令協約國勝利，英國既不得不聯俄，則英國更可與俄國合而謀我。在兩種情形下都將以中國為芻狗。而英俄同盟，尤為他所憂懼。因為俄國在中國曾「駐兵佔地，以起大戰，」而英國在中國曾「首設領事裁判權，首劃勢力範圍。」[27] 這是兩個過去「礙我主權最烈的國家。」歐戰結果，德國戰敗，俄國也因內亂一時無力他顧，所以中山先生的憂懼幸而也不曾言中。但他說英國終將犧牲中國以餌他國，則仍屬事實。祇是英國所餌者不是俄國或德國，而是日本。在巴黎和會中，當中國代表要求變更英日關於山東問題的密約時，英國代表的答覆是，「英與日本協定條件之時，全國海軍萃於西方，地中海東部空虛，德人復行潛艇戰略，不能不仗日本援助。」英國代表說，「吾輩亦明知當時所允讓日本之價，未免稍昂，然既有約在先，究不能作為廢紙。」他要求中國代表祇從兩層辦法之中，擇一辦法：或是一添中日協約憑據，」或是「使日本繼承德國權利。」[28] 此非中山先生所謂的「餌」而何？而中國在巴黎和會的交涉，終完全失敗！

當中山先生撰「中國存亡問題」一文時，他還沒有完全放棄與日本提攜的希望。至少在不同的場合，日本的政府或社會、軍部或外務省，總有一方對中國民黨表示好感。至少日本曾拒絕袁世凱的專使，使洪憲帝制運動受到很大打擊。為求他的不參戰主張在日本獲得支持，中山先生在該文中毋寧頗為日本辯說。尤可注意的，在該文中他提出了一個遠大的合作計畫，主張中、日、美三個太平洋國家協力互助，共謀太平洋的乂安。他說：

中國今日欲求友邦，不可求之於美日以外。日本與中國之關係，實為存亡安危兩相關聯者，無日本即無中國，無中國亦無日本，為兩國謀百年之安，必不可於其間稍設芥蒂。次之則為美國，美國之地雖與我隔，而以其地勢，當然不侵我而友我。況兩國皆民國，義尤可以相扶。中國而無發展之望則已，苟有其機會，必當借資於美國與日本，無論人才、資本、材料，皆當求之於此兩友邦。而日本以同種同文之故，其能助我開發之力尤多，必使兩國能相調和，中國始蒙其福，兩國亦賴其安，即世界之文化亦將因以大昌。中國於日本，以種族論為弟兄之國，於美國，以政治論又為師弟之邦，故中國實有調和日美之地位，且有其義務者也。……夫中國與日本，以亞洲主義，開發太平洋以西之富源，而美國亦以其「門羅主義」，統合太平洋以東之勢力，各遂其生長，百歲無衝突之虞。而於將來，更可以此三國之協力，銷兵解仇，謀世界永久之和平，不特中國蒙其福也。[29]

歐戰時期中國頗有倡中美聯盟排日之説者。無論在政治理想或外交關係上，中山先生對美國一直最多頌揚。他稱美國和中國為政治上的「師弟之邦」。他説「美國固向來於中國之利權最少野心。」[30]但在當時，他並不以引美排日為然。因為一旦英、俄、德等歐洲國家合力以圖我之時，我們決不能望美國「為我利害無干之國，與世界最強之國為敵」。面且美國也尚懷有種族的偏見，我們不能希望它「傾一國以為異種人正義公道出力。」[31]

「二次革命」失敗，中山先生離國，再度托庇於日本。未幾而中日「二十一條」交涉發生。日本政府以民黨活動，對袁危詞恫嚇；[32]國內報章，對於留日黨人，更蜚語勝傳。李根源、熊克武、程潛、陳強、林虎、冷遹等在日，因有停止革命活動，一致對外的通電發出。連黃興等在美和在南洋的黨人，也通電表明心跡。[33]何海鳴，一個舊日民黨的激烈分子，在他的虞電中至於有「知吾黨中有一、二人步李完用之後塵者」之語，並謂「害羣之馬，何地無之；日暮途窮，倒逆難免。」[34]當時一般民黨人士處境的困難，可於詹大悲的一封公開信中見之：

屢見報載黨人借外援主張中日聯邦各節，此是否外人虛聲恫嚇，非所深知，惟政府欲為誅鋤黨人務盡之計，不惜加之以極惡之名，以隳其信用，此實慣用之技倆。近更（劉）師培、隱名諸君，作勸告黨人書，設詞勝謗，無微不至，栽誣之言，幾若真有其事者。國人以此益滋疑傳。如所云云，試問按之實際，曾有一真憑實據否？若僅憑邀功偵探之報告，理想官電之宣佈，遂欲「吳三桂」吾黨人，「李完用」吾黨人，此中真偽，又寧需我黨人自辯。35

日本的二十一條要求，與洪憲帝制運動的關係，說者不一。中山先生在民國四年為中日交涉覆北京學生書，他說：

歐洲戰爭，不遑東顧，（袁）乃乘間僭帝而求助於日本。此次交涉，實由彼講之。日本人提出條件，彼知相當之報酬為不可卻，則思全以秘密從事。迨外報發表，輿論沸騰，所親如段、馮亦出反對，乃不得不遷延作態，俟日人增加強硬之態度，然後承認，示人以國力無可如何。……袁氏以求僭帝位之故，甘心賣國而不辭，禍首罪魁，豈異人任。傳曰：「國必自滅，而後人滅之，」故有國者，恒自愛其國，侵略兼併，祇視其力所能為；而大盜在室，乃如取如攜，禍本不清，遑言扞外。36

而梁士詒年譜則說：

歐戰方酣，列強未遑他顧，日本急思乘此千載一時之機，逞志於中國。一方面袁氏自朝鮮一役以來，仇視日本，日人心目中尤以袁為勁敵。時袁有帝制自為之心，倚某某國（英、德）為外援，而摒日本不與。日恐袁得志後，將更不利於已，故蓄意倒之。對馮國璋、對段祺瑞、對張勳、以至於其他方面，多有所運動接洽；至是，遂進一步故意對袁提出「二十一條」，使袁無論允與不允，皆將被逼於無可回旋之地。袁之失敗，殆半由於此。世有謂袁與日本妥協，故有「二十一條」之提出者，實因果倒置也。[37]

此中出入，因事關外交秘密，不易究明。[38]但日本的提出此宗要求，曾乘袁派積極佈置帝制運動的機會，則所說皆同。民國三年（一九一四年）五月一日，新約法頒佈；同年十二月二十八日，修正大總統選舉法頒佈，無論事實上或形式上袁都已成了終身的獨裁元首。而據梁啓超的記載，至遲到民國四年（一九一五年）一月時，帝制運動已開始發動，[39]而日本的二十一條要求，便是在這月的十八日向袁世凱提出，當年四月末旬，梁曾致書於袁，勸他「瞿然自省，毅然自持，」有「此數月間之營營擾擾，」「國體問題已成騎虎」等語。[40]八月二十三日，「籌安會」成立；九月二十八日，「參政院」議決召集「國民代表大會」，解決國體。至少在帝制運動既經揭開之後，袁曾希望獲得日本的同意。當年十月二日，袁和朱爾典密談帝制問題，他們間曾有如下的對話：

大總統曰：（關於君主立憲，）不知東鄰有如何舉動？……

朱曰：未聞日本有半點反對之意，及乘時取利或有損害中國之陰謀。

大總統曰：大隈伯對我駐日公使言，關於君主立憲事，請袁大總統放心去做，日本甚願幫忙一切。由此觀之，即於表面上日本似不再行漁人之政策。

朱曰：大隈之言，想係表示美意也。[41]

要之，日本當時的政策，殆如一兩面之刃，助袁倒袁，兼施並用，以擴大中國內部的困難。下面所引的梁士詒告周自齊語，應可置信。梁曰：

近來我迭接卓如（梁啓超）由天津傳來口訊，以及接上海、香港、東京各地報告，知有賀長雄之赴日，坂西中將之來華，均傳述日本軍部之贊同及促成帝制，與夫大隈首相之主張，均已甜言蜜語，炫惑項城。而日本朝野上下，一面贊助國民黨四出策動。十二月（民國四年）上海肇和兵艦謀變，陳其美攻襲製造局，蔡鍔由日回滇，以及種種反袁運動，皆有日本力量為之援助。項城今日已處於上不在天，下不在田之境。吾恐日本更別有陰險惡毒手段以除袁，以亂華，以償其大欲。[42]

中山先生的政策，則是執着兩大樞要。第一，如他在上引的覆北京學生書中所說，「禍本不清，遑言扞外，」所以主張救國必先倒袁。在同時致葉獨醒的一封信中，他說：

今日救國，捨倒去惡劣政府，更無他術。家有巨盜，則外賊日至，如取如攜，國勢阽危，更何能待耶！[43]

此所謂「家有巨盜，則外賊日至，如取如攜，」並非虛語。在袁承認日本的「二十一條」要求後，袁雖曾有密諭告誡百官，而帝制人士，則如釋重負，至於「憂患之來，未踰旬日，頌聲之作，震乎寰宇，」「曰此東亞之幸福，曰此政府維持之苦心！」[44]中山先生的政策，第二是聯日以孤袁之援。宋案發生，中山先生便首主聯日，即「所以孤袁氏援，而厚吾黨之勢。」[45]「二次革命」後在日，當他不能獲得日本政府的同情時，他求助於民意。[46]直至民國六年（一九一七年），即「中國存亡問題」撰成之年，他也仍持同樣的主張。當年中華革命黨總務部的第一次通訊，有關於對日方針的指示，在我們了解我們所討論的時期內中山先生的對日政策上，十分重要。該項指示說：現在日本內閣表明不干涉中國內政之方針，但在有識者，仍多主張聯結民黨，共維持東亞大局。其懷侵略野心者，少數眼光不足之人而已。民黨當取聯日態度，則彼中有眼光者，與我黨提攜，益得信用。否則，民黨與彼不合，野心家遂可得勢，而於我國不利矣。[47]

因此中山先生的聯日政策，在消極的意義上，是要孤袁氏和北洋武人之援，而在積極的意義上，更要以日本有識者和中國民黨的提攜，使日本的進步勢力在國內「益得信用，」以防野心家的得勢。這是他眼光的遠大處。至於他因持聯日政策而在外交立場上所遭遇的困難，則迨洪憲帝制運動公開，已不復存在。

但日本則終使中山先生失望。至少到民國八年（一九一九年）時，我們見中山先生已不復作聯日的主張。中國在巴黎和會中交涉最後失敗，在民國八年五月初。五二十日，「孫文學說」出版。在該書所附的「陳英士（其美）致黃克強（興）書」中，中山先生加有如下的案語：

> 文按：民黨向主聯日者，以彼能發奮為雄，變弱小為強大，我當親之師之，以圖中國之富強也。不圖彼國政府目光如豆，深忌中國之強，尤畏民黨得志，而礙其蠶食之謀，故屢助官僚以抑民黨，必期中國永久愚弱，以遂彼野心。彼武人政策，其橫暴可恨，其愚昧可憫也。倘長此不改，則亞東永無寧日，而日本亦終無以倖免矣！東鄰志士，其有感於世運起而正之者乎？[48]

同年他為中國要求收回青島事答日本朝日新聞記者一信，解釋中國人何以恨日本之深，他說：

> 予向為主張中日親善之最力者，乃近年以日本政府每助吾國官僚，而挫民黨，不禁痛之。夫中國民黨者，即五十年前日本維新之志士也。日本本東方一弱國，幸得有維新之志士，始能發奮為雄，變弱而為強；吾黨志士，亦欲步日本志士之後塵，而改造中國，予之主張與日本親善者以

此也。乃不圖日本武人，逞其帝國主義之野心，忘其維新志士之懷抱，以中國為最少抵抗力之方向而向之，以發展其侵略政策焉，此中國與日本之立國方針，根本上不能相容者也。[49]

同時則因俄國革命，沙皇政府傾覆，我們見中山先生開始對俄國懷抱新的希望。自然，俄國之變專制而為共和，其事原與中國的辛亥革命相類。作者在「同盟會時期孫中山先生革命思想之分析研究」一文中，並曾道及清季中山先生在日本，也曾與俄國的流亡革命黨人過從。所以中山先生起初殆認為俄國革命應曾受中國革命的影響。他說，「俄羅斯之頑固腐敗，歐洲文化不能改易之，國人志士擲無數頭顱，而不能改易之，因中國確立共和之故，舉數十朝之帝政，僅以三數日之變動而推翻之，且毫無阻力焉，中國為之也。」[50] 其後俄國赤黨政府在民國九年（一九二〇年）四月和十年十一月既先後有放棄帝俄在華不平等權利的聲明；而十年十二月蘇俄代表馬林（Maring 或 Sneevliet）在桂林北伐大本營謁見中山先生，又以蘇俄實行新經濟政策之事告知。所以在中山先生的思想中，遂開始有聯俄的擬議。宮崎寅藏之於龍介，記民國十二年中山先生聯俄政策的由來，認為中山先生對日關係的失望，也是一個決定的原因。他說，「孫文之第二次軍政府，亦因陳炯明之叛變而敗。未幾，孫文歸上海，感於自日本獲得援助之困難，終至於採聯俄政策也。」[51] 其實，當俄國政府變革之初，在外交關係上對新俄持以新希望者，亦不止中山先生一人。北洋官僚如梁士詒，當時也曾主之。

民國八年（一九一九年），梁致書當時正在經營蒙古的徐樹錚，便曾有聯俄的主張提出。他在該信中説，「我國受俄害深矣。……誰實致之？皆俄舊黨也。舊黨之害我虐我既如此，彼新黨之主義，是否適宜於世界，且不必論，然新黨之倡論，既盡反舊所為，當新黨建國之數年，……我自宜迎其所適而餌之，以達到掃除我所謂害而止。」[52]

※　※　※　※

民國元、二年間（一九一二、一三年），中山先生曾屢屢聲言中國民族民權的目的已達，已如上述。民元的「同盟會總章」第二條宗旨為「鞏固中華民國，實行民生主義。」同年的「國民黨規約」第一條宗旨為「鞏固共和，實行平民政治。」迨「二次革命」既敗，共和的試驗失敗，而中山先生在民國三年制定「中華革命黨總章」時，也祇立「民權、民生兩主義」為宗旨。但到民國八年成立中國國民黨時，在規約和總章（民國九年）中，卻都立「三民立義」為宗旨。這是我們研究中山先生的民族主義思想所必須注意的一件十分重要的事實。中山先生的重新標榜民族主義，純粹就思想的發展言，我們固然可以解釋為從推翻滿清專制，至國內五族共和，再進於求國這國際地位平等的一種演進，但實際則也何嘗非此數年來中山先生在國際政治的現實中所身受的經驗促成。民國開國，中山先生雖曾屢次提及中國外交地位的可慮，但他顯然認為一個民主進步的新中國，必能經政治經濟的建設，而與世界列強平等相處。民元「同盟會總章」政綱項下尚列有「力謀國際平等」一條，而在「國民黨規約」中也易而為「維持國際和平。」他主張門戶開放，歡迎外資；也主張以開放和改革為酬償，要求列強取消在中國的特權。但民國開國的數年來，他所身受而目擊的，卻是帝國主義國家的侵略干涉如故。革命既屢遭外力的妨害，而國家的領土、主權、利益，也繼續受到新的宰割。帝俄的侵略外蒙，日本的「二十一條」要求，和中國在巴黎和會中的失敗，在在表示中國國際地位的陵夷和民族前途的危殆。而歐戰結束前後美國威爾遜總統（President Wilson）的提倡民族自決的原則，則給他以適時的同情的鼓勵。此在民國十年（一九二一年）中山先生對他的黨人的一次講演中可見。在該講演中，他說：

現在革命，不但是要實行民權主義和民生主義，並且要迎合現代底潮流，兼顧民族主義。現在的民族主義是怎麼潮流呢？從歐戰停止了之後，美國威爾遜總統鑒於世界民族的大勢，大倡民族自決的那一說。這種民族自決的一說，就是本黨底民族主義。[53]

中山先生這次的重新標榜民族主義，如他於民國九年在中國國民黨的一次會議席上的講演所說，所特別強調的，蓋有二義：第一，他說，「有人說清室推翻後，民族主義可以不要，這話實在錯了。即如我們所住的租界，外國人就要把治外法權，來壓制中國人，這還是前清造的惡因。現在清室雖不能壓制我們，但各國還是要壓制的，所以我們還要積極的抵抗。」

第二，因為要抵制外力的壓迫，所以「定要積極的將我四萬萬民族地位提高起來，發揚光大。」他說：「現在說五族共和，實在這五族的名詞很不切當，我們國內何止五族呢？我的意思，應該把我們國內所有各民族融成一個中華民族，」、「並且要把中華民族造成很文明的民族，然後民族主義乃完了。」[54] 此二義，前者對外，而後者對內。關於對外的一層，以後具體化而為反對帝國主義和取消不平等條約，其闡述都在我們所討論的時期之後。關於對內的一層，中山先生或稱之曰「積極的民族主義」，或稱之曰「漢族民族主義」，[55] 則在民國八年（一九一九年）他所親撰的「三民主義」一文中，曾內以下的發明：

> 民族主義之範圍，有以血統宗教為歸者，有以歷史習尚為歸者、語言文字為歸者，夐乎遠矣。然而最文明高尚之民族主義範圍，則以意志為歸者也。如瑞士之民族，則合日爾曼、義大利、法蘭西三國之人民而成者也。此三者各有血統、歷史、語言也，而以互相接壤於亞剌（Alps）山麓，同習於凌山越谷，履險如夷，愛自由，尚自治，各以同聲相應，同氣相求，遂組合而建立瑞士之山國，由是而成為一瑞士之民族。此民族之意志，為共圖直接民權之發達，是以有異乎其本來之日、義、法三民族也。又美利堅之民族，乃合歐洲之各種族而鎔冶為一爐者也，自放黑奴之後，則吸收數百萬非洲之黑種，而同化之，成為世界一最進步、最偉大、最富強之民族，為今世民權共和之元祖。今出而維持世界之和平，主張人道之正誼，不惜犧牲無數之性命金錢，務期其目的

之達者，此美利堅民族之發揚光大，亦民族主義之發揚光大也。……夫（中國）漢族光復，滿清傾覆，不過祇達到民族主義之一消極目的而已，從此當努力猛進，以達民族主義之積極目的也。積極目的為何？即漢族當犧牲其血統、歷史、與夫自尊自大之名稱，而與滿、蒙、回、藏之人民，相見以誠，合為一爐而冶之，以成一中華民族之新主義，如美利堅之合黑白數十種之人民，而冶成一世界之冠之美利堅民族主義，斯為積極之目的也。五族云何哉！夫以世界最古、最大、最富於同化力之民族，加以世界之新主義，而為積極之行動，以發揚光大中華民族，吾決不久必能駕美越歐，而為世界之冠。此固理有當然，勢所必至也。56

因此，中山先生所謂的「積極民族主義」者，便是要以一「中華民族之新主義」，以代替舊有的五族共和之說；而其實現的途徑，則以漢族為主體，以同化國內的其他各族。於此，我們必須稍稍軼出我們所討論的範圍，略加解釋。

此所謂「積極的民族主義」，其理由，據中山先生以後的解釋，第一、是漢人為數的衆多。他說：

就中國的民族說，總數是四萬萬人，當中參雜的不過是幾百萬蒙古人、百多萬滿洲人、幾百萬西藏人、百幾十萬回教之突厥人，外來的總數不過一千萬人。所以就大多數說，四萬萬中國人，可以說完全是漢人，同一血統，同一言語文字，同一宗教，同一風俗習慣，完全是一個民族。57

這是說，以滿、蒙、回、藏各族的人數，來和漢族相比，多寡不倫。

第二、是漢族同化力量的偉大。漢族因向無民族主義，所以一亡於胡元，再亡於滿清。漢族之成其為偉大者，是因為它的同化力偉大，所以「蒙古人還是被中國所同化，」「滿洲人也是被中國所同化。」[58] 漢族同化力的偉大，中山先生以之歸因於民族道德的高尚。他說，「中華民族者，世界最古之民族，世界最大之民族，亦世界最文明而最大同化力之民族也。」[59] 而歷史上此中華民族的主體為漢族。

第三、一個現實的理由是，自清季以來，「滿洲是處於日本的勢力範圍之內，蒙古向來是俄國的勢力範圍，西藏幾乎成了英國的囊中物。」[60] 如果任其自然，則就中國言，是使中國受宰割；而就此數族言，是任他們為外人魚肉，所以漢族應該提攜援拔他們。也正因滿、蒙、藏今日的民族地位如彼，而漢族的民族使命又如此，所以中山先生要特別喚起漢族的民族意識。

自然，於此我們同樣可以責難中山先生。民族同化，如第十九世紀中行於歐洲者，都是統治民族用以消滅少數民族的一種政策。凡俄羅斯化（Russification）、日耳曼化（Germanization）、馬扎兒化（Magyarization），皆然。中山先生之欲以漢族同化中國境內的其他各族，豈非蹈此故轍，而與民族自決的原則相背？易言之，此一民族同化政策，如何乃得以免於成為一種壓迫的政策，而為漢族以外的其他各族所接受？在上面所引的「三民主義」一文中，中山先生已經指明「民族主義之範圍，有以血統宗教為歸者，有以歷史習尚為歸者、語言文字為歸者，……然而最文明高尚之民族主義範圍，則以意志為歸者也。」中山先生在民國十三年（一九二四年）演講「三民主義」時，並曾為民族和國家作一定義。他說，「民族是天然力造成的，國家是用武力造成的。」[61] 所以揆諸中山先生對於民族的了解，此一同化過程必須為一種自發的、和平的過程，而不能假手於武力或強迫。此所以他要訴之於「意志」；此所以他主張要讓滿、蒙、回、藏諸族加入漢族，「有建國底機會；」[62] 此所以他要稱他的民族主義為「中華民族之新主義」；而他所舉的模範為美國和瑞士，而非俄國、德國，或匈牙利。

1 一九一二年臨時大總統布告友邦書，《國父全集》（三），頁七。

2 見辛亥（清宣統三年；一九一一年）返國前在巴黎與報館記者談話，同年冬在上海與外報記者談話，一九一二年一月五日在香港與報館記者談話、同年八月、九月在北京與報館記者談話、同年九月二十七日在濟南與報館記者談話，《國父全集》（四），頁四五三、四五六、四六八—四六九、四七〇—四七一、四八四、四九一、四九四—四九五。

3 一九一二年五月在香港與報館記者談話，《國父全集》（四），頁四七〇—四七一。

4 一九一二年九月二十七日在濟南與報館記者談話，《國父全集》（四），頁四九四—四九五。

5 一九一二年五月在廣東與報館記者談話，《國父全集》（四），頁四六五。

6 《國父全集》(四),頁四五四—四五五。

7 一九一二年一月二十六日中山先生致陳炯明並轉廣東省會暨鐵路公司電,述借款情形,曰:「和議難恃,戰端將開,勝負之機,操於借款。前文在外洋,本與數處有成議,乃各省代表必要臨時政府,此『臨時』字樣,斷難使各國立即承認,數處雖有成議,亦因之而阻滯。故現借款必當以私人名義,尚不能用國家名義。今欲借各省之各種實業,以為抵當而借款,以應中央政府目前之急需,……蘇浙鐵路已慨然借出,而廣東鐵路股東深明大義,想必不吝也。大局所關,千鈞一髮,務望贊同此舉,俾款早有着,全局早定,是為至禱。」見《國父全集》(四),頁一六五。其後中山先生並曾以招商局和漢冶萍礦作抵,進行借款,見本文第四章註77。

8 《國父全集》(四),頁一七〇—一七一。

9 《國父全集》(四),頁四六〇。

10 《國父全集》(三),頁六四。

11 《國父全集》(四),頁四七八。

12 《國父全集》(六),頁四。

13 同上,頁五。

14 一九一三年二月二十三日在日本東京對留學生全體講演,《國父全集》(三),頁一二〇。

15 《梁士詒年譜》(上),頁一六二。

16 一九二〇年,因俄國內亂,外蒙內向,時徐樹錚方任北京政府西北籌邊使兼西北邊防軍總司令,親詣庫倫,令外蒙聲請撤銷自治。中山先生於接徐電告知其事後,覆電至謂其功擬班超、陳湯、傅介子。見《國父全集》(四),頁三七一。

17 陳其美致上海領袖事書，《革命文獻》（六），總頁七六五—七六八。

18 《國父年譜初稿》（上），頁三六四—三六五。羅家倫主編，一九五八年，臺北。

19 袁朱密談筆錄呈閱正本，張維翰民初文獻一束，影印原件。

20 二月二十五日致岑公劍函，年份缺。「譚人鳳函稿」，一九一六、一七年，中國國民黨中央委員會黨史史料編纂委員會藏原件。

21 一九一七年一月致英相勸阻慫恿中國參戰電，《國父全集》（四），頁二七一。

22 見一九一七年一月致北京參眾兩院電、同年五月十六日致北京各政團電、十一月二十九日致唐繼堯電，《國父全集》（四），頁二七二、二七五、二九八。……

又一九一七年二月二十八日國會議員馬君武等三百餘人致各省督軍、省長、議會、商會儉電，列舉參戰之禍七端，可與中山先生反對參戰的理由參照。以下是該電文陳述參戰七禍的一段：「中國實力全無，事事被動，既加入協約，強鄰必借題干涉內政，侵害國權，其禍一。中國財政困難，瀕於破產，既入戰團，事事需費，己債已多，更為他人負債，清償無期，其禍二。三次革命（倒袁）以後，元氣未復，土匪遍地，更遇對外戰事，內地土匪乘機而興，全國糜爛，其禍三。西北回部與土耳其同種，中國既入協約，與土為敵，回族攜貳，邊防空虛，何以禦之，其禍四。潛水艇封鎖以後，中立國船隻皆不至，英國舉國驚惶，平和極近，中國此時加入，為協約國戰後之賠償品，其禍五。即協約國戰勝，中國衰弱，無利可圖，徒自破均勢，任人處分，其禍六。中國今日急務，在整理內政，自圖生存，外戰既起，法律無效，全國人心更無注意內政之暇，憲政破壞，無以立國，其禍七。」（丁文江編《梁任公先生年譜長編》初稿（中），頁五一一引。）

23 《國父全集》（五），頁二六〇。

24 一九一七年撰「中國存亡問題」，《國父全集》（六），頁三二—九三，上引文見頁八六。

25 同上，頁八四。第十九、二十世紀間，俄國之欲經阿富汗（Afghanistan）以南下威脅印度，與英國之欲保全阿富汗以護衛印度，卒藉犧牲中國，以中國為一「抵抗力最小之出路」而緩和兩國間之衝突。以中國為餌，以解脱其外交地位之困難，確是英國世界政策行之有素的一面。參閱 A. J. Grant and Harold Tempcrley, *Europe in the Nineteenth and Twentieth Centuries*, p. 316, 6th ed., 1952, London. 又 William L. Langer, *The Diplomacy of Imperialism*, pp. 399-400, 2nd. Ed., 1951, New York.

26 「中國存亡問題」，《國父全集》（六），頁八五。

27 同上，頁三八。

28 一九一九年四月二十二日中國專使陸徵祥電北京外交部報告，梁士詒年譜（下），頁三六一一三七引。

29 「中國存亡問題」，《國父全集》（六），頁八八一八九。

30 同上，頁八八。案一九一二年六月四日上海《民權報》載「新中國之教育談」一文（未署名），已經以中山先生的三民主義擬林肯的「民有、民治、民享」之説。該文主張民國教育應先定學派，「以民生、民權、民族三大主義為要旨，」而謂如是「則有合於美總統林肯所論締造民國，當擴張民生、民權、民族三主義。」此所謂林肯之三主義，當係指 government "of the people, by the people, for the people" 而言。

31 「中國存亡問題」，《國父全集》（六），頁八二。

32 黃毅、方夢超編《中國最近恥辱記》：「（民國四年）一月十八日，日本公使將要索條件，親遞呈我大總統，一面以危詞恫嚇，謂中國若不允從，則中日邦交，將岌岌可危。中國亂黨居日者正在進行，力圖反抗中政府。日本圖不表同情，但總統若不從日本要求，日本即不能限制亂黨。後事如何，非日政府所敢言矣。」（頁一九，一九一五年，上海）又《梁士詒平譜》（上），頁二二五，所載略同。

33 中國最近恥辱記，頁一九〇一一九四、二九五一二九八。

34 同上，頁一九三。

35 同上，頁一九六。

36 《國父全集》（五），頁一九九—二〇〇。

37 《梁士詒年譜》（上），頁二二一。

38 李劍農《中國近百年政治史（下）》，頁四一九—四二〇。

39 梁啓超「國體戰爭躬歷談」：「帝制問題之發生，其表面起於古德諾之論文及『籌安會』，實則醞釀已久，而主動者實由袁氏父子及其私人數輩，於全國軍人官吏無與，於全國國民更無與也。先是去年（一九一五年）正月，袁克定忽招余宴，至則楊度先在焉。談次歷詆共和之缺點，隱露變更國體，求我贊成此意。余為陳內部及外交上之危險，語既格格不入，余知禍將作，乃移家天津，旋行南下。《飲冰室文集》卷五十六，頁十四，一九二五年，上海。

40 丁文江編《梁任公先生年譜長編》初稿（中），頁四五二—四五三引。

41 同註19。

42 《梁士詒年譜》（上），頁二九七。

43 《國父全集》（五），頁二〇一。

44 龔明「論中日交涉之始末」，《正誼》第一卷，第八期，文頁碼四二。一九一五年四月，上海。

45 「陳英士致黃克強書」，《國父全集》（二），頁六八。

46 一九一六年五月二十六日致鄧澤如函：「某某（日本）政府，……凡所要求（二十一條），既經承認，且除公佈外，另密約四條，所以為報酬者如是，則夫已氏（袁）之求援，亦必實踐。……某某（日本）國民與政府，意見歧而為二，將來若果有事，政府即懷惡意，亦難實行。滿清季年，元老本欲干涉我國革命，卒以民黨反對而止。」（《國父全集》（五），頁二二七—二二八。）
47 一九一七年中華革命黨總務部第一次通訊，中國國民黨中央委員會黨史史料編纂委員會藏油印原件。
48 《國父全集》（二），頁六八。
49 《國父全集》（五），頁三八。
50 一九一七年七月十七日在黃埔公園歡迎會上講演，《國父全集》（三），頁一六一。
51 宮崎龍介「父滔天のこそモ」，宮崎寅藏《三十三年の夢》附錄，頁三三一。重印本，昭和十八年（一九四三年），日本東京。
52 《梁士詒年譜》（下），頁五八。
53 一九二一年六月在廣州中國國民黨特設辦事處講演，《國父全集》（三），頁一九九。
54 《國父全集》（三），頁一八四。
55 同註53，《國父全集》（三），頁一八九。
56 《國父全集》（六），頁二七三—二七五。
57 一九二四年「三民主義」講演，民族主義第一講，《國父全集》（一），頁五。
58 同上第六講，《國父全集》（一），頁六一。
59 一九一九年「三民主義」親撰篇，《國父全集》（六），頁二七三。
60 同註53，《國父全集》（三），頁一八六。
61 同註57，頁三。
62 同註53，頁一九〇。

（七）

民國七、八年間（一九一八、一九年），是中山先生從事著述的一個偉大時期。民國七年（一九一八年），他因對廣州軍政府失望，離粵赴滬。於此留滬期間，他在致人的信中，屢屢提到他潛心著述的情形。例如，在一封信中他說，「文邇來杜門養晦，聊以著述自娛，對於時局問題，總以多數同志之主張為進退。」[1] 在另一封信中，他又說，「文專事著述，外方紛紜，殊不欲過問也。」[2] 這是一個革命領袖暫時擺脫世務繁劇的期間（years of "withdrawal"）。在此期間，他完成了「孫文學說」和「民權初步」的著作，開始發表他的「實業計畫」。這三項著述合而為「建國方略」，和他的「三民主義」講演，同是他畢生著述中最富有建設性的部分。

「孫文學說」，是中山先生著述中最近於純粹哲學的著作。其中關於「知」的部分，因為其思想貫徹於他的學說的全體，所以作者於「同盟會時期孫中山先生革命思想之分析研究」一文中，先已討論及之。本於民初革命失敗的經驗和他對於知的自信，中山先生乃可以在中華革命黨時期主張訓政，並要求他的黨人服從領導。此如他後來所說，「革命何以要服從個人？我說，這容易解釋，就是服從我的主義便了。」他說，「我這三民主義、五權憲法，也可以叫做孫文革命，所以服從我，就是服從我所主張的革命。」[3]同樣本於知的自信，他可以主張實行社會主義（民生主義），欲以人為的進化代替天演的進化；主張由「意志」來實現──「中華民族之新主義。」前引的宮崎民藏上中山先生書，雖曾批評中華革命黨的組織方式為「不可能」和「不得策」，但其分析中山先生當時的思想狀態，則大體得其要旨。宮崎的信說：

> 弟知先生已久矣。先生理想高大，誠心至深，而先生環顧四圍之人士，則多是理想誠心俱不足、而口舌與野心俱多之人人耳。於是先生心裏痛慨思維，以如是之人人，共建立真正共和政體，決不可望焉。於是先生自以為凡望共和者，唯從吾，順吾命令。吾是共和也，共和即吾也。於是乎先生承認命令權也。是弟所忖度先生之心理，而所以感同情於先生之命令權，及其結黨規則也。[4]

完成的「孫文學說」以「能知必能行」與「不知亦能行」為命題，而歸結為「知難行易」，「有志竟成」。此在民國六年（一九一七年）七月中山先生在廣州的一次講演中，已有透澈的發明，可見他的此項學說的完成，應早在「孫文學說」成書之前。現在我們把這段講演引在下面：

夫日本何以強？今日中國何以弱？中國為數千年來聲名文物之邦，今日何以掃地殆盡？乃一難字害之也。夫日本人辦事則不然，不知有一難字，冥行直逐，以得今日之成功。論者謂日本人作事不畏難，由於其國人崇尚王陽明學說。然陽明主張知行合一，與中國古書所言「知之非艱，行之維艱」相類，兄弟思之，此似是而非者也。兄弟則謂「行之非艱，知之維艱。」此學說，上古時已有人覺悟，但未能證明。兄弟之新學說，即一味去行之謂，足以打破古人之舊學說。今即以古人之說證明之。中國大成至聖孔子有云：「民可使由之，不可使知之。」孟子言：「行之而不著焉，習矣而不察焉，終身由之，而不知其道者，眾也。」商鞅亦云：「民可與樂終，難於圖始。」可知行之非艱，知之維艱，實中國上古聖賢遺傳之學說。此外又有數事，可以證明兄弟之說者。即如文法，中國人能夠用之而不知其所以然者也。豆腐為有機體之物，外國近日乃發明其效用，驚為神奇，不知我中國人……製豆腐之術，早已發明於數千年前。可見中國人非不能行之，但不能知之耳。試思從前推倒滿清，創造共和，所用何等方法，兄弟亦不能自知，莫明其妙，不知其所以然。蓋事有先行之而不必先知之者。先行而後知，進化之初級也，先知而後行，進化之盛軌也。[5]

批評此說的有專就知行的難易立說者。然中山先生的知行學說，其有效性實基於「能知必能行」與「不知亦能行」二命題。於此，其所謂知，不特須是「由科學之理則以求得」的「真知」，而且必須如中山先生自己所說，「順乎天理，應乎人情，適乎世界之潮流，合乎人羣之需要。」[6] 因之，此知，自必包括知其可行之義。如果我們不知其可行，或乃至知其不可行，而強以為可行，則此知將非真知，而屬偽知。中山先生在「孫文學說」中所舉的部分例證或不正確，然此無礙於其全體邏輯之完整。

本於對於知的信任，所以中山先生強調在革命建設事業中先知先覺者——和後知後覺者——責任的重大。而先知之覺後知，先覺之覺後覺，乃至於求國人之皆悟，其所以可能，是因為人人皆有一般的「良知」，皆有一般的「是非之心」。他說，「人智盡同，天予我以良知，學問雖有深淺，是非之心，則人皆有之。」[7] 所以他又特別強調人心的重要。在「孫文學說」自序中，他說：

夫國者人之積也，人者心之器也，而國事者，一人羣心理之現象也。是故政治之隆污，係乎人心之振靡。吾心信其可行，則移山填海之難，終有成功之日；吾心信其不可行，則反掌折枝之易，亦無收效之期也。心之為用大矣哉！[8]

民國之成，在乎人心。他說，「須知民國何由發生，亦祇發生於國民之心，其始因世界之大潮流感受於少數人心理，由是演進及於多數人心理，而帝制以倒，民國以成。」[9]

因此在革命建設事業中，中山先生更十分重視宣誓的形式，以為一種良心的約束、和法律上制裁的公開根據。在「孫文學說」中，他說，「常人有言，中國四萬萬人，實等於一片散沙，今欲聚此散沙，而成為一機體結合之法治國家，其道為何？則必從宣誓以發其正心誠意之端，而後修齊治平之望可幾也。」[10] 關於民元袁世凱的宣誓就臨時大總統職及其以後僭帝失敗的關係，中山先生解釋如下：

當建元之始，予首為宣誓而就總統之職，乃令從此凡文武官吏軍士人民，當一律宣誓，表示歸順民國，而盡其忠勤。而吾黨同志悉以此為不急之務，期期不可，極端反對，予亦莫可如何，姑作罷論。後袁世凱繼予總統任，予於此點特為注重，而同人則多漠視，予以有我之先例在，決不能稍事遷就，而袁氏亦以此為不關緊要之事也，故姑惟予命是聽，於是乃有宣誓服膺共和、永絕帝制之表示也。其後不幸袁氏果有背盟稱帝之舉，而以有此一宣誓之故，俾吾人有極大之理由以討伐之；而各友邦亦直我而曲彼，於是乃有勸告取消之舉。袁氏帝制之所以失敗者，取消帝制為其極大之原因也。……帝制之所以不得不取消者，以列強之勸告也，列強之所以勸告者，以民黨之抵抗袁氏，有極充分之理由也。而理由之具體，而可執以為憑，表示於中外者，即袁氏之背誓也。[11]

我們考察洪憲帝制運動失敗的經過，當見中山先生上說，也並非事後的理由。因為至少當時各方討伐帝制的文告，幾乎眾口一詞，以袁的食言背信為言。雲南起義前夕唐繼堯、任何澄致袁世凱要求取消帝制電，可以為例。下面是該電文的摘錄：

自國體問題發生，羣情惶駭，重以列強干涉，民氣益復騷然，僉謂大總統兩次就職宣誓，皆言恪遵約法，擁護共和，皇天后土，實聞斯言，億兆銘心，萬邦傾耳。記曰：「與國人交，止於信；」又曰：「民無信不立。」今失言背誓，何以御民？……應請大總統……更為擁護共和之約言，煥發帝制永除之明誓，庶幾民碞繁息，國本不搖。否則此問軍民，痛憤久積，非得有中央擁護共和之實據，萬難鎮勸。以上所請，乞以二十四小時答覆，謹率三軍，翹楚待命。[12]

同樣本於對於知的信任，中山先生重視創制。在「孫文學説」中他說，「先知先覺者，為創造發明；」「後知後覺者，為倣效推行；」「不知不覺者，為竭力樂成。」[13]創造發明者在求得真知，在理想計畫。王寵惠記中山先生之言曰：

猶憶國父之言曰，先須贊成原則，至於施行方面，儘可別想辦法，不應先從辦法着想，然後贊成原則。所謂先須贊成原則者，取其認定原則為一種優良創制，則至實行時自可制定一種特別辦法，以符原則。若為詳細辦法所囿，則對於原則，必難了解。此即知難行易之微意也。[14]

以民權為例，中山先生自己說，「民權本世界上最上之道理，雖行之者或有不善，但道理與行動，全為兩事，猶讀書入官者之貪穢，不能指為孔子教人如是也。」[15] 行之不善，是未力行真知的緣故。

民國八年（一九一九年），一個新文化運動的展開，予中山先生的革命事業以新的有力的推動。「五四運動」，以一個民族的愛國運動始，而展開為一個廣大的新文化運動。[16] 這運動具體表現於三個方面：第一是世界新文化的積極輸入；第二是對於舊制度和舊思想的徹底檢討；第三是從政治、社會、文化問題的提出，進而謀國家的普遍的建設和改造。[17] 其所求者，正是中山先生所謂「順乎天理，應乎人情，適乎世界之潮流，合乎人羣之需要」的真知。與同盟會時期的革命運動一樣，這也是一個青年知識分子的運動。但和同盟會時期不同的，第一，同盟會時期革命運動的機軸在海外，而這次是在國內；第二，同盟會時期的革命運動是秘密的、隱蔽的，而這次是公開的；因此，第三，同盟會時期領導意識和羣眾的距離大，而這次則領導意識更為深入和普及。[18] 在民國九年（一九二〇年）一通致海外同志書中，中山先生便曾說：

自北京大學學生發生「五四運動」以來，一般愛國青年無不以革新思想，為將來革新事業之預備，於是蓬蓬勃勃發抒言論，國內各界輿論，一致同唱，各種新出版物為熱心青年所舉辦者，紛紛應時而出，揚花吐艷，各盡其致，社會遂蒙絕大之影響，雖以頑劣之偽政府，猶且不敢攖其鋒。此種新文化運動，在我國今日誠思想界空前之大變動，推原其始，不過由於出版界之一二覺悟者從事提倡，遂致輿論大放異彩，學潮瀰漫全國，人皆激發天良，誓死為愛國之運動。倘能繼長增高，其將來收效之偉大且久遠者，可無疑也。吾黨欲收革命之成功，必有賴於思想之變化，兵法攻心，語曰革心，皆此之故。故此種新文化運動，實為最有價值之事。[19]

尤可注意者，這次運動乃首先發軔於北京，首先發軔於北京大學。北京，清季革命黨人圖中央革命而不得，[20]中山先生於民初生張遷都，欲使新中國的政治中心脫離此為「一般腐敗人物，如社鼠城狐，業已根深柢固」的舊都而不得，現在乃成了一個新運動的中心。沈中究在民國八年的建設雜誌發表「五四運動的回顧」一文，解釋此事意義的重大，曰：

我國的北京，向來稱為萬惡藪，官僚的腐敗，固然不用說了，一般人民，因為受專制的毒較深，所以自覺心自動力，沒有發展的機會，漸漸減少，對於國事，彷佛和自己沒有痛癢的關係，學生在這萬惡的空氣裏面，也不知不覺受了薰化，成了奄奄無生氣的樣子。從前清戊戌（光緒二十四年；一八九八年）興學到了民國，這十幾年中，北京的學生，有激昂慷慨的態度麼？有轟轟烈烈的事業麼？我雖然不敢斷定沒有，但和各省比較起來，是不及各省的，所以歷來改革的事業是由地方而中央。不過一年以來，北京的學界，居然為全國新思想的發源地。

因為有新思想，於是遂有「五四運動」的事實，這是北京學生進步的表現。而且這回運動，雖然由學生發動，但工商各界，因此促動他們的自覺，和學生取一致行動的，也是不少，這又可見北京一般人民的進步。首都人民有這種進步，於是改革的事業由中央而及於地方，也是國家的好現象。[21]

民國八年（一九一九年）的中華新報，並曾載有日人吉野作造的「中國最近的風潮觀」一文，也作同樣的解釋：

> 北京大學學生之開發，至於如此其速，頗與日本之開明思想，由民間而漸入官立大學者，有相比類之處。夫官立大學（官僚政府膝下之大學）者，恒為官僚的保守思想的源泉。往事所詔，蓋常如此。其卒變為鼓吹「最進步」自由思想者，則又時勢當然之結果，不得不爾也。……最近北京大學有此現象，即足開發民眾全體之覺路，吾人不得不為東洋文化發達賀也。開明的自由思想，從來為南方派所獨佔，今以官立大學之學生，於中央政府所在地，而鼓吹自由思想，極進步，極徹底，然則支那青年，當世界轉變之今日，其善用時世為何如乎？[22]

因之，此次的新文化運動，同時也是一個思想自由的運動，要從舊傳統的迷信和愚昧中求解放的運動。而其求自由，則主要尚是嚴復於癸卯（清光緒二十九年；一九〇三年）發表穆勒（John Stuart Mill）羣己權界論（On Liberty）譯本時在自序中所說的「只是平實地說實話求真理，一不為古人所欺，二不為權勢所屈」的自由。[23]

「五四運動」前，一種新文化的運動，本來已經發軔，此在當時的新青年、新潮等刊物中可見；而「五四運動」的發生，起首也並非文化運動。但新文化的運動乃經「五四運動」而「波濤洶湧，瀰漫全國，」我們也纔字之曰「新文化運動」。[24]「新文化運動」的兩股主潮，一是白話文，一是科學。提倡白話文，至少戴季陶在民國三年的中華革命黨刊物民國上，已經明白言之；[25] 而梁啓超於民國六年（一九一七年）在北京教育部講演，並曾主張「不可不乘此事機，造成一種國語，」「將來適用於各學校，以利教育，則於科學之進步，教育之普及，均有莫大之裨益。」[26] 關於科學，則嚴復在乙未（清光緒二十一年，一八九五年）的「救亡決論」一文，辛丑（清光緒二十七年；一九〇一年）的原富（The Wealth of Nations）「譯事例言」，次年的致上海《外交報》（《東方雜誌》前身）主人書中，皆已諄諄言之，主張於「中國此後教育，在在宜着意科學，使學者之心慮沉潛，浸漬於因果實證之間，庶他日學成，有療病起弱之實力，能破舊學之拘攣，而其於圖新也宷，則真中國之幸福矣。」[27] 一個純科學的刊物——科學世界，也已在癸卯（清光緒二十九年；一九〇三年）創刊。[28] 但白話文及科學必待民國八年以後而其流始大，則是一件極可注意的事實。這次新科學運動的展開，中山先生的「孫文學說」和上海《建設》雜誌所載朱執信「神聖不可侵與偶像打破」，胡漢民「慣習與打破」等文，[29] 都是代表的文字。

「五四運動」自然曾受中山先生革命事業的影響，此如吉野作造所說，「開明的自由思想，從來為南方派所獨佔，」而現在乃「以官立大學之學生，於中央政府所在地，」而鼓吹之也。同時我們自然也不會忘記，為「五四運動」策源地的北京大學，當時的校長是蔡元培，一位老革命黨人，舊光復會員，同盟會員。但此次運動的重要性，則立即為中山先生所發覺。羅家倫在「五四的真精神」一文中說：

國父的眼光到底比別人敏銳，對於時代的適應和把握到底比別人高明而有魄力。所以新文化運動一發動，他就在上海創辦建設雜誌，以積極的方案相號召，而令幹部同志辦星期評論，完全用語體文，俾與北大幾個有力量的刊物相呼應。[30]

上引民國九年中山先生致海外同志論到「五四運動」的一封信，便是主張要集資創辦一種英文的機關報和一個「最大最新式的印刷機關」，前者的目的是要「將吾黨之精神義蘊，宣達於外；」而後者的目的是出版宣傳黨的宗旨主義的書籍，編譯教科書，和代印各種有益於思想革新的書籍。[31] 其後英文報的計畫雖未實現，而印刷機關終於成立，便是上海民智書局。[32] 民國八年，中山先生在他的一封覆蔡冰若書中，也曾論及從這次運動所見的「灌輸學識」於全體國民的重要。他說：

文著書之意，本在糾正國民思想上之謬誤，使之有所覺悟，急起直追，共匡國難。所注目之處，正在現在而不在將來也。誠觀此數月來全國學生之奮起，何莫非新思想鼓盪陶鎔之功？故文以為灌輸學識，表示吾黨根本之主張於全國，使國民有普遍之覺悟，異日時機既熟，一致奮起，除舊布新，此即吾黨主義之大成功也。[33]

建設雜誌的發刊，便旨在「灌輸學識」，欲以啓國民之知。在他所撰的建設雜誌「發刊辭」中，中山先生說：

（民國）八年以來，國際地位，猶未能與列強並駕，而國內則猶是官僚舞弊，武人專橫，政客擣亂，人民流離者，何也？以革命破壞之後而不能建設也。所以不能者，以不知其道也。吾黨同志，有見及此，故發刊建設雜誌，以鼓吹建設之思潮，闡明建設之原理，冀廣傳吾黨建設之主義，成為國民之常識，使人人知建設為今日之需要，使人人知建設為易行之功。由是萬眾一心以赴之，而建設一世界最富強最康樂之國家，為民所有，為民所治，為民所享者，此建設雜誌之目的也。[34]

一個與知的覺悟俱來的新時代的到臨，為中國國民黨的革命事業和以後的國民革命供給一個重要的成功的基礎。

對於知的信任，也使中山先生雖屢經革命的挫敗，而始終不喪失其樂觀進取的精神。就革命本身言，胡漢民在他的「自傳」中曾說，「余從先生（中山）久，每遇失敗或至拂意之事，為他人所難堪者，先生常處之泰然。其視革命為當然不斷之進化，且時綜其全體，以為衡量，故以為祇有成功，而無所謂失敗，其樂觀由深切之認識而來。[35]另一個作同樣觀察者為戴傳賢（季陶）。在他發表在建設一卷三號的一封覆康白情的信中，他說：

> 凡是「革命主義者」，一定要有破壞力和創造力。……我個人在這一點，很佩服中山先生，因為我以為他的破壞力和創造力，是絕倫的。他的智慧，又很能使他有很真實、很深刻的認識力。且看他三十年來，他的生命，沒有一刻不是對住無限的將來進發，一切過去的歷史和他自己過去的成功和失敗，都不能夠束縛住他、牽制住他前進的勇氣。他常信奉一句話，是「後來居上。」這一句話，就無異說明他自己一切抱負。[36]

中山先生的樂觀進取的精神，在思想上更表現為一種堅強的人定勝天的信念，而具見於他的欲以人力勝自然、勝時間、勝天演的主張。欲以人力勝自然，他的「實業計畫」便是一個具體的例子，在「孫文學說」「能知必能行」一章中，他指陳科學知識之為用，曰：

> 當今科學昌明之世，凡造作事物者，必先求知而後乃敢從事於行，所以然者，蓋欲免錯誤

而防費時失事，以冀收事半功倍之效也。是故凡能從知識而構成意像，從意像而生出條理，本條理而籌備計劃，按計劃而用工夫，則無論其事物如何精妙，工程如何浩大，無不指日可以樂成者也。近日有無線電、飛機，事物之至精妙者也；美國之一百二十餘萬里鐵路，……與夫蘇伊士（Sucz）、巴拿馬（Panama）運河，工程之至浩大者也。然於科學之原理既知，四週之情勢皆悉，由工程師籌定計劃，則按計劃而實行之，已為無難之事矣。此事實俱在，彰彰可考，吾國人當可一按而知也。[37]

「欲免錯誤而防費時失事」，已經是一種欲以人力勝時間的思想的表現。以人力縮短時間的主張，中山先生在民初提出他的鐵路計畫時，曾數數言之。他的論道接受西方優良的文物制度，亦然。而革命，按他所予的定義言，也便是欲以「人事」加速「天然之進化」。在民元的「錢幣革命」通電中，他說，「紙票必將盡奪金銀之用，而為未來之錢幣，如金銀之奪往昔布帛刀具之用。此天然之進化，勢所必至，理有固然。今欲以人事速其進行，是謂之革命。」[38]他的主張畢民族、民權、民生三種革命於一役，也同本此理。以下是他在民國八年（一九一九年）親撰的「三民主義」一文中所說：

「革命方略」之所以不能行者，以當時（民初）革命黨人不能真知了解於革命之目的也。革命之目的，即欲實行三民主義。何謂三民主義？曰民族主義，曰民權主義，曰民生主義是也。中國革命何以必須行此三民主義？以在此二十世紀之時代，世界文明進化之潮流，已達於民生主義也，而中國則尚在異族專制之下，則民族之革命，以驅除異族，與民權之革命，以推覆專制，已為勢所不能免者也。然我民族民權之革命時機，適逢此世界民生革命之潮流，此民生革命又我所不能避也。以其既不能免，而又不能避之，三大革命已乘世界之進化潮流催迫而至，我不革命而甘於淪亡，為天然之淘汰則已，如其不然，則曷不為一勞永逸之舉，以一度之革命，而達此三進化之階級也。此予之所以主張三民主義之革命也。39

中山先生自始便是一個進化論者，我們曾屢次言及。民國八年，林修梅上書討論人類生存問題，主張「解除現存繁複之人為社會，而復返於天然之農業狀態。」中山先生覆他說，「此不可能之事也。」他說：

所論人類生存問題，謂欲解除現存繁複之人為社會，而復反之於天然之農業時代狀態，此不可能之事也。蓋人類生存，固以食物為第一之需要，不得食則死亡隨之，此自一定之理。然人類之欲望，斷不僅限於食之一途，而維持人類之生存，食之外又必有賴於其他之種種。故人類欲維持其生存而滿足其欲望，於是有種種事業之發展，而人類遂日趨於進化，故於食之外必有種種文明專業隨之而逐漸發達，因之社會日趨文明，人類日就進步。蓋食為人類有限之需要，既飽之後則不欲多求。而食外之種種需要，其欲望乃為無限。蓋愈有則愈求，愈得則愈慾，所謂得步進步，精益求精，欲望既日求擴充，文明斯日趨進步。故進化程序，既自農業時代進而為工業時代，步步前進，永不後退，雖農業之發達可以有限，而工業發達乃無窮。此後世界只有日趨向前，斷不能廢除現世之文明進步，而復返之於原始狀態也。兄倘能本此理以求之，當為有得耳。[40]

中山先生而且也承認現實世界尚是一個生存競爭的世界。民國二年（一九一三年）他在日本神戶講演，便曾說：「天下事非以競爭，不能進步。當此二十世紀，為優勝劣敗、生存競爭之世界，如政治、工業、商業種種，非競爭何以有進步？」[41]雖然，凡百進化，在中山先生看來，最後也都應該是有目的的進化，而人知為進化過程中的一個決定的因素。舉要言之，論世界的進化，他為之分物質進化、人種進化、人類進化等三個時期；[42]論社會政治的進化，他為之分人同獸爭、人同天爭——人同人爭、國同國爭——民族同民族爭、和國內相爭——人民同君主爭等四個時期；[43]論革命，他為之立軍政、訓政、憲政等三個時期；而論人類的進化，他也為之分不知而行、行而後知、知而後行等三個時期。在「孫文學說」中，中山先生論知行的進化，曰：

夫以今人之眼光，以考世界人類之進化，當分為三時期，第一由草昧進文明，為不知而行之時期；第二由文明再進文明，為行而後知之時期；第三自科學發明而後，為知而後行之時期。……自科學發明之後，人類乃始能有具以求其知，故始能進於知而後行之第三時期之進化也。[44]

至於人知與凡百進化的關係，則可於中山先生以下的話中見之。民國元年（一九一二年）八月，他在北京教育界的歡迎會上講演，說：

> 世界之進化，隨學問為轉移。自有人類以來，必有專門名家發明各種專門學說，然後有各種政治實業的天然進化。二十世紀以前，歐洲諸國，發明一種生存競爭之新學說，一時影響所及，各國多以優勝劣敗、弱肉強食，為立國主腦，至謂有強權無公理。此種學說，在歐洲文明進化之初固適於用，由今視之，殆是一種野蠻之學說。今歐美之文明程度日高，從物理上發明一種世界和平的學問，講公理，不講強橫，尚道德，不尚野蠻。從前生存競爭之學說，在今日學問過渡時代，已不能適用，將次打消。何謂過渡時代，蓋由野蠻學問而進於文明學問也。[45]

人知與世界進化的關係既如是，則由此而進於世界大同的理想，自然不過一間而已。[46]

1　一九一八年十一月二十三日覆凌鉞等函，《國父全集》（五），頁二九七。

2　一九一九年二月四日覆陳炯明函，《國父全集》（五），頁三二七。

3 一九二〇年十一月四日在上海中國國民黨本部會議席上講演，《國父全集》（三），頁一八三。

4 一九一四年十月五日函，中國國民黨中央委員會黨史史料編纂委員會藏毛筆原件。

5 《國父全集》（三），頁一六五。

6 「孫文學說」，《國父全集》（二），頁八〇。中山先生之視真知必須自科學得來，尚可於以下一事見之。四川羅仁普於讀「孫文學說」後，在一九二〇年年初上書中山先生，以中國古說附會「孫文學說」中所引「元子」之理。中山先生批答，曰：「欲知此種新理，須從物理、化學用功，不得從古說附會。」見《國父批牘墨跡》第五二。

7 一九一六年七月十七日在上海對兩院議員講演，《國父全集》（三），頁一四三。

8 《國父全集》（二），頁二。

9 一九一六年七月十四日在上海歡送議員北上講演，《國父全集》（三），頁一三三。

10 一九一六年九月三十日在上海歡迎從軍華僑講演，《國父全集》（三），頁一五九。

11 「孫文學說」，《國父全集》（二），頁六三—六四。

12 見《革命文獻》（六），總頁七七八，一九五四年，臺北。又如康有為「勸袁世凱退位書」：「夫共和非必善，而宜於中國也。然公為手造共和之人，自兩次即總統位，宣佈約法，信誓旦旦，渙汗大號，皆曰吾力保共和，誓不為帝。……中外之人，其熟能詳。至於今日，翩其反而，此外人因以大疑，而國人莫不反唇者也。」康書載一九一六年三月二十日、二十一日上海《中華新報》。

13 「孫文學說」，《國父全集》（二），頁五〇。

14 王寵惠《困學齋文存》，頁一一五，一九五七年，臺北。

15 同註7，《國父全集》（三），頁一四一。

16 羅家倫「五四的真精神」：「當五四運動還在高潮的時候，我在北大朋友們合辦、風行一時的每週評論裏，用毅的筆名，寫了一篇講五四運動的意義的短文，就明白指出五四運動不當是專指五四那天發生的那件事，和曹、章、陸的罷免與巴黎和約的拒簽，而當認為是新文化意識的覺醒、青年的覺醒、與廣大民眾的覺醒。不久當這運動告一段落的時候，我又在新潮發表一篇……『我們學生運動的成功失敗和將來應取的方針』，……主張大家要認定方向，分開向兩個大方面去努力：一方面是積極的研究學術，為新文化運動放一個建設性的異彩；一方面是深入民眾，為實際解除民眾痛苦、增進民眾福利而努力。」這是一個身預「五四運動」者對於這運動的觀感。羅文撰於一九五〇年，收入國立北京大學臺灣同學會編《五四愛國運動四十週年紀念特刊》，頁三四—四二。一九五九年，臺北。

17 參閱楊一峰「五四精神述評」，同上，頁四四—五三。

18 如《胡漢民自傳》即曾指稱，「同盟會未深植其根基於民眾，民眾所接受者，僅三民主義中之狹義的民族主義耳。」（《革命文獻》（三），總頁四三三）又沈中究「五四運動的回顧」指稱，「二十世紀從事改革的新方法，」第一種是大多數人，「是指同一目的、同一動作的多數人而言；」第二種是直接運動，「不是專靠少數人去代表；」第三種是公開運動，「是和從前革命家所用的秘密方法相反對的，」第四種是心力，「要用心力去抵抗武力。」「五四運動」的方法，「正合這個道理。」（建設雜誌，第一卷第三號，頁六〇二—六〇三。一九一九年十月，上海。）

19 《國父全集》(五),頁三八六—三八七。

20 黃中黃輯《沉藎》,謂沈之去北京,遇難,「或者以其恢於漢事(唐才常)之敗,而以地方革命之難集,遂乃傾注於中央革命之點,故決意以投北京,理或然歟?」(頁一八—一九,《蕩虜叢書》之二)又「蘇報案」發生前不久,《蘇報》載有「祝北京大學堂學生」一文,亦主中央革命。

21 見沈中究上引文,上海《建設》雜誌第一卷第三號,頁六〇〇—六〇一。

22 《東方雜誌》第十六卷第七號轉載,頁一九一—一九四,一九一九年七月,上海。

23 王蘧常嚴幾道年譜頁五四引。

24 見羅家倫「五四的真精神」,《五四愛國運動四十周年紀念特刊》,頁三五。

25 戴季陶「獨語」,一九一二年第四號,頁二〇三—二〇六,一九一四年八月,日本東京。

26 「梁任公蒞教育部講演」,《東方雜誌》第十四卷第三號,頁一八〇。一九一七年三月,上海。

27 同註23,頁二四、六二、六八。引文見「致上海外交報主人書」。

28 見癸卯三月二十四日(一九〇三年四月二十一日)上海《蘇報》廣告。

29 朱、胡二文,分見《建設》雜誌第一卷第一、二號。

30 同註24,頁三八。

31 《國父全集》(五),頁三八四—三八八。

32 鄒魯《中國國民黨史稿》,頁五六一。

33 《國父全集》(五),頁三五二—三五三。

34 上海《建設》雜誌第一卷第一號編首。

35 《革命文獻》（三），總頁四〇八。

36 戴傳賢「革命！何故？為何？」上海《建設》雜誌第一卷第三號，頁五七八—五七九。

37 《國父全集》（二），頁五四。

38 《國父全集》（六），頁二。

39 同上，頁二七二。

40 《國父全集》（五），頁三五九—三六〇。

41 《國父全集》（三），頁一三一。

42 「孫文學說」，《國父全集》（二），頁四四。

43 「三民主義」民權主義第一講，《國父全集》（一），頁七九—八〇。

44 《國父全集》（二），頁四八—四九。

45 《國父全集》（三），頁五六—五七。

46 中山先生論物質、物種、人類之進化，曰：「物種以競爭為原則，人類則以互助為原則。社會國家者，互助之體也；道德仁義者，互助之用也。人類順此原則則昌，不順此原則則亡，此原則之行之於人類當已數十萬年矣，然而人類今日猶未能盡守此原則者，則以人類本從物種而來，其入於第三期之進化，為時尚淺，而一切物種遺傳之性，尚未能悉行化除也。」（「孫文學說」，《國父全集》（二），頁四四）是故，戰爭，在中山先生視之，即屬「人類之惡性」，「志士仁人欲為人道作干城，為進化除障礙，」乃不得不「以戰止戰。」（「周應時戰爭入門序」，《國父全集》（六），頁二六四—二六五）揆諸自稱「物競天擇、儲能、效實諸名，皆由我始」的嚴復的思想，當一九一三年時，嚴復尚說，「物競天擇之用，必不可逃，善者因之，而愚者適與之反。優劣之間，必有所死，因天演之利用，則所存者皆優；反之，則所存者皆劣。」（與熊純如書札節鈔第二，王蘧常嚴幾道年譜，頁八五）但迨一九一五年，歐戰既興，他也覺天演學說有為黷武者所用的危險，而謂借天演之言以事戰爭，「使果有真宰上帝，則如是國種，必所不福；又使人性果善，則如是學說，必不久行，可斷言也。」（同上，第十一，頁九一）。